河南地理国情丛书

资源环境约束下的河南省四大流域高质量发展研究

张 莉 杜 军 闫丽洁 邱士可 编著

黄 河 水 利 出 版 社

·郑 州·

图书在版编目（CIP）数据

资源环境约束下的河南省四大流域高质量发展研究 / 张莉等编著. -- 郑州 : 黄河水利出版社，2023.8
ISBN 978-7-5509-3703-1

Ⅰ. ①资… Ⅱ. ①张… Ⅲ. ①流域－区域经济发展－研究－河南 Ⅳ. ①F127.61

中国国家版本馆 CIP 数据核字（2023）第 157326 号

责任编辑　王燕燕　　　　责任校对　王单飞
封面设计　李思璇　　　　责任监制　常红昕
出版发行　黄河水利出版社
　　地址：河南省郑州市顺河路49号　邮政编码：450003
　　网址：www.yrcp.com　E-mail: hhslcbs@126.com
　　发行部电话：0371-66020550
承印单位　河南新华印刷集团有限公司
开　　本　787 mm×1 092 mm　1/16
印　　张　16.5
字　　数　314 千字
版次印次　2023年8月第1版　　2023年8月第1次印刷

定　　价　60.00元

《资源环境约束下的河南省四大流域高质量发展研究》
编辑委员会

前 言

流域空间作为独立的地理单元，是人类文明诞生与发展的核心空间。流域系统是人与自然相互作用的典型区域，涵盖了人水关系、人地关系、空间发展等综合性问题。我国七大流域集中了全国重要的经济带和城市群，也构成了重要的生态屏障和生态廊道，在我国经济社会发展和生态安全方面具有十分重要的地位。随着人类活动和生产发展，流域成为集水安全、水环境安全、粮食安全、生态安全与经济社会发展于一体的复杂地理空间系统，如何从学科理论、研究范式、实践应用的客观需求出发，科学探讨流域人类活动空间协同与高水平治理，目前仍面临重要挑战。

在新时代生态文明建设、区域协调发展和推动绿色发展、促进人与自然和谐共生等国家重大战略指引下，以长江、黄河等为代表的重要流域的综合治理问题日益受到国家层面的重视，流域在国家或地区发展中发挥着重要的支撑作用，是国家治理发挥作用的重要空间场域，同时流域经济高质量发展逐渐成为区域高水平治理的重要抓手之一。如何增强风险防控意识、解决区域发展不平衡问题，以流域综合治理明确安全底线和维护国家安全，以流域人类活动空间协同与高水平治理为路径构建新发展格局，走一条可持续发展的现代化道路是社会各界普遍关注的热点问题。

河南省地处中原，处于我国地势第二阶梯向第三阶梯过渡地带，同时属于我国南北气候过渡地带，自然地理特征分异明显，它是我国唯一一个地跨四大流域（海河流域、黄河流域、淮河流域、长江流域）的省份，各流域资源禀赋不同，经济社会发展水平不一。近年来，全省经济社会发展迅速，但随之而来的资源短缺、环境污染、地区发展不平衡等问题也越来越严重，并且省域内不同流域在区域发展、生态保护和资源开发利用方面具有明显的差异性。因此，新时期全面贯彻落实新发展理念，以资源环境约束为切入点，立足省域内各流域资源禀赋、发展阶段、重点问题和治理需求，对各流域资源环境和经济社会高质量发展耦合协调过程、影响因素和空间分异规律开展系统性、整体性和协同性的评价分析，以流域视角科学审视和谋划全省区域发展布局，精准识别经济社会和资源环境之间的矛盾焦点及存在问题，本着流域差异化分区施策原则，精准提出各流域发展模式、发展战略和发展路径。

本书旨在通过对流域和流域经济的概念及内涵挖掘、国内外流域开发和治理的实践及经验总结，针对河南省四大流域的地理环境和资源禀赋特征，尊重自然规律和经济规律，体现自然特点和流域特色，以流域视角和系统视角对河南省资源环境和经济社会发展进行耦合分析和高质量发展评价，以期为全省经济社会的发展和流域治理提供技术支撑，为高质量建设现代化河南、高水平实现现代化河南提供参考。

本书得到了“河南省地理国情蓝皮书”项目、中央引导地方科技发展资金项目（211201004）、河南省2023年软科学项目（232400410117）联合资助，并得到了河南省科学院生态环境定量遥感与智能分析创新团队和数字环境考古创新团队的大力支持，特此感谢。

由于作者水平和时间有限，本书的疏漏、错误之处在所难免，恳请读者不吝赐教，我们将虚心接受并努力完善。

作　者

2023年6月

目 录

第一章 流域与流域经济

水是人类生存、生活和生产活动必不可少的宝贵的自然资源。自古以来，人类择水而居，人类文明也大多起源于江湖流域。作为地球表面相对独立的自然综合体，流域是大气圈、岩石圈、陆地水圈、生物圈和人文圈相互作用的联结点。流域以水为纽带，将上、中、下游组成一个普遍具有因果联系的复合生态系统，而流域经济是这个复杂系统的核心，也是区域经济的特殊分支，在国民经济发展中处于不容忽视的重要地位。随着人类社会对河流乃至流域影响广度、深度和强度的不断增加，对流域系统内部不同要素之间的相互关系研究的不断拓展和深入，流域和流域经济研究已经超过传统学科的范畴。本章从水文学、生态学、经济学和社会学等多基础学科视角着手，结合系统科学理论与方法，提出了新时期流域和流域经济的概念，并对其科学内涵、要素构成、特征功能等进行了全面阐释，为流域和流域经济的研究提供参考。

第一节 流域及其系统构成

一、流域的概念

古之发展，源于水系，源于流域。在人地系统中，流域是人类最早活动的地理单元。人类先祖依河而生，创造了人类文明。流域作为文明诞生、发展和传播的资源母体，凝聚了千百年来人类的智慧结晶。对于流域的概念，通常从水文学、地貌学、经济学等几个层面进行界定。

（一）水文学层面的流域概念

现行的流域概念主要是在水文学层面上定义的，水文学上对流域概念的界定有狭义和广义之分。狭义的流域是指河流、湖泊或盆（洼）地的集水区域，即河流、湖泊或盆（洼）地的地表水和地下水的补给区域，通常指地表水的汇水区域；广义的流域是指所有包含某水系或水系的一部分，并由分水界或其他人为、非人为界线（如灌区界、地貌界等）将其圈闭起来的相对完整、独立的区域。广义视角下流域的实质是地球陆地表面的特定地理单元，是地球陆地水及其所挟物质在自然状态下、在重力作用的驱使下发生汇集、运移和沉积或消耗过程，并因此形成一系列相互密切联系、具有特定范围的区域的集合。现实应用中的流域概念，主要是指现代状态下形成流域水系及流域水系在自然或人为作用下所影响或涉及的范围和区域（不包括跨流域调水）。

（二）地貌学层面的流域概念

流域是一个水文学的概念，但其根本则在地貌学上，地貌学意义上的"流域"是最根本也是最广义的"流域"。地貌学视角下的流域，即由地球陆地水及其所挟物质在重力作用的驱使下发生侵蚀、搬运和沉积过程，并因此形成一系列具有相互密切联系可能性的和特定范围的区域的集合。其中的土壤、岩石、水体和植被等都相互联系、相互作用，因此流域既是一个水文单元，又是一个完整的生态系统。由于陆地水文联系具有这种单元性，故与水循环运动有关的其他自然过程或经济过程也就有了单元性。所以，流域是以水循环为纽带，自然过程与社会经济过程在流域中相互联结、相互影响而形成的一个复杂的自然社会经济综合系统。由于地貌学视角下的流域概念超越了水文学视域的局限性，便容易解决无流区流域的理解及划分问题。同时，这也符合目前信息化时代基于 DEM 数据理解流域的发展趋势。

（三）经济学层面的流域概念

上古时代的人们为了生存，离不开河流湖泊，人类大量聚居在沿河地区，即所谓的"逐水而居"。早期的文明都是以河谷为基础，扩展到全流域或其他流域发展起来的。中国早期文明起源地往往沿大江大河呈连续性分布，流域繁衍出陕西石峁、山西陶寺、河南二里头、浙江良渚、湖北石家河等丰富多彩的文明聚落。由于人类的古代文明以农业为主，而农业对水有着根本的依赖性，因此从一定程度上讲，对江河流域的开发利用和保护程度就决定了文明的繁荣程度。流域作为容器创造了人类、环境和文化之间的关系，是过去、当下、未来的时间纽带。因此，经济学视角下的流域也是本书主要探讨的流域概念，是在不同的时间和空间尺度上，内外部资源环境，上中下游的物质、能量、信息的输送、进出、转换，以及自然与人文环境之间相互适应、协同与耦合，形成的共同演化且相互作用的动态复杂系统，流域是内外部资源环境与经济社会因流动与关联、协同与耦合而形成的一个生命有机共同体。

二、流域系统的结构与功能

（一）流域系统的结构

一个完整的流域系统涵盖了不同的自然地理条件、生态环境类型及社会经济发展模式，且具有显著的空间差异性。河流的上下游、河道内与流域面、流域的生态环境保护与经济社会发展，彼此存在着复杂的制约和互馈关系。流域系统结构科学的划分方法应从流域整体出发，以流域的构成为点、以流域的作用为面。为此，将流域系统划分为三大子系统。首先，流域系统由若干支流、河流构成，它们是水沙输移的主要通道，需要保障水沙安全输移、确保防洪安全，称其为干支流河流子系统；其次，流域生态环境的健康维持和功能发挥，既涉及流域内生物群落所需生活环境与水文泥沙过程，也涉及与人类活动和社会经济发展相关的诸多水环境、水生态要素，称其为生态环境子系统；最后，流域社会经济的可持续发展需要以河流健康生命的维持和良好的生态环境为依托，同时又反作用于河流健康和生态环境的保护及良性维持，称其为社会经济子系统。三大子系统作为复合系统，相互联系、相互影响，形成了一个发挥整体作用的有机体。

1. 干支流河流子系统

流域干支流河流子系统是流域系统赖以存在的基础，它主要包含与河流基本水沙输移功能相关的各组成要素，在空间上呈纵—横—垂三维分布。纵向上，由坡面产流产沙到入汇河道，从河流源头至上、中、下游乃至河口，物质和能量的传输过程级联推进；横向上，从支流到干流，从河道到与之联通的滩地、湖泊与湿地，水体与陆地之间存在强烈的相互作用与物质、能量交换；垂向上，大气水—地表水—土壤水—地下水四水转换，与陆面水流运动一同构成了完整的流域水循环过程。这种水循环过程和与之相伴的泥沙等物质交换与能量输入，是河流长久存在的前提，也关系着流域系统生态环境功能和社会经济功能的实现。

2. 生态环境子系统

流域生态环境子系统不仅包括流域自身的生态环境要素，还包括人类活动施加于流域的诸多生态环境要素。从空间维度上，其既涵盖了流域面上“山—水—林—田—湖—草—沙”的天然状态和人类活动施加的种种影响，也包括了沟道—河道—河口系统水环境要素，以及生物群落生境、结构与功能，生态系统的完整性等。从这一角度看，流域内的动物、植物和微生物等通过直接或间接关系的有机组合，形成某种生物群落，在生物与环境、生物与生物之间不断地进行着能量交换、物质循环和信息传递，构成彼此之间相互联系、相互制约和相互依存的关系，从而形成一个相对稳定的整体。流域生态环境子系统可以划分为生命和环境两个亚系统。流域生命系统是指流域内的动物、植物、微生物等多种生命有机体的集合，是流域自然系统的主体。流域环境系统主要是无机物和自然要素的集合，是生命活动所必需的物质和能量的源泉。流域生态环境子系统的上述要素相互联系、相互制约、相互依存，其中的生物群落是流域生态环境子系统的核心，它决定着系统的生产力、能量活动特征和强度，以及流域自然系统的外貌景观。

3. 社会经济子系统

流域系统内的各种经济成分及各种经济关系，在一定的社会环境和社会制度下的集合便构成了流域社会经济子系统。它体现了流域系统内人类在农林牧副渔业、工业、交通、商业和服务业等各方面的社会经济联系。流域社会经济系统中包含许多要素，如社会文化网络、城镇体系、产业体系等。各种要素之间、要素与外部环境之间、流域与流域之间在不断地进行着物质、能量、信息的交换，共同促进流域系统的发展与变化。但对整个系统起主导作用的因素是人力资源。人力资源是指发展经济和社会事业所需的具有劳动能力的人口，他们对流域其他因素施加影响，产生正、负效应。人作为流域中最活跃的因子，具有一定的经济行为和社会特征，通过资源开发利用将资源和环境紧密地联系在一起。随着科学技术的进步，人类已从对流域自然过程的简单干扰，发展到从各方面直接参与流域系统的运转。流域系统的输入、输出和运转机制已不仅是自然过程，同时也是社会化过程，如流域规划、跨流域调水、燃料或原料的流域间交换等。其中，经济与环境调控是流域经济系统管理的核心。自然界是人类物质资料的资源库和生命系统支撑的稳定器，同时是人类生产生活废弃物的唯一存放地，人类对自然系统服务的占用和消耗必将对自然系统功能产生重大的影响。流域社会经济系统的内涵就是要将流域内自然资源、经济要素、环境要素和人类活动作为一个有机整体进行统筹，推动绿色增长即“在确保自然资产能够继续为人类幸福提供各种资源和环境服务的同时，促进经济增长和发展”，实现生态效益和社会经济效益的统一。

流域系统的结构见图 1-1。

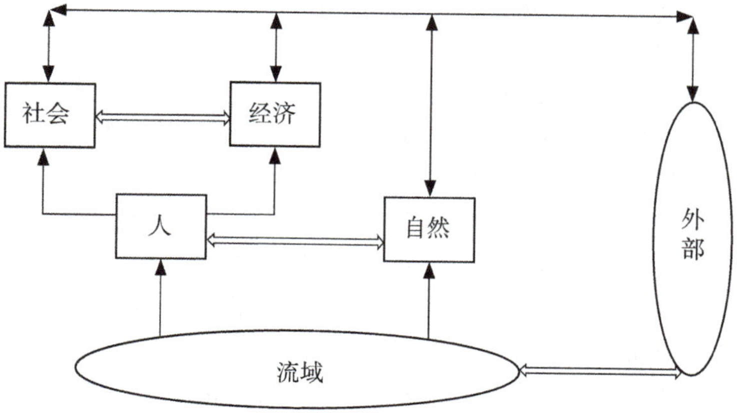

图 1-1 流域系统的结构

（二）流域系统的特征

流域系统中的干支流河流子系统、生态环境子系统和社会经济子系统相互联系、相互制约和相互影响，这些因素的存在和发展推动了整个流域系统的演替与发展。流域系统本身具有系统性与整体性、层级性与连续性等特点。然而，当进一步优化流域系统的结构和功能时，便会遇到线性规划所不能解决的问题、一个流域的管理模式往往不能完全套用到另一个流域、流域系统的某一关键因素的变化常可导致这个系统的突变等。这说明流域系统还存在动态性与不确定性、开放性与复杂性等特点。

1. 系统性与整体性

流域城乡空间中生态、生产、生活空间相互交织，自然、人文各要素互相影响。同时，流域内不仅各种要素之间联系极为密切，而且上中下游、干支流各地区间的相互制约、相互影响也很显著，如局部河流的破坏或对河流某一生态过程的影响，都会波及流域系统整体。流域自然要素中，河流运动塑造了流域的地形和地貌，丰富的水资源滋养了流域的植被和资源，众多自然要素塑造了流域丰富多样的生态系统和自然地理分区。流域人文要素中，流域空间人口、产业高度集中，文化、历史源远流长，各类人文要素构成了流域多姿多彩的文化景观，在城乡景观同质化的背景下，流域自然要素影响了人文要素的地域分异，而人文要素是人类对自然要素适应、改造的集中体现，两者共同构成了流域生命共同体。

流域也具有整体性的特征。流域是一种特殊类型的区域，是一个相对比较完整的独立的生态系统。河流、水生植物、河岸带、水系等要素共同组成了流域系统整体。例如，气象、地质、地貌、土壤、植被、湖泊、沼泽等对河川径流施加影响，使大气降水产生再分配。反过来，流域对自然地理环境也有多方面的影响。流域是陆地水的全体，水圈的重要组成部分，也是全球水循环中一个重要环节，尤其外流河是实现海陆之间水循环的重要纽带。通过水循环，全球水量达到平衡状态，使物质和能量得以交换，全球自然环境构成了一个整体的统一体系。

2. 层级性与连续性

流域是一个多层次的网络系统，它是由一系列不同级别的河流以连续、流动特性等形成的完整系统。从流域的划分角度来看，一个流域可以划分为许多小流域，小流域还可以划分成更小的流域，直至最小的支流或小溪，由此形成小流域生态系统、各支流生态系统、全流域生态经济系统等。从产业结构的角度来看，流域系统可分为工业、农业、交通运输、城市、种植业、养殖业等子系统，从而表现出较为明显的层级性。流域系统在具备层级性特征的基础上，又表现为明显的连续性。流域系统的连续性包括地理空间、时间的连续，即流域系统在时间、空间尺度上具有连续变化梯度的特性。流域系统中各个参数的连续变化梯度形成系统的连贯结构，并通过流域物理结构、水循环等在流域系统中产生一系列的响应。

3. 动态性与不确定性

流域系统是一个动态系统，与客观物质世界一样，流域系统永远处于运动和变化过程中，总是随着时间变化，并与周围环境相联系。在这个动态系统中，生物与生物之间、生物与环境之间，通过物质、能量、信息的交换、传递和循环，呈现一种动态的渐进变化过程。

同时，流域系统也存在周期性的波动和非周期性的波动。例如，流域系统中水生动植物种群内数量的变化、流域系统与外部环境相互作用产生的系统结构和功能的变化，以及流域水文循环状况、相关动植物种群和地质气候变化等。这些不确定性的变化中，人作为流域系统中最活跃、最主动和最有竞争性的主要组成因素，人类活动也会对流域的运行发展模式产生不确定性的影响，一旦人类活动对系统的影响超越其自身调节能力，位于其临界阈值之上，流域系统内部结构和功能或机制就会发生突变，引起流域生态系统中植被覆盖率、水土流失和小气候等各方面的变化，使原有流域系统的组成、结构和功能出现数量和质量上的变化。这种动态性与不确定性的特征表现也是流域系统的本身固有特性。

4. 开放性与复杂性

流域系统是一种开放性的耗散型结构系统，内部子系统间协同配合。例如，流域内的河流作为流域系统的一个组成部分，与周围地区的环境要素如河漫滩、土壤、地下水等构成一个处于动态平衡下的开放系统，同时这个开放系统内外进行大量的人、财、物、信息交换，具有很大的协同力，形成一个“活”的、有生命力的、越来越高级和越来越兴旺发达的耗散型结构系统。

流域系统的开放性使流域系统内部要素的相互关系复杂多样。这表现为流域系统内存在线性和非线性的相互作用关系，内部各因素之间的相互作用并不是简单的代数叠加，而是以一定方式相互配合。由于组合方式的不同，出现“非加和”的结果，使系统功能提高或阻止系统向无序退化。例如，基于系统动力学原理的流域系统动态仿真模型，可以较好地说明流域系统要素之间及其流域系统功能的非线性关系。

（三）流域系统的功能

流域系统具有不可替代性、服务性与脆弱性等生态属性，并具有提供淡水，发展航运、渔业、发电，净化环境及提供良好旅游景观等多方面的基础功能（见

图 1-2）。这些功能总体可以分为三类：生态服务功能、经济发展功能和整合运转功能。流域系统的这些功能是相互联系的，它们相互联系构成综合系统的流域整体功能。人们利用一种功能或几种功能时都会影响流域的其他功能，而在流域开发、保护和管理中必须重视这些功能之间的相互联系。

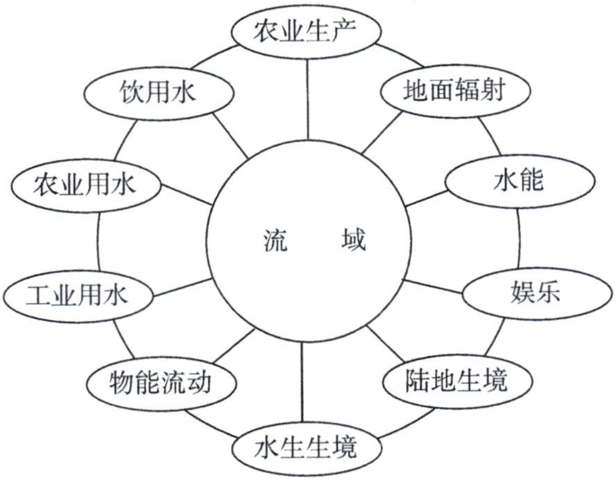

图 1-2　流域的主要功能及其相互关系

1. 流域系统的生态服务功能

既然流域系统是一个完整的生态系统，那么其表现为一个具有一定结构、功能和自我调节的开放系统，与外界有能量、物质和信息的交换，能够吸收负熵流，使其能够逐渐远离平衡的稳定态走向有序化结构。流域系统的能量流动和物质循环是沿着食物链进行的，同时伴随着各种信息的传递。在流域系统中，水是能流与物流的介质，对调节气候和净化环境起着重要的作用。流域系统就是通过能量流动、物质循环和信息传递把各个组成部分紧密结合成为一个有机的整体，并成为自身运动、变化和发展的动力。

流域系统的生态服务功能是指流域生态系统与生态过程所形成及所维持的人类赖以生存的自然环境条件与效用。它不仅为人类提供了食品、医药及其他生产生活原料，还创造与维持了地球生命支持系统，形成了人类生存所必需的环境条件。流域系统的生态服务功能包括有机质的合成与生产、生物多样性的产生与维持、水量供给、调节气候、营养物质储存与循环、土壤肥力的更新与维持、环境净化与有害有毒物质的降解、减轻自然灾害等许多方面（见表 1-1）。

表 1-1　流域系统的生态服务功能

生态服务功能类别	主要生态功能	举例
食物生产	总初级生产中可作食物的部分	鱼、猎物、作物、果实的捕获与采集，给养农业或渔业生产
原材料	总初级生产中可作原材料的部分	木材、燃料和饲料的生产
水分调节	调节水文过程	由集水区、水库和含水层调节水分
水分供给	水分的保持和储存	为农业、工业或生活等提供用水
控制侵蚀和土壤保持	土壤的形成与保持	防止径流、风蚀和其他运移过程的生物措施
养分循环	养分存储、内循环、转化和获取	氮、磷养分循环
气体调节	大气化学成分调节	CO_2/O_2 平衡
气候调节	调节温度、降水及其他受生物影响的局部气候过程	温室气体调节
干扰调节	对环境波动的容纳、延迟和整合能力	湿地恢复
净化环境	移动性养分的恢复、过剩或有毒物质的转移（分解）	废弃物处理、污染控制和解除毒性
生物多样性的维持	流域典型生态系统及特有物种	自然保护区
休闲与文化	提供休闲娱乐机会	生态旅游、钓鱼运动和其他户外娱乐活动，美学、艺术、教育和科学研究价值

2. 流域系统的经济发展功能

流域经济过程是人们通过有目的的生产活动，使自然界的物质转变成能够满足人们需要的产品。社会生产作为连续不断的循环运动过程，是生产、分配、交换和消费四个环节的辩证统一。生产对分配、交换和消费起着决定作用，而分配、交换和消费又影响着生产，这四个环节在实践中交织和凝结成为一个有机的整体。流域经济系统的结构和生产过程表明，该系统不但是物质循环、能量流动和信息传递的过程，而且是价值流沿交换链循环与转换的过程。因此，沿劳动交换链的物质流、能量流、信息流和价值流的运动过程体现了流域经济发展功能。

同时，在流域系统中，流域生产力是保证流域经济产出的重要条件和基础，它是自然人类活动的综合。如果把流域系统中不易改变或者改变过后不易恢复的地貌水文结构视为硬结构，而把易变易恢复的经济结构视为软结构，则流域硬结构中已蕴含着潜在的生产力，即流域系统所能提供的航运能力、灌溉能力、供水能力、所能承受旅游容量的能力、提供水资源能力和流域土地生产力等，这些与经济社会发展密不可分。从这个角度上看，流域系统的经济发展功能一方面反映了河流对流域经济发展的支撑作用，如流域水资源配置、跨流域调水工程、灌区面积、水库规模等；另一方面反映了流域经济发展对流域的影响，如节水意识与技术的提升、水管理法规和政策的出台等。

3. 流域系统的整合运转功能

流域系统的生产和再生产过程是物流、能流、信息流、资金流的交换和融合过程。流域系统的物质循环是生态系统物质循环和经济系统物质循环的有机结合和统一，其中的物质循环是以农业、能源、工矿等生产部门为渠道进行的，农业生产部门利用太阳能生产出植物和动物产品，除供人们生活消费外，部分产品提供给工业部门作为原料，这些流动着的物质最后经过生化分解过程，以简单的物质形态重新释放到生态系统中。流域系统的能量流动是单向的，但它与物质循环是伴生的。生态系统的太阳能、生物能和各种潜能称为自然能量，自然能量投入经济系统中，按照人类的经济活动意图，沿着人们的经济行为、技术行为所规定的方向传递和变换，便成为流域系统的经济能量。自然能量转化为经济能量，是由农业、能源和工矿等生产部门把各种能量输入到经济系统的各部门和各个生产环节，通过投入产出链相互交换物质能量，实现能量的流动。

按照系统论的一般观点，系统的结构决定其功能，流域系统的整合运转功能主要体现在流域的生态效益、经济效益和社会效益上。因此，人们在对流域获得系统认识的基础上，应努力使流域能在最大限度地发挥潜在生产力作用的同时得到充分的补偿，使流域系统结构不断得到改善。流域系统的整合运转功能，也是因地制宜地建立合理的流域系统结构、选择能发挥资源优势的多层次利用模式和建立功能优良的流域系统的关键环节。流域系统在进行物质循环和能量流动的同时，还存在着信息传递现象。信息流起着调节人流、物流和能量的数量、方向、速度和目标的作用。信息传递是管理自然－社会经济系统的关键，人类控制生态系统，是通过获取信息流控制能流和物流来实现的，生态经济管理就是科学地调度物流、能流和价值流。为此，必须及时、准确地掌握这“三流”运动发出的信息，采取科学的调控手段达到流域系统可持续发展的目的。

三、流域系统的研究进展

（一）从河流到流域系统

1. 从河流到流域

河流是水沙输移的重要通道。早期对河流的研究主要集中在传统的水文泥沙领域，以河床演变学、泥沙运动力学等学科为支撑，研究水流泥沙在河道内的输移和沉积过程及对河流演变的影响。随着认识水平的不断提高，水文泥沙研究逐步由河道扩展到流域层面，通过建立分布式水文模型等模拟流域产汇流过程揭示流域产汇流机制，分析降水、产流及河道洪水演进规律，探讨流域来水来沙与河床演变的关系。多位学者在进行流域面上水土保持和下游河道河床演变的现场观测后提出，多沙河流的治理不仅要改变下游河道的边界条件，还应同时考虑上游水库工程及合理调节水沙过程，从而提出流域泥沙的概念，建立了流域泥沙动力学模型，模拟流域泥沙侵蚀和输移运动，将泥沙研究从河流拓展到了流域尺度，标志着流域研究开始“上岸”。

2. 从流域到流域系统

20 世纪 80 年代以来，随着经济社会的快速发展，人类社会对河流和流域的干扰不断增强，成为影响流域演变的重要因素。在水文水资源研究方面，随着世界性水危机凸显，在河流及流域层面开展研究已经不能满足需求。现有研究构建了自然 – 社会二元水循环评价体系，充分考虑了人类活动对水文过程和水资源循环过程的影响。同时提出了水基系统，将其视为水及与其相关的涉水介质和涉水工程构成的基础生境承载系统。在泥沙研究方面，随着大规模的人类活动改变了流域下垫面条件，进而深刻影响了流域侵蚀产沙过程与进入河流的水沙关系，使人为因素对流域水沙关系的影响成为当前研究的重要内容之一。

随着河流污染的加剧和社会生态环境保护意识的觉醒，流域环境治理与生态修复日益受到人们的重视。其中，流域环境治理的概念发展同样经历了从流域到流域系统的发展过程。首先，从流域角度上看，流域环境治理是指通过法律法规、政策、工程技术设施对流域内自然资源的保护，减缓流域自然环境的退化，促进水资源、土地资源、森林资源等自然资源的合理利用的实践活动，流域经济社会发展与水资源利用、上中下游之间的水量分配、土地利用与水环境、土地利用与水灾害、人口与土地面积、粮食产量与农业收入、农林牧业在土地和资金的最优分配、各种水土保持措施的镶嵌配置及工程措施、生物措施和农业耕作措施的相关关系等，均是流域系统及综合治理过程中的基本矛盾，解决这些矛盾的前提是认识和分析流域系统中的这些问题。近年来，国内外对流域尤其是小流域系统及其治理做了大量研究，为科研和生产实际解决了大量疑难问题。但是，这些研究多涉及流域系统矛盾的几个方面和某一部分，把这个系统当作一个“理想系统”进行研究与治理。后来，研究者的关注重点从直接的河湖水质污染控制与治理逐渐发展到陆域–水域的系统环境治理，并通过产业结构调整、生产生活用水全过程污染控制、末端治理等手段，实现流域面源、点源污染的源头控制和逐步消减；流域生态的研究对象也从生物及其与生境之间的关系，逐渐拓展到生态系统的结构和功能，以及与流域和人类社会的相互作用关系。同时，河流生态学在发展过程中不断与其他学科进行交叉，流域生态学、区域生态学应运而生，以流域为整体开展生态修复，将生态环境子系统和经济社会子系统结合起来进行研究的思想日渐深入人心。

在流域系统治理方面，传统的流域管理模式面临较大困境。以水土保持来说，国家在流域系统治理的相关政策中有一个重要的原则，即“谁治理，谁受益”，农民以义务工的形式参加水土保持工作，也是治理活动中的重要一员，而水土保持项目是以关注生态环境改善为核心目标的，这一目标没有将农民的切身利益诉求，特别是经济收益予以考虑，治理成果的可持续性难以保障。随着经济社会发展，新形势下的流域管理也面临着新的问题和新的挑战。流域系统层面涉及的水文、泥沙、生态、管理、人类活动等问题，以及它们彼此之间的相互作用、相互制约和互馈效应，都需要从流域系统和生态、经济、社会发展联系的角度去审视和深入探讨。

（二）从系统科学到流域系统科学

1. 从系统科学到地球系统科学

系统普遍存在于自然界和人类社会，系统科学是研究系统内部运行过程及系统间复杂作用关系的一门学科。狭义的系统科学一般是指冯·贝塔朗菲著作《一般系统论：基础　发展和应用》中所提出的将数学系统论、系统技术、系统哲学三个方面归纳而成的学科体系，而更广义的系统科学则包括系统论、信息论、控制论、耗散结构论、协同学、突变论等一大批学科在内，是20世纪中叶以来发展最快的一门综合性科学，并已在各行业得到广泛应用。此后，人们又提出了地球系统科学，把地球看成一个统一系统，探索大气、海洋、冰、固体地球和生物系统等各部分及不同时间尺度的过程之间的相互作用。在该学科体系内，人们认为地球已经面临温室效应、物种灭绝、淡水资源短缺等全球环境问题，因此必须把地球作为一个由相互作用着的各组元或子系统组成的统一系统，才能回答人类所面临的一系列紧迫环境问题。国内目前的研究也提出了地球系统科学与可持续发展战略科学基础，形成了地球系统科学与地球信息科学等理论技术体系。

2. 从地球系统科学到流域系统科学

在地球系统科学的基础上，研究者提出了未来地球计划和数字地球。在2012年，国际科学联盟发起了未来地球研究计划，整合了世界气候研究计划、国际地圈生物圈计划、国际生物多样性计划和国际全球环境变化人文因素计划，开展自然科学和社会科学的联合研究。数字地球是一个开放的复杂的巨系统，其核心思想是用数字化手段最大限度地利用信息资源，将区域可持续发展问题与全球变化、大尺度资源环境问题和全球经济一体化紧密联系起来。

近期，我国著名学者程国栋院士提出了流域科学的概念，将流域视为地球系统的缩微，在流域尺度上开展"水—土—气—生—人"的集成研究，考虑水文和生态系统的自组织性如何影响流域系统的功能，以及人的因素如何被集成到流域水文学和流域生态学中。高吉喜提出了区域生态学的概念，以流域、风域、资源域为研究对象，基于结构完整性、过程连续性、功能匹配性等新理念，系统构建了区域生态学的研究方法体系。钱学森基于复杂巨系统概念，在详细了解黄河治理的复杂性后指出，中国的水利建设是一项长期基础建设，而且是一项类似于社会经济建设的复杂系统工程，它涉及人民生活、国家经济。流域系统既具有陆地表层系统的复杂性，同时与外界保持着物质、能量和信息交换。流域系统治理是一项复杂的工程，需以系统论思想方法为统领，把流域内的河流系统、生态环境系统、社会经济系统作为一个有机的复合系统，统筹考虑。

第二节 流域经济要素及特征

一、流域经济的概念和内涵

（一）流域经济的概念

从世界范围看，对流域经济问题的研究始于20世纪40年代。美国最早创建了流域经济开发范式。美国国会在1933年成立了田纳西河流域管理局，制订了完整的田纳西河流域开发计划。其初衷是为解决一个绵延15年的争论。争论主要聚焦于如何管理建造于第一次世界大战期间，位于亚拉巴马州弗洛伦斯地区的两座硝酸盐工厂和威尔逊大坝，是采用政府管理还是私人管理，以及其化学肥料与电力能源的生产与分配问题。目的在于对这个因为棉业凋敝、河流泛滥成灾而陷于困境的区域，开展以水土整治为中心的多目标开发。由此美国开始了以流域为区域界线，采取一系列工程技术措施改造自然、利用自然、发展生产，促进落后地区振兴与发展的流域开发实践。田纳西河流域开发给资本主义国家直接干预区域经济发展创造了一个比较成功的先例，它的经验被许多国家吸取，我国也设立了黄河水利委员会等流域管理机构。流域经济问题的研究受到各国政府和学术界的高度重视。对流域经济概念的界定，研究学者们相继提出了："流域经济是一种生产布局，以自然河流水系为基础，以水资源综合开发利用为核心的大区域经济""流域经济是以流域为地理界线的区域经济，是以自然流域为单元、以水资源开发为先导和主体的综合性资源开发型经济，是区域经济的一个重要类别""流域经济是自然区域范围内的经济……""流域经济是宏观经济系统的一个子系统"等。在这些观点中，流域是自然经济综合系统的复杂系统，流域经济是这个复杂系统的核心，而这个系统主要与流域的生产力发展紧密相连。这些观点均把流域经济视为区域经济的一种，认为适合以自然单元（流域）为研究范围，以水资源开发利用为中心，对流域经济系统的结构和功能、发展现状和趋势、调控和规划进行研究，以实现流域经济系统的持续、协调和稳定发展。因此，可以把流域经济称为以自然河流为基础，以流域人、财、物资源配置为核心的亚区域和跨区域经济系统。

综合来讲，流域经济是指以沿岸沿线城市经济为支撑点和领军，以沿岸水陆交通物流体系为基础和纽带，以推动沿岸沿线经济综合发展为使命，是一种全流域跨行政区一体化发展的空间经济形态。流域经济以水系河流为主线，以流域面积为范围，以河流沿岸城镇为支点，强调的是一种基于互利共赢的全流域经济的综合发展和一体化发展。

（二）流域经济的内涵

从流域经济概念上来看流域经济的内涵：流域经济是一种以自然河流为基础，以水资源综合开发利用为核心的大区域经济，是自然区域范围内经济和跨区域范围内经济的结合体。流域经济是自然区域范围内的经济，是宏观经济系统的一个子系统。简单来说，流域经济是以水环境为核心、以资源发展为主要承载体所形成的综合地区经济核心系统。人类为了生存和发展，同自然生态系统发生必然联系，在此基础上建立了工业、农业、服务业等经济系统，遵循经济规律。自然生态系统和经济再生产系统有机融合，在空间结构上表现出明确边界，即流域边界。流域经济区存在着很强的协调与平衡发展机制，这是所有生态经济系统的共同特性。除系统内部具备的自我调节与协调功能外，还可以通过生态经济系统的核心要素——具有能动性的人的作用，不断地对生态系统和经济系统实行调整，使各子系统之间相互关联，使之保持持续、协调发展。

从流域经济的形成和发展来看流域经济的内涵：流域经济是以流域为空间单元划分的经济类型，涵盖水、路、港、岸、产、城等诸多生产要素，是山水林田湖草沙生命共同体，通过整合和优化流域内的各种资源而形成具有一定分工协作的经济带。早期的黄河流域经济带、长江流域经济带和海岸线经济链所构成的中国流域经济发展主系统，是历史上已客观形成的雏形与框架。进入新时期，流域经济高质量发展和绿色发展成为流域经济发展新理念。推动高质量发展是化解流域经济发展面临突出问题和贯彻新发展理念的重大举措。将高质量发展作为推进流域经济带发展的根本要求，并将高质量发展的要求贯穿到流域经济带的空间格局、生态建设、基础设施、产业转型、城乡发展、公共服务、合作开放等全领域和上下游、干支流等全流域，建立高质量发展的指标体系、政策体系、标准体系、统计体系、绩效评价和政绩考核办法，使高质量发展成为流域经济带建设的总遵循。同时，将绿色发展作为流域经济高质量发展的底色，在守好“绿水青山”的同时，架好“绿水青山”向“金山银山”转换的桥梁，使流域经济的“绿水青山”产生巨大的生态效益、经济效益、社会效益。

二、流域经济系统要素构成及相互作用

（一）流域经济系统要素构成

流域经济系统作为区域经济系统的一种，其要素拥有与区域经济系统相似的特点。在分析流域经济系统要素时也可以从内外两部分进行：流域经济系统的内部要素，就是作为一个区域经济整体，自身的构成和发展的必要要素；流域经济系统的外部要素则是指流域经济系统作为国民经济的一部分，主要是与流域系统外部的关系。流域经济系统的各类要素及其组合不是静止不变的，而是不断发展变化的。由于流域经济系统各要素的不断变化，与环境在不断地相互作用，形成了独具特点的流域经济结构。

流域经济系统是具有层次结构和整体功能的复合系统，由社会经济系统、生态环境系统、水资源系统构成（见图 1-3），流域经济系统是最能体现水资源综合特性和功能的独立单元。

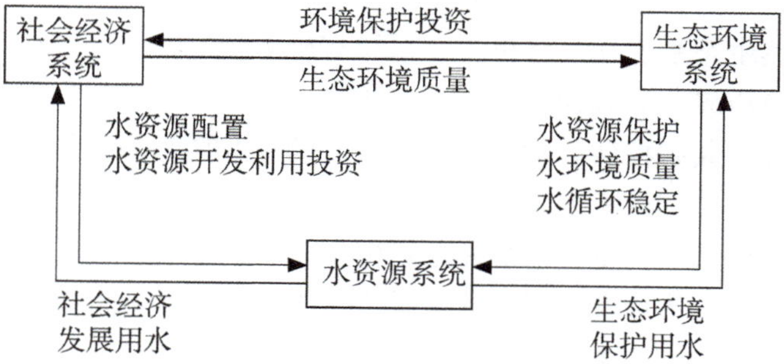

图 1-3 流域经济系统要素构成

对流域经济系统的基本构成要素从不同角度出发有多种认识。有学者认为，流域经济系统的基本组成要素包括人口、资源、环境、经济、物质、资金、技术等。在流域生态经济系统中，各个要素之间相互作用、相互耦合，结成一个功能耦合网，在其发展过程中要求以人口为中心、以生态系统的法则为基础进行资源开发利用，以满足人类的物质需求，同时注重环境保护。在流域经济系统中，流域经济活动赖以存在的基础就是流域本身，因此流域及其影响区域与经济区域一样。流域经济系统的构成要素有经济中心、经济腹地和经济网络。在这三个要素中，经济中心是特定地域范围内聚集着一定经济能量的节点，经济中心能量辐射所及范围即其经济腹地，经济中心对经济腹地辐射能量的各种渠道则可理解为经济网络。其中，经济中心起着核心、引导作用。三者相互影响、吸引，共同构成一个完整的经济区域。

由于流域经济系统属于区域经济系统的一个门类，因此在分析流域经济发展要素时应该以区域经济发展要素为基础。流域经济系统的发展要素是流域经济系统运动和发展的最基本条件。流域经济系统的发展要素反映了流域经济系统的物质构成和物质变换，是可以支撑、构成流域经济系统并推动流域经济系统发展的各种自然的、经济的和社会的必要因素。

首先，对于流域经济系统来说，最基本的发展要素是自然条件和自然资源。流域经济系统与其他区域经济系统的最为突出的差别表现在流域经济系统是以水为纽带的经济区域。流域经济的生产布局以自然河流水系为基础、以水资源综合开发为内容。流域经济以河流系统为基础，而河流是一个复杂的多功能系统，正是由于河流的多功能，同时也就包含着诸多的潜在生产力，即流域所能提供发展航运的能力、发电及能源的能力、良好的旅游景观和承受旅客量的能力、发展渔业生产的能力，以及流域土地矿产资源的生产能力等。流域经济的发展就是要通过充分挖掘河流系统的以上诸功能，协调开发流域资源，有效合理地进行流域生产力布局，借此来实现流域经济的全面发展和一个地区、一个国家，乃至全球经济的增长和发展。

其次，流域经济系统的发展因素还应该包括人口和劳动力。人类是经济活动的主体。人类可以作为产品的消费者，同时从劳动力的角度来看，人类又是生产者。任何一个区域经济系统的人口数量都对该区域的经济发展有重要的影响，在经济比较发达的地区往往聚集了大量的劳动力，这既有经济发达地区对劳动力的吸引作用，同样不应该忽视一定数量的劳动力对经济的促进作用。人口数量少、产出少、消费少，自然难以促进地区经济的增长。因此，任何经济区域的发展必须拥有一定数量的人口和劳动力。流域地区由于其独特的自然资源和自然条件优势，从古至今都成为人口的聚集地区，特别是在地形相对平坦的流域中下游地区，成为了人口密集的地区。人口的密集能为流域的开发和发展提供充足的劳动力资源，这为流域的发展提供了很好的条件。

再次，在流域经济系统的开发过程中，资本也是不可或缺的要素。任何区域经济系统的开发都必须有充足的资本作为其开发的基本保证。流域经济系统虽然有较好的自然资源和比较充足的劳动力作为保障，但资本作为经济发展的重要条件同样是不可忽视的重要元素。在流域经济系统中，往往中下游地区能较快、较好地吸引资金；而在经济相对落后的地区，制约发展的一个重要的因素就是资本问题，在流域经济系统的上游地区积累资金、引进资金、争取资金是经济发展的重要部分。有了充足的资本作为流域经济系统开发的基本保障，才能够实现流域经济系统内部资源和要素的优化组合，才能实现流域经济系统的发展。

最后，同其他区域经济系统的发展要素一样，科学技术同样是流域经济系统的发展要素。在任何区域经济系统中，劳动力、资金、技术是三个最基本、最具活力的要素。流域的开发不能仅局限于原始的开发，应该是流域实现综合发展、综合开发，同时提高流域开发的技术含量。现代物流和现代水电站建设都不是简单地依靠资金和劳动力能够实现的，必须要有科学技术作为开发的保障。

流域经济系统与其他区域经济系统相比具有独特性和优越性。首先，这几类流域经济系统的发展要素中，流域的自然条件和历史基础都是较其他区域经济系统更加优越的。由于流域经济系统以水作为发展基础，水既为人们提供生产生活用水，又提供较为便利的水运条件，这就为流域经济发展提供了最基础的条件，并且流域地区优越的自然条件使流域成为自古以来的开发热点，为流域的发展积累了较多的资金和完备的基础设施。其次，流域地区拥有较好的自然条件并聚集了大量的人口，为流域的工农业发展提供了必要的劳动力，流域地区的资金与其他区域相比也是很充分的。在流域的组织与管理上，应该避免流域跨度大、行政分离造成资源不合理利用、重复建设等情况，应该建立流域经济系统专门的管理或组织机构，把流域作为一个整体来发展。

（二）流域经济系统要素作用关系

在流域经济系统中，系统发展的动力学机制是社会经济系统（人口）的消费需求和资源生产能力的供求关系，表现为三种再生产过程，即自然环境再生产、经济（物质资料）再生产和人口再生产。其中，自然环境再生产为经济（物质资料）再生产和人口再生产提供食物、原料和最基本的生产资料，是流域系统生产的基础；经济（物质资料）再生产，一方面为自然环境再生产提供必要的生产资料和物质基础，另一方面为人口再生产提供所需的消费资料，以满足人口的生存和物质文化生活的需要；人口再生产提供了作为系统的主体和核心的人口。通过这三种再生产过程之间的正负反馈机制的相互作用，形成了流域经济系统中各要素的相互作用。

流域经济系统各要素的相互作用主要通过要素组合、要素流动和要素增长三种方式实现；在这三类要素运动方式中，要素组合与要素增长在流域内部完成，要素流动主要通过流域系统与外部区域的协作实现。

流域经济系统内部的要素组合方式会因为流域的不同地区而有所差别。经济资源会根据本地区的优势条件采用不同的组合方式。在流域经济系统内部最简单的一种组合方式是资源与劳动力的组合。任何的生产活动都不可能离开这种资源组合方式，流域地区的资源除普通的自然资源外，主要还应该考虑流域经济系统内部最具有突出优势的资源，即流域的水资源。在流域经济系统中，可根据水资源在不同地段的特点与要素相结合，从而促进流域经济系统的发展。在流域的不同区段，由于流域经济系统要素的不同组合方式，在流域的上、中、下游会形成不同的产业结构和区域特色。在流域的上游地区，由于资金和技术相对下游地区比较匮乏，流域上游的要素组合主要是劳动力与资源的组合方式，比较容易形成劳动密集型的产业；而在流域的中下游地区，资金和技术相对充足，则除劳动力与资源的简单结合外，还有资金和技术作为保障，在中下游地区的产业结构中的资本密集和技术密集的比例较大。

要素组合在区域内部难以实现最优时，要考虑流域经济系统内部的要素与区域外的要素相结合以实现最大化，这就是要素的流动。要素的流动是要素运动的重要表现形式。在流域经济系统内部，这个特殊区域内的要素组合必然会受到地域的限制，因此当经济运动强烈、流域经济系统发展到一定程度时，系统内的要素组合必定会突破流域这个特定的区域限制，寻求更佳的资源优化配置，从而实现最优，这就导致了流域经济系统的要素组合变为了要素流动。要素流动除实现本区域的最优配置外，同时能对区外形成良性的影响，达到宏观最优的目的。流域经济系统可以利用其最为突出的水资源发展水运、水电等产业。水运作为一种运量大、运输费用低的运输方式，能为流域经济系统内外的原材料及产品的运输提供便利的条件，同时能够在一定区域内形成一个综合的交通运输网络。要素组合与要素流动的最终结果就是要素的增长。它是流域经济系统运动的重要内容和目标。

三、流域经济的特征与功能

（一）流域经济的特征

流域经济是以河流为纽带和中轴，以水资源为主的资源综合开发利用的特殊类型的区域经济。它具有以下特征。

1. 流域经济是以水资源开发利用为主的经济

水是人类生产、生活必需的资源，也是经济发展的源泉。流域区相对于一般区域来讲，具有丰富的水资源。水资源经过开发，可以满足人类对饮用水的需要，使人类能在流域区内聚居；可以用来灌溉农作物，发展农业；可以疏通航运，使物资流通；可以利用水能发电，为工业发展特别是高耗能工业发展提供充足的能源；可以为工业的发展提供用水，使一些高耗水工业得以聚集发展。流域经济内的各种资源中，水是最基本、最有决定性的资源，其他资源的开发利用往往以水资源的利用为前提。在水资源开发利用基础上，流域经济被称为特殊的区域经济，它的整体性强、关联度高，受到亚区域、跨区域范围内经济条件及流域经济带自然条件的约束。

2. 流域经济是以河流为纽带的经济

河流是流域经济的纽带。我国是世界上拥有众多江河湖泊的国家之一。有长江、黄河、珠江、黑龙江、松辽河、淮河、汉水、澜沧江、金沙江等诸多水系，很多贯穿东、中、西，联通诸多主要城市并直通海洋。江河为人类提供了生产和生活必需的水资源和经济的水能资源。江河两岸取水方便、水运便利、环境净化能力强、环境承载力较高，很多城市依河而建、因河而兴。河流流经不同的地区，把各种类型的经济区域和各种发展程度的经济区域有机联系起来，不同地区之间通过水资源的综合利用，在经济发展上形成了相应的联系。这样，各类型和各发育阶段的区域就在流域内部展开合理分工布局，相互促进、共同发展。各地区的相关产业有的沿江河布局，有的形成沿河流的产业集中区。这种沿江河布局的产业集中区和产业密集带是有机协调各流域经济协同发展推进的重要形式。因此，以河流为纽带，沿江河布局经济实体，发展经济，是流域经济的基本特征和要求。

3. 流域经济是具有明显区段性的经济

流域经济内区域资源禀赋不同，形成了明显的区段性经济特征。从我国地形地貌来看，由于地势西高东低，故大江大河多发源于西部高原，上游由于地势落差大，水能资源丰富，山地河谷矿产资源也较为丰厚，多发展资源开采业、农牧业和水力电力工业；中下游地势渐趋平坦，人口稠密，交通便利，加工业、农业发达。流域经济涉及水、路、港、岸、产、城等多个方面，流域有上、中、下游之分，河流流经不同区段，城市和产业沿河流布局，形成了带状的经济空间格局。各种不同区段之间既相互联系又相互区别，但都统一于一个完整的流域系统中。流域经济融自然、经济、社会等多要素于一体，构成了一个多维度多层次的经济区域。

4. 流域经济是以可持续发展为要求的经济

河流跨区流动甚至跨国流动，流域所覆盖地域具有广泛性，构成特殊的区域经济管理单元。流域经济的主体呈多元化和复杂性。一个流域经济内可以存在几个区域经济，如流域的上游经济区、中游经济区、下游经济区，甚至包含着许多支流区域经济。同时，流域经济通常涵盖山水林田湖草沙等诸多要素，这些区域经济及其构成的各个要素以可持续发展要求为根本，按照流域经济的整体性、系统性及其内在规律进行开发和保护、统筹规划和一体化系统治理，促进各个资源要素的合理开发利用，加强流域生态系统修复、流域经济综合管理等方面的探索试验，增强流域经济系统循环能力，维护流域经济的整体平衡，从长远出发，注重环境和生态保护，实现可持续和高质量发展。

（二）流域经济的功能

流域经济作为一种生产布局以自然河流水系为基础，以水资源综合开发为核心的大区域经济，不仅具有区域经济的一般作用，还具有其独特的功能。流域经济的功能主要表现在以下几个方面。

1. 经济增长功能

流域经济是国民经济运行的载体。国民经济在纵向上分成部门、在横向上分成地区，是所有区域经济之和。流域也是个大的区域，流域经济结构如产业结构、投资结构、消费结构、资源结构的合理配置和有机结合，在全国形成合理的区域结构。各个流域经济系统的总和构成国民经济总体。从这一角度出发，流域经济是国民经济增长的动力。它表现为流域系统所具有的经济力量不断增长的一种作用。这种增长的作用包含着流域经济的外延增长和内涵增长。对资源开发利用能力的增强是流域经济的外延增长，表现为流域经济活动容量的增加和地域范围的扩大；资源的开发利用不仅是土地、矿产、水资源等自然资源的开发利用，还包括人力等社会资源的开发利用。流域经济强度的提高是流域经济的内涵增长，表现为生产要素质量的提高和经济活动效益的改善。流域经济强度的增长是以技术进步为主动力，以劳动生产率的提高为主要表现，以利润的最大化为目标。它不仅表现为区域经济总量的增加，更重要的是表现为流域经济中各种相对量（人均国民生产总值、人均国民收入等）的提高。在当今科技日新月异的条件下，流域经济的这种内涵增长的作用愈来愈凸显。在一个流域经济的核心地区，科技对经济发展的贡献率占有重要的地位，其发展的水平、速度往往成为流域经济的发展水平和速度的决定因素。流域经济增长快，水平提高快，国民经济发展就快。

2. 要素集聚功能

流域经济的集聚功能是流域经济系统对生产要素和经济活动的集聚作用。

表现为加速生产要素的合理组合和经济活动的地域联系，并不断地将零散的生产要素聚集到流域经济系统之中，产生了流域经济的聚集效应，使各部门、各企业、各经济活动和主体之间有机联系在一起，相互依存，互动互补，形成一种新的经济增长力，提高资源利用率、节约劳动时间、节约投资，达到流域经济系统的运行要取得最大规模效益的目标。同时，流域经济本身所具有的特点决定了在大江大河轴线上，利用丰富的自然资源和廉价的水运条件，吸引产业活动沿江河集聚并形成带状产业布局和经济增长轴，进而促进流域经济中心城市在沿江河线上发展起来。在培育流域经济增长极的基础上，通过“点轴”扩散机制的作用，辐射整个流域经济的“面”，从而形成“点—轴—面”的流域空间经济格局。

3. 优化发展功能

流域经济的优化功能主要表现在两个方面：一是生产要素布局的地域优化，即生产力的合理布局，不同区段和区位之间分工协作；二是产业结构的合理布局，协调发展。由于流域经济是一个以水资源为核心的经济系统，而在流域这个大的区域内，涉及的经济活动主体（省、自治区、直辖市，各类企业、居民消费者）很多，且各自利益具有相对性，均需要从比较优势的角度来合理配置资源，因此从这个角度看，流域经济具有结构优化功能。但在现实中，流域经济的结构优化功能未得到充分发挥。各区段之间产业结构同构化严重，市场分割、封锁，地方利益与中央利益之间的矛盾突出，这也体现了流域经济的发展功能。与此同时，流域经济这一基本经济发展单元不是依据某一个或几个简单的经济指标就能划定的。在这样一个相对独立和相对完整的区域内，主题是发展，谋求发展的前提必然是人口 - 资源 - 环境的和谐发展，即经济系统 - 自然系统 - 社会文化系统的协调，只有这样才能实现区域经济协调发展。流域经济的各子系统通过协调发展形成一个完整的有机整体，最终形成一个有机的功能区域，也为实现流域经济高质量发展奠定基础。

四、流域经济研究的相关理论

（一）增长极理论

增长极理论最初是由法国经济学家 Francois Perroux 在韦伯工业区域发展理论提出的聚集概念的基础上提出来的。Francois Perroux 指出，增长并非同时出现在所有的地方。它以不同的强度首先出现于一些增长点和增长极上，然后通过不同渠道向外扩散，并对整个经济产生不同的终极影响。后来，法国经济学家 J.B.Boudeville、美国经济学家 John Friedman、瑞典经济学家 Gunnar Myrdal 在不同程度上丰富和发展了该理论。该理论认为经济增长是不平衡的，某些主导产业部门和有创新能力的行业集中于一些地区或大城市，形成增长极，比较快地优先得到发展，通过其极化和扩散力不断地扩大所在地区的发展规模，并带动其他地区的发展。

增长极的形成必须具备一定的条件，其中主要包括：第一，必须存在具有创新力的企业和企业家精神，因为企业是经济增长的主要动力；第二，所在地方要能集中相当规模的资本，进行大规模投资，从而形成规模经济；第三，要有较好的区位环境条件，能够吸引投资、技术、人才，即周围交通、通信、能源等基础建设条件较好，能吸引周围厂商、投资、技术和人才，才能最终促成增长极的形成。

增长极具有极化效应和扩散效应，其表现在四个方面：技术的创新和扩散、资本的集中和输出、具有规模经济效益、形成集聚经济效果。极化效应表现为生产要素向极点的聚集；扩散效应表现为极点生产要素向外围的转移。一般来说，在增长极的初期阶段，极化效应是主要的，在发展到一定阶段后，扩散效应加强并逐渐占主导地位，极化效应和扩散效应的作用是促进地区经济的发展，同时产生地区间的差距。增长极培育有两种途径：一是通过市场机制的作用，引导企业在某些地区集聚发展；二是由政府实施经济计划，组织重点投资，但以不抑制市场机制为前提。

流域经济区范围较大，在发展初期流域开发不可能全面展开，应当在分析流域各区段资源禀赋优势基础上依据增长极理论，选择一个或者若干个优势区位培育成流域经济发展的增长极。增长极的培育要注意与所在区域的有机联系，不能嵌入式开发，成为“飞地”。

（二）点轴开发理论

点轴开发理论最早由德国桑巴特在增长极基础上提出了发展轴理论。我国学者陆大道深化和发展了这一理论，并结合我国实际，进行了区域发展的规划和设想。这一理论的基本思路可以归纳为以下几点：

（1）点轴开发理论是运用网络分析方法，把国民经济看成由点、轴组成的空间组织形式，点即增长极，轴即交通、动力、通信等干线，主要是交通干线。

（2）点轴开发是与地区经济发展相对应的。从区域经济成长过程来看，产业首先集中在少数条件较好的城市，呈点状分布，即增长极的发展；随着经济的发展，连接点与点之间的交通线、动力线、通信线等轴线对人口、产业也具有吸引力，生产要素沿轴线形成新的增长点，点轴贯通就形成了点轴系统。

（3）点轴开发的主要思路是在一定区域范围内，选择具有开发潜力的交通干线作为发展轴重点开发，确定发展轴上重点发展的中心城镇（增长极），确定其发展方向和功能，确定中心城镇和发展轴的等级体系，发展重点逐步由较高级别的点轴向较低级别的点轴扩散。

流域干流和主要支流沿岸区位条件较好，往往汇集了大量经济要素和经济活动，在空间上客观担当着流域开发轴线的作用；其中的重要港口城市或者部分地区则承担着增长极功能，点轴开发理论对流域经济发展具有十分重要的现实借鉴意义。流域的轴线确立不仅是以河流为单一轴线，还要结合公路、铁路、通信等干线形成多重发展轴。

（三）地域生产综合体理论

地域生产综合体是苏联在经济建设中广泛采用并取得较好经济效果的地域生产组织形式。地域生产综合体理论在苏联有一个相当长的酝酿和形成过程，是在总结了多项大型综合工程建设经验的基础上逐渐发展起来的。地域生产综合体在苏联极大发展的根本动力在于它能带来比企业单独布点更大的经济效果。进入地域生产综合体的企业的地域聚集，就能因为共同利用运输及其他基础设施而获得额外的最佳效益。地域生产综合体不是企业简单的地域聚集，而是有意识地使生产上相互补充、经济上密切相关的企业在地域上结合成一个统一体。

地域生产综合体本质上是若干产业部门的地理空间聚集，并形成相对完整的产业体系。地域生产综合体理论经由苏联经济学者对实践进行系统归纳提升之后，在苏联和我国诸多地区都有若干实践，并取得了一定的理论成果。首先，若干产业部门甚至完整的产业在地理空间上集聚，能获取集聚经济效益；其次，这些产业部门或完整的产业在地理空间上集聚形成综合体，降低原料和半成品的地区间转运成本和地区间供求调配协调成本；最后，这些产业部门或完整的产业的集聚形成地域生产综合体，在特定地域上形成相对独立和完整的经济体系，有利于地区经济实力的增强。地域生产综合体就其实质而言，是大国经济在合理组织区域间产业体系的前提下，在全国范围内若干大经济区域同时布局若干相对独立的产业体系。

流域经济涉及比较大维度地域范围的经济发展，应该借鉴地域生产综合体理论的基本思想，在流域内依据流域整体协调、突出特色的要求，逐步形成若干套特色鲜明、相对独立、自成体系的经济和产业体系。在市场经济条件下不能仅依靠行政手段培育地域生产综合体，而要通过市场配置资源的形式促使产业集聚。

（四）梯度推移理论

梯度推移理论起源于美国哈佛大学经济学家 Vernon 等创造的工业生命循环论。该理论认为，与生物处于不同的生命循环阶段一样，各工业部门及各工业产品在发展过程中也经历创新、发展、成熟和衰退四个阶段。区域经济学者将这一理论引入对区域的研究中，揭示了生产力在地区间转移的动态过程，并称之为梯度推移理论。

梯度推移理论的主要内容是：第一，区域经济的发展盛衰主要取决于该地区产业结构的优劣及转移。由于较发达地区主要处于技术创新和经济繁荣阶段，无论在经济上还是在技术上都属于高梯度地区，新兴产业部门和高技术生产部门适宜于在较发达地区布局。传统的产业部门适宜于在技术、资金和劳动力素质受到限制的欠发达地区或低梯度地区布局。第二，由科技进步引致创新的新产品、新技术、新思想和新的生产管理与组织方法等，大都发源于高梯度地区，因此产业结构的更新促使地区经济向高梯度发展和集中。第三，产业结构的更新随着经济发展的时间推移和生命周期的衰退，逐步有次序地由高梯度地区向低梯度地区多层次转移。首先按距离远近向外围经济联系比较紧密的地区布局推进，总体范围推进则按梯度高低顺序，跳跃式地向周围扩展；其次向第二梯度地区推进，随着产业生命的衰退逐步向处在第三、四梯度的地区推进。第四，梯度推进过程是在动态上产生的极化效应、扩散效应共同作用的结果，即产生经济向高梯度地区进一步集中，对周围地区起支配和吸引作用，又带动周边地区的经济发展，但也将造成地区两极分化。

梯度推移理论对流域经济研究的借鉴价值存在于流域开发应该依据流域各区段的资源禀赋客观存在的明显差异，有重点、有层次地逐步展开。在区域非均衡协调战略下，常常不仅依靠梯度推移，而是有重点地对一些流域欠发达地区进行开发和援助，以实现流域区段之间协调发展。

（五）核心 – 边缘理论

核心 – 边缘理论是解释经济空间结构演变模式的一种理论。美国区域发展与规划专家弗里德曼于 1966 年提出“核心 – 边缘”发展模式。该理论解释了一个区域经济体如何由互不关联、孤立发展，变成彼此联系、发展不平衡，又由不平衡发展变为相互关联的平衡发展的区域系统。

该理论对流域经济的研究起到至关重要的作用。按照该理论，流域经济增长的同时必然伴随着经济空间结构的改变。随着社会经济的发展，经济空间结构的变化可以划分为前工业化阶段、工业化初期阶段、工业化成熟阶段、空间相对均衡阶段，每一个阶段都反映了核心区域与边缘区域之间关系的改变。同时，经济活动的空间结构形态与该区域经济发展水平相关。依据该理论，经济活动空间结构形态基本上分为离散型、聚集型、扩散型和均衡型四种，同时解释了区域经济之间带动、互补、经济利益一体化的作用，阐明了核心区域与边缘区域的关系，即发展核心，同时核心带动边缘。

第二章　流域开发与治理的国内外实践

流域是以河流为中心被分水岭所包围的区域，在地域上具有明确的边界范围。从经济角度看，可以把流域看作一个具有双重意义的范畴，即流域既是由分水岭所包围的区域，又是组织和管理国民经济，进行以水资源开发为中心的综合开发的重要形式，构成经济管理体制的重要内容。

流域不仅具有区域的一般属性（客观性、地域性、综合性、可度量性、系统性等），而且具有流域的特质。流域与区域的一般属性相吻合，是特殊的流域经济社会系统，是从属国民经济巨型系统的子系统，要把流域开发、治理看成全国经济社会发展总战略中的一个组成部分，在流域开发规划和治理上要符合全国国土综合开发、治理的总体要求和宏观布置，这是协调流域内部、流域与流域、流域与国家关系的关键。

流域开发的重要特征是以水资源的优化配置为发展链，逐步扩大到其他领域。亘古至今人类社会文明发展史都与水关联，虽然人们常把洪水比作猛兽，但仍然依水而城，水助城兴。现代社会，以流域为单元发展经济的范例应属美国的田纳西河流域开发。早在 20 世纪 30 年代初，美国实行“新政”，以田纳西河流域的水资源开发为契机，发展水电、水运、农业、工业等。经过 50 年的努力，直到80年代已使田纳西州从一个落后的地区变成美国比较发达的地区，此例在全世界广为传颂，其他国家纷纷仿效，比较成功的有澳大利亚的雪山流域、法国的塞纳河流域、德国的莱茵河流域等。新中国成立以来，水利和水电建设取得了举世瞩目的成就，在水库数量、水电容量、防洪堤长度、灌区规模、排灌能力和内河航道里程等方面都居世界前列，流域开发也引起政府和社会各界高度关注，赴美国田纳西河流域考察者络绎不绝，许多有志者期盼建设中国式的“田纳西”。本章以国内外流域开发与治理的实践研究为主要内容，系统梳理国内外流域开发与治理的历程，分析典型案例，讨论成功做法，以期通过实践总结国内外流域开发治理的成功经验，为河南省四大流域开发、治理提供借鉴。

第一节 国外流域开发与治理的经验与启示

一、国外流域开发与治理的实践历程

早在19世纪末至20世纪初，欧美国家就开始重视流域水环境的综合治理，但早期的流域治理仅限于防洪、供水、航运等单一目标。20世纪50年代以来，随着流域经济快速发展和人口剧增，人类对流域水资源利用和水环境破坏的强度不断加大，流域水污染控制与治理逐步成为流域治理的重要内容。进入20世纪90年代，以流域协调发展为目标的流域综合治理得到越来越多管理者和科学家的重视，强调全流域自然与人文各要素的综合治理是实现流域协调发展目标的前提和条件。

（一）以流域水资源的综合利用为目标的治理阶段

工业革命发生后，西方国家工业和人口的快速增长，水资源需求激增，导致水资源短缺现象严重，协调水资源供需一度成为流域治理的重要内容。随着科技进步和认识水平的提高，自20世纪30年代起，逐步开始了以水资源调配、水土保持、洪水灾害治理、航运、发电和旅游等为目的的多目标统一规划。在这一阶段，世界各国相继建立不同形式的流域管理机构，以求趋利避害、最大限度地开发利用水资源。

美国田纳西河流域管理局的建立及发展大致代表了国际上流域治理这一阶段的发展历程。美国田纳西河流域管理局不仅具有政府职能，而且运行灵活、兼具私人企业组织优点，开始全权处理流域水土资源综合开发利用问题，如控制洪水、改善航运条件、水能发电、恢复植被和控制水土流失等。至20世纪40年代中期，田纳西河流域已开发了1 050 km的航运水道，同时成为美国水电生产能力最大的流域，流域内的经济得到了空前发展，农业生产更为合理，森林植被明显恢复。

（二）以水环境治理与保护为主要目标的流域一体化治理阶段

20世纪50年代后，人口数量和经济迎来了新一轮激增，对自然资源的过度开发导致水质下降、生物多样性锐减等问题严重。许多国家、地方政府为发展经济而进行的一些流域开发工程项目，使得流域问题更加严重。

1972年，著名的人类环境会议在瑞典的斯德哥尔摩召开，发表了具有里程碑意义的《联合国人类环境会议宣言》，强调在保持经济发展的同时，必须高度重视生态环境保护。水环境问题的日益加剧，促使流域治理由单纯的资源开发利用管理向环境治理与保护的方向倾斜，各国的流域治理大都增加了水污染控制和生态环境保护的内容，并颁布了污染控制与环境保护相关法律。

（三）以人类生活、生态环境与经济协调发展为主要目标的流域水环境治理新阶段

1992年6月，联合国环境与发展大会在巴西里约热内卢召开，会议讨论并通过了《里约环境与发展宣言》和《21世纪议程》等纲领性文件，明确提出了“可持续发展”的新战略和新理念：人类应与自然和谐一致、可持续地发展并为后代提供良好的生存发展空间。

至此，人们认识到解决日益严重的人口、资源、环境与发展问题的有效途径之一是以流域为单元对自然资源、生态环境及经济社会发展进行系统综合治理。英国学者正式提出以流域可持续发展为目标的流域综合治理理念，使得以流域资源可持续利用、生态环境建设和经济社会协调发展为目标的流域综合治理在澳大利亚、美国、英国等发达国家广泛兴起。

总的来说，国外的流域开发与治理缘起于开发利用水资源、治理水患和防治水污染。根据流域开发与治理的目的，国外的流域开发与治理可分为防洪、防治水土流失、分配水资源等类型。制度实践方面，国外流域治理制度经历了“探索—复制—创新—巩固”的阶段并逐渐成熟，呈现从单一治理开发向综合治理开发发展、由被动的治理向主动的水资源利用和管理发展、由短期治理开发向长期战略性开发发展的趋势。

二、国外流域综合管理经典案例

（一）美国密西西比河流域

密西西比河干流经过美国10个州，流域覆盖美国31个州和加拿大2个省的全部或部分地区。作为世界第四长河，密西西比河涉及多层次的、广泛的经济与社会利益，在利益冲突中经历了200多年的协调与治理。

密西西比河的治理体现了很强的政府主导性，公众、社会和资本市场等市场手段也参与其中：一是应对洪灾威胁。主要措施是修建堤坝，1849~1850年出台《沼泽地法案》，提出以土地换资金，用于建设大坝；1879年成立密西西比河管委会，实行预防式管理；1928年出台《洪水控制法案》，引入泄洪区，加强防洪工程；1974年修订《联邦赈灾法案》，制定防灾减灾规划；1998年颁布《赈灾和应急扶助法案》，强化防灾减灾预算。二是防治水污染。1972年颁布《清洁水法》，制定排污许可制度；1996年出台《流域保护方法框架》，建立流域水环境管理的跨部门、跨地区协调机制；1997年成立密西西比河－墨西哥湾流域营养物质工作组，开展专项国家行动，并建立监测与评价体系。三是提高航运利益。航道、船闸、船队标准化，提高航运效率和设施维护能力。

四是引导公众参与。建立密西西比河博物馆，开展宣传。五是提供技术和资金支持。建立维克斯堡水道试验站，开展相关研究，政府投入巨资用于流域综合治理。

密西西比河流域的治理以政府为主导，成立专门机构，动员民众参与，协调有关各方投入巨大的人力（如工程兵）、物力和财力，并认识到人类活动向环境利益让步的必要性。

（二）美国田纳西河流域

田纳西河发源于阿巴拉契亚山，是密西西比河的二级支流，流域面积 105 957 km^2，流经美国西南部 7 个州。由于早期移民的滥垦滥伐，田纳西河流域环境严重恶化，成为美国农业危机的典型。1933 年罗斯福政府将田纳西河流域作为“新政”的改革试验场，通过流域综合治理改善了当地社会经济条件，打造了国际流域综合治理的成功实践。

田纳西河的治理是特殊历史时期的产物，是罗斯福新政对田纳西河流域“综合资源管理”的探索，主要有以下做法：第一，成立了具有政府权力且灵活主动的企业——田纳西河流域管理局，并通过国会法案明确了航运、防洪、绿化、土地利用、农业发展、国防等综合资源管理的职责。第二，开发利用水资源，拥有各类发电站 68 座，建设输电线路超过 2.7 万 km，输电设施 1 万多座，发电量处于美国同行领先地位。第三，分类管理河流岸线，根据管理和土地权益将岸线分为私人所有洪水淹没权岸线、管理局所有但居民可通行岸线、管理局所有但与他人共同管理的岸线和管理局所有且管理的岸线。第四，综合治理环境，除维护和栽种本地植物群落、避免外来物种入侵、防治河岸侵蚀和水土保持外，还进行大气质量、水质量保护，保证通航和电力生产，同时为公众提供娱乐场所。第五，帮助流域内公司和社区吸引投资，建设合作关系，促进经济繁荣。

田纳西河流域管理局起步于艰难时期，得益于政府规范的授权和立法定位。田纳西河流域管理局实质是联邦公有公司，主导产品是电力，还行使了岸线管理、建设项目审批、稳定电价、促进区域繁荣等政府职能。

（三）澳大利亚墨累－达令流域

墨累－达令河位于澳大利亚东南部，流经新南威尔士、维多利亚、昆士兰和南澳大利亚州，全长 2 560 km，流域面积 106 万 km^2。该流域是澳大利亚重要的农业区、经济区、生态区，然而流域内人类活动导致水问题和环境问题日益严重，流域内上下游及不同水用途之间水权冲突频发。1902 年流域各州开展了水资源利用的协作管理，经过一个世纪，墨累－达令流域水资源协商管理模式积累了丰富的经验并日趋成熟，基本实现了流域水资源管理一体化的目标。

墨累－达令流域协商管理模式的主要做法有：第一，建立协商管理的法律框架。1899 ~ 1914 年流域各州协商签署了墨累河水协议，此后该协议一直协商修订并发挥着管理作用，1993 年墨累－达令流域协议作为新协议成为各缔约州的法案，2003 年国会通过墨累－达令流域法。第二，建立协商管理组织框架，即部长理事会、流域委员会、社区咨询委员会。部长理事会是一个高级决策论坛，负责商讨制定涉及共同利益的重大决策并在适当的时候采取措施；流域委员会是自治组织身份的执行机构，按照部长理事会指示承担任务、采取措施，对流域的水资源管理一体化进行指导、支持、评价；社区咨询委员会是部长理事会的咨询协调机构，由地区代表和特别利益集团的代表组成，体现了广泛的代表性。第三，尊重水文科学规律，实现水资源综合利用和治理。“流域计划”中倡导以集水单元为管理基点进行流域内土地和水资源的综合规划开发和治理，在监控流域水质方面采用监测与治理相结合的方法，基于水质监测数据分析做出水质预测并采取相应的治理对策。

墨累－达令流域水资源管理的主要特点在于采用联邦－州的联合协议的方式立法，将水资源管理延伸至土地与环境管理，从地方政府职能中剥离出相应的部分划归流域委员会进行整体管理，实施跨流域调水工程，并运用市场手段开展水权交易。

（四）欧洲多瑙河流域

多瑙河位于欧洲东南部，发源于德国黑森林地区，流经 18 个国家（包括支流）。多瑙河在中欧和东南欧的拓居移民和政治变革方面都发挥过极其重要的作用。20 世纪 50 ~ 80 年代，多瑙河水资源过度开发，至 80 年代中期，水污染问题集中爆发，甚至因水污染问题停止供应饮用水。多瑙河是多国战略利益关注点，因此多国合作是多瑙河流域治理的基本模式。

多瑙河流域治理的主要做法：一是建立法律框架体系，成立流域管理机构，实施流域综合管理。多瑙河流域各方以《欧盟水框架指令》和《多瑙河保护公约》为基础，确立了多瑙河保护修复的法律框架体系，为多瑙河生态保护、水资源可持续利用、污染防治等方面管理提供了指引。在此框架下，流域各国共同成立了具有决策权的多瑙河保护国际委员会（ICPDR），主要职责为实现可持续的、公平合理的水管理，维护或改善多瑙河流域生态系统等。二是健全流域水质监测网络，制定统一标准，提升监测数据质量和可比性。1993 年，多瑙河流域各国共同制订了多瑙河水质监测网络方案，ICPDR 下设监测和评估专家组负责指导监测网络建设，制订年度监测计划等。流域各国采用统一监测采样规范、数据处理与评价方法、数据质控体系等，确保监测数据的精度和可比性。三是建立多瑙河流域信息平台，实现生态环境数据共享。ICPDR 通过在成员国家实施统一的数据规范，整合了不同国家、不同部门的数据源，构建了集流域生态、水文水质监测及污染负荷等子数据集的综合数据库，并面向普通公众、科研机构、决策部门开放。

多瑙河流域治理具有长期性和战略前瞻性的特点，经过几十年保护修复，多瑙河水质稳步趋好，生态系统逐渐恢复，环境质量显著改善。多边国际合作机构、国际条约公约、多方参与机制以及各国之间信息共享的检测预警系统，提高了国与国之间的环境响应速度，体现出多国合作协商机制优势。

（五）欧洲莱茵河流域

莱茵河是西欧第一大河，发源于瑞士境内的阿尔卑斯山北麓，流经列支敦士登、奥地利、法国、德国和荷兰。自 1815 年取消通行费允许自由航运以来，莱茵河逐渐成为欧洲重要的国际航道，被誉为欧洲“黄金水道”。1950 年以来，随着沿线国家工业化和城市化的高速推进，莱茵河水体遭到严重污染。1986 年桑多兹污染事件成为莱茵河治理过程中的关键转折点，莱茵河流域沿线国家幡然醒悟，开始对莱茵河流域进行协同治理。

莱茵河流域治理的主要做法：一是建立流域机构。1950 年 7 月，荷兰与瑞士、德国、法国、卢森堡一起，成立了保护莱茵河国际委员会（ICPR），后又签订协议确保了 ICPR 统筹莱茵河流域生态环境保护修复工作的法律地位。1976 年欧盟前身欧洲共同体加入，使 ICPR 在欧洲的参与性更广泛。二是制定协同治理整体规划。前期，《莱茵河行动计划（1987~2000 年）》以生态恢复为主要目标，全流域制定严格的工业安全法规，从海岸线到河源全程治理污染；进入 21 世纪以后，《莱茵河流域 2020 可持续发展计划》将莱茵河治理目标提升为生态系统的可持续发展。三是重视公共参与。利用 ICPR 网站等信息系统为公众提供主动被动相结合的环境信息，采取严密的法规保证环境协商听证制度有效运行，同时欧盟法律鼓励高层次的公众参与行为。

经过一系列努力，莱茵河流域由“欧洲臭水沟”变成世界上各大河流治理的样板，水质得到极大改善，环境质量明显提高，工业和船舶污染得到有效控制，生物多样性得到有力呵护。2002 年，联合国教科文组织将莱茵河中游的宾根到科布伦茨 65 km 长的河段列为世界文化多样性景观自然保护遗产。

三、国外流域开发治理的经验启示

（一）建立健全法律法规

以立法为先导，实行依法开发和管理，是国外发达国家流域开发普遍采用的方式。凡是在流域开发中取得成功的地区，无一不是建立了一整套完备的法律法规来规范和约束流域开发与管理，通过法律明确各区域的水资源权力，开发的重点内容、时需安排等，规定管理机构的设置及其职能。同时，对于跨区域尤其是跨国流域的开发治理，在法律之外，还通过签订协议或者协定的方式予以保障。

（二）科学编制开发规划

流域开发是一项复杂的系统工程，既包括水资源配置，也包括生态环境治理，同时还包括土地资源、矿产资源、岸线资源、旅游资源等多种资源开发，涉及水文、水利、航运、发电、产业发展、城市开发、基础设施建设等众多领域。流域开发治理综合性强、规模大、影响深远，许多工程项目涉及人口、资源与环境、经济与社会等可持续发展的百年大计，处理不当往往会带来不可挽回的损失。国外流域开发过程中，普遍编制了综合开发治理规划，同时还制定了防洪、水资源利用等各项专项规划，通过规划整合各种资源，使人力、物力、财力发挥最大效用，避免无谓的浪费及无法挽回的生态环境破坏。

（三）遵循综合开发理念

国外流域开发治理经过了由单项开发治理向综合开发治理发展的过程，如今，多目标和综合开发理念已经成为各国普遍共识，并且充分反映到流域的开发战略和开发规划中。需要注意的是，综合开发理念与因地制宜地选择短期开发重点并不矛盾。国外流域开发尽管普遍采用综合开发长期战略，但同时也重视因地制宜地选择近期重点，在长期战略的指导下，稳步推进、重点突破。

（四）采取分段开发策略

流域开发往往涉及多区域，不同区域的自然地理条件、经济发展水平、生态环境状况等均不相同。世界各国流域开发经验表明，流域开发在着眼于整体开发的前提下，应根据各区段要素的具体条件因地制宜，分段确立不同区域的开发目标、功能定位、开发重点，构建起各具特色、整体优化的经济体系。

（五）培育特色产业体系

立足流域特色资源优势，有序发展特色产业，是世界各国流域开发的主导路径。作为人类文明的发源地，大江大河中蕴藏着丰富的自然资源，既包括水资源、矿产资源等自然资源，也包括历史文化等人文资源。流域开发的重要目的，就是充分挖掘和开发各类资源，形成有序发展的特色产业体系，从而实现振兴地区经济和可持续发展的目的。国外发达国家特色产业体系的培育经历了由传统工业向高新技术产业转变、由工业向服务业转变的过程。在特色产业培育方面，世界各国成功的流域开发大多做足了发展旅游产业的文章。

（六）成立经营管理机构

流域开发涉及多区域、多部门，彼此间矛盾多、利益诉求不同、条块分割难免，需要成立管理机构予以协调和管理。纵观世界各国流域开发管理机构的设置和模式，可谓千差万别，管理的思路和技术方法也不尽相同。同时，在管理机制上，充分发挥政府的主导作用和市场机制作用，在流域开发治理初期阶段，往往是社会效益、生态效益更明显，需要政府大量投资，而随着开发不断深入，经济效益逐渐显现，私营投资会大量跟进。基于这一特点，世界各国流域开发的经营管理一般采用“公司合作”的方式，即建立一个兼纳政府与企业、科研机构与经营实体的实权机构，全权负责流域开发的具体事务。

第二节　我国流域经济规划及治理的实践历程

一、我国流域开发与规划的历程

（一）古代中国流域水资源利用治理

中国古文明与大洪水有密切的渊源，大禹治水为中国水利打上了政治的烙印：治水是国家职能，以国家利益主导与水相关的公共事业。春秋战国时期，灌溉工程成为诸侯国强大、兼并弱国的资本，秦建郡县制后，将水利纳入国家职能范围。秦汉以后，进入帝国大水利及技术大发明时期，灵渠沟通了珠江和长江两个流域，将中原政权统治辐射到岭南以南。司马迁在《史记·河渠书》中第一次明言，水利是灌溉、防洪、治河、水运等兴利除害行为。1 世纪，水轮等水利机械问世，催生了水利工程和机械工程技术的发明创造，水利在粮食、茶叶、冶炼、制陶、纺织等加工业中得到应用。隋代在工部设水部执掌水政，唐宋完善了从中央到地方的水政管理体系，并颁行以《水部式》《农田水利约束》为代表的国家水利法规，标志着古代水利行政管理进入成熟期。唐宋后期江南的经济中心地位基本形成，南方地区进入了水土资源全面开发利用时代。元明清时期，大规模灌溉工程、堤防工程等国家大水利迎来新的发展，此时受黄河南北决堤影响，运河河工被视为至关紧要的国事。1901 年，清廷宣布中止漕运，京城粮食供给改为商办，随后，与帝制相伴 2 000 多年的河工和漕运制度走向终结。

（二）近代中国水资源综合开发

20 世纪初，一批学成归来的留学生将所学的外国水利工程科学技术应用于我国大江大河的治理。1922 年，李仪祉先生提出整治黄河下游河道计划，由于缺少经费和黄河泥沙问题，未能落实。1930~1937 年，李仪祉先生先后主持修建了泾惠渠、洛惠渠、渭惠渠等，发展了修建拦河大坝、控制闸、钢筋混凝土拱形渡槽、黄土山中挖长隧洞等科技，开启了我国现代化灌溉工程的先河。

1912 年，我国建成了第一座水电站——云南石龙坝水电站，是中国引进国外先进技术和设备，利用水能资源自主开发、管理和使用的成功范例。随后国人自建了四川泸县洞窝水电站以及天水、西昌等一批小水电站，日本主持修建了松花江丰满和镜泊湖水电站。抗战胜利后，美国政府援助国民政府设计了三峡工程，最终却未能施工。

（三）新中国流域综合开发与规划阶段

新中国成立后，党中央和国务院十分重视水利建设，我国流域开发与规划进入兴盛时期。首先是从国家层面编制流域综合规划，20世纪50年代编制淮河、长江流域综合规划，随后完成了全国七大流域综合规划编制；其次是开展了大量的流域开发治理实践，水资源利用、水患治理、水电站建设、内河航运、水库大坝建设、跨流域调水等流域开发治理能力实现跨越发展。总的来说，新中国成立后，在科学开发理念指导下，我国流域开发在水土保持、林业生态工程、荒漠化防治、污水处理等方面取得显著成就。

（四）新时期中国流域综合开发治理“江河战略”阶段

党的十八大以来，习近平总书记提出了“节水优先、空间均衡、系统治理、两手发力”治水思路，针对长江、黄河、淮河、海河、珠江等国内大江大河做出战略部署，强调共抓大保护、不搞大开发；生态优先、绿色发展。党的十八大以来，我国先后实施了172项节水供水重大水利工程、150项重大水利工程。十年来，全国完成水利建设投资6.66万亿元，是之前十年的5倍。实施了长江流域重要蓄滞洪区建设、黄河下游防洪治理、西江大藤峡水利枢纽等一批流域防洪骨干工程；开展了大规模中小河流治理、病险水库除险加固等工程建设。新增库容1 051亿m^3，新增5级以上堤防5.65万km，大江大河基本形成河道及堤防、水库、蓄滞洪区为主要组成的流域防洪工程体系；还建设了南水北调中、东线一期工程，引江济淮，引汉济渭，珠三角水资源配置等跨流域、跨区域引调水工程54处，设计年调水量647.9亿m^3，我国的水资源统筹调配能力显著提升。“系统完备、安全可靠，集约高效、绿色智能，循环通畅、调控有序”的国家水网正在加快构建。全国水利工程供水能力从2012年的7 000亿m^3提高到2021年的8 900亿m^3。七大流域防洪规划修编、水土保持规划编制和全国农田灌溉发展规划编制工作全面启动，黄河流域生态保护和高质量发展水利保障规划、成渝经济圈水安全保障规划等一批重要规划印发实施。

党的二十大全面部署了未来5年乃至更长时期党和国家事业发展的目标任务和大政方针，从党和国家事业发展全局的高度，确立了国家“江河战略”，谋划完善网络型水利基础设施体系、构建国家水网、提升流域设施数字化网络化智能化水平等战略任务。

二、我国重大流域治理的实践总结

（一）长江流域治理与开发实践

长江是中国第一大河，干流全长 6 300 余 km，居世界第三位。流经青海、西藏、云南、四川、重庆、湖北、湖南、江西、安徽、江苏和上海 11 省（自治区、直辖市），注入东海。一级支流有 700 多条，流域面积约 180 万 km^2，是世界第三大流域，占全国陆域面积的 18.8%。

1. 长江水利史

从我国古代开始，长江流域便兴水利。春秋战国时期开凿人工运河；秦汉时期修筑江汉堤防、灌溉工程；魏晋南北朝时期长江流域基本形成经济区，水运也成为主要交通形式，局部干支流开始建设堤防和海塘；唐宋时期漕运成为重要政治措施，在历代开拓的基础上，扩改建的邗沟与江南运河联通了江淮河海四大水系；明清及“中华民国”时期，长江的治理以疏浚航道为主，畸形发展，堤防残缺不全，中下游水灾也愈演愈烈，以 1931 年和 1935 年最为严重。

新中国成立之初，长江流域相继遭受了 1949 年大水，1952 年、1953 年连续干旱，以及 1954 年特大洪水。长江流域各省大力恢复整修和加高加固全江堤防，恢复整修和重点兴办小型排灌工程，并开始兴建大型水利枢纽。1950 年，成立长江水利委员会，设立各省（自治区、直辖市）水利水电厅（局），组建水文、勘测、设计、科研机构，开展基本资料的收集，进行治江方案的研究，提出以防洪为主的治江战略计划。1953 年，长江水利委员会成立长江汉江流域轮廓规划委员会，进行长江中游防洪排渍规划、汉江流域规划；同时进行三峡工程和南水北调工程的研究。1955 年，开始编制长江流域规划。

1958年，中央政治局扩大会议通过了《中共中央关于三峡水利枢纽和长江流域规划的意见》，确定了长江流域规划的指导方针和工作原则。1959年编制提出的《长江流域综合利用规划要点报告》明确了三峡水利枢纽是治理开发长江的关键工程。这一阶段长江流域开工兴建了大量的水利水电工程，包括大、中、小型水库4万余座。这些大型水利枢纽大都具有防洪、灌溉、发电等综合利用效益。另外，大规模兴建了防洪排涝工程、灌溉工程，进行了长江中下游护岸崩岸治理，实施了下荆江裁弯，提高了航运效益。丹江口水利枢纽是汉江流域规划和南水北调中线方案的关键性工程，于1958年动工兴建，1973年建成；葛洲坝水利枢纽1970年开工兴建，1988年竣工。

1977~1997 年，长江水利建设从以大规模兴建工程为主，转向以巩固提高已有工程的效益为主；重点建设已有防洪工程的薄弱环节和在建工程的配套设施。以荆江大堤、同马大堤、无为大堤等堤防为重点进行加高加固建设。与此同时，加强了洞庭湖区、鄱阳湖区及两大湖区水系的治理。赣江、滁河、巢湖等原来洪灾较严重的地区，也进行了大规模防洪建设，提高了防洪标准。1990年长江水利委员会修订提出《长江流域综合利用规划简要报告》，成为长江流域综合开发、利用、保护水资源和防治水害活动的基本依据。这一阶段，长江上游相继兴建了龚嘴、宝珠寺、白龙江、乌江渡、二滩等大型水电站，为长江上游地区提供了清洁廉价的电能。长江三峡工程可行性论证于1992年完成，并于1994年冬正式开工建设。

1998年长江流域特大洪水后，国家做出灾后重建、整治江湖、兴修水利的重大战略部署，大幅度增加了长江水利投入。同时，面对日益严峻的水资源短缺和生态环境恶化形势，还提出不断丰富完善可持续发展治水思路，推动传统水利向现代水利、可持续发展水利转变。长江水利委员会在以防洪为中心的主要任务基本付诸实施的前提下，统筹保护与开发，协调生态与发展，加快防洪保安、水资源综合利用、水生态环境保护、水资源管理四大体系建设。长江水利基础设施建设大规模展开，长江重要堤防全线达标，三峡工程整体竣工验收，南水北调东、中线等重大水利工程进展顺利，长江水生态环境建设加快推进，流域水行政管理不断加强，治江事业进入加快发展、深入推进的阶段。截至2014年，累计治理水土流失面积6 579万hm^2；堤防总长7.33万km；干流水系航道通航里程（宜宾—长江口）2 813 km；长江航道经整治险滩，炸除礁石，提高了航道等级。

2. 长江经济带建设

2013年7月，习近平总书记在武汉调研时指出，长江流域要加强合作，发挥内河航运作用，把全流域打造成黄金水道。2016年5月，党中央、国务院印发《长江经济带发展规划纲要》，明确长江经济带范围覆盖上海、江苏、浙江、安徽、江西、湖北、湖南、重庆、四川、云南、贵州等11省（直辖市），总面积约205万km^2，占全国的21%，人口和经济总量均超过全国的40%。同时，《长江经济带发展规划纲要》确立了长江经济带“一轴、两翼、三极、多点”的发展新格局。“一轴”是以长江黄金水道为依托，发挥上海、武汉、重庆的核心作用；“两翼”分别指沪瑞和沪蓉南北两大运输通道；“三极”是指长江三角洲、长江中游和成渝三个城市群；“多点”是指发挥三大城市群以外地级城市的支撑作用。

推动长江经济带发展，是以习近平同志为核心的党中央做出的重大决策，是关系国家发展全局的重大战略，对实现“两个一百年”奋斗目标、实现中华民族伟大复兴的中国梦具有重要意义。

多年来，以生态保护和基础建设为牵引，长江经济带建设取得长足进展。

出台我国第一部流域保护法——《中华人民共和国长江保护法》，构建“1+N”政策规划体系，依托长江黄金水道加强交通基础设施互联互通，进一步提升长江黄金水道功能，加速沿江高铁建设，综合交通运输体系不断构建，新业态、新模式快速涌现。沿江11省（直辖市）积极实施创新驱动发展战略，加大创新研发投入，自主创新能力持续增强。积极培育具有国际竞争力的战略性新兴产业集群和先进制造业集群。推动一体化制度创新，长三角科技创新共同体、G60科创走廊、皖北承接产业转移集聚区等一批跨界区域率先突破。重庆、四川两省（直辖市）共建西部科学中心，启动建设成渝工业互联网一体化发展示范区。一系列生动实践诠释着走生态优先、绿色发展新路子的不断探索。

（二）黄河流域治理与开发实践

黄河是中国第二大河，流经青海、四川、甘肃、宁夏、内蒙古、陕西、山西、河南和山东9个省（自治区），于山东省东营市垦利区注入渤海。黄河流域是中国文明的主要发源地。由于上中游黄土高原的水土流失，它成为世界上含沙量最大的河流。据统计，黄河在1949年以前的2 000多年来平均三年两决口，不堵就形成改道。黄河决口泛滥常北侵海河水系，南入淮河流域，造成河流在黄淮海大平原上迁徙。针对它的特性，自古兴水利就注意水沙并用。黄河的兴利除害，在历史上几乎占中国水利事业的一半。

1. 黄河水利史

历史上黄河治理的共性是上、中游兴农田水利，下游堤防修堵。传说大禹治水是早期治理黄河的成功事迹；秦汉时期黄河堤防修筑导致河道淤高，防洪成为治理的主要目的，东汉时期王景治水颇有成效，形成了黄河800年相对安流的局面；两晋南北朝至北宋，黄河治理修防及治河更加频繁，北宋曾尝试人力大改黄河河道但未能成功，隋唐时期黄河流域水利大兴，形成了远超前代的水利灌区；明清时期尝试束水攻沙固定河道，维持了流域几十年“小康”局面；清末民初，西方技术全面引入，李仪祉等提出治黄新方略，要求上、中、下游兼顾，综合开发利用，光绪年间用新法测黄河图，1931年李仪祉等提倡复兴关中水利，建设一系列灌渠。

新中国成立后，毛泽东发出了“要把黄河的事情办好”的伟大号召。这一时期，党把治黄重点放在了治理黄河泥沙上，同时也开始部署黄河流域水利开发工作。1955年，第一届全国人民代表大会第二次会议通过了根治黄河水害、开发黄河水利的综合规划，部署了黄河中游地区的水土保持工作和黄河水利工程建设。此后，陕西、山西、甘肃等地大规模植树造林运动和水土保持工程的修建，极大地改善了黄河中游地区的自然生态。同时，在党的领导下开展了规模空前的水利基础设施建设，三门峡水利枢纽的建成，刘家峡、盐锅峡、青铜峡等大型水电工程的建造，人民胜利渠、盐环定、景泰川等引黄灌溉工程的修建，极大地开发利用了黄河的水资源，在防洪、发电、灌溉等方面发挥了重要作用。这一时期，黄河的治理和开发取得了显著成效，为之后治黄事业的开展奠定了宝贵基础。21 世纪初，黄河中下游地区开始投入建设标准化堤防，以期建成集防洪保障线、抢险交通线和生态景观线于一体的标准化堤防体系。党的十八大以来，黄河“河长制”全面推行，并逐步由虚向实，为流域管理与区域管理协同发展提供了更有力的抓手；基本形成了“上拦下排、两岸分滞”的下游防洪工程体系，初步形成了“拦、调、排、放、挖”的综合处理泥沙体系，彻底扭转了历史上黄河下游频繁决口的险恶局面。

2. 黄河流域生态保护与高质量发展

2019 年，习近平总书记在郑州主持召开黄河流域生态保护和高质量发展座谈会并发表重要讲话。他强调，要坚持绿水青山就是金山银山的理念，坚持生态优先、绿色发展，以水而定、量水而行，因地制宜、分类施策，上下游、干支流、左右岸统筹谋划，共同抓好大保护，协同推进大治理，着力加强生态保护治理、保障黄河长治久安、促进全流域高质量发展、改善人民群众生活、保护传承弘扬黄河文化，让黄河成为造福人民的幸福河。

2021年10月8日，中共中央、国务院印发了《黄河流域生态保护和高质量发展规划纲要》，涵盖黄河干支流流经的青海、四川、甘肃、宁夏、内蒙古、山西、陕西、河南、山东9省（自治区）相关县级行政区，国土面积约130万 km^2，2019年年末总人口约1.6亿。随后，我国印发实施黄河流域生态环境保护、水安全保障、文化保护传承弘扬等专项规划，制定出台黄河流域湿地保护修复、水资源节约集约利用、污染防治、水土流失治理、财税支持、科技创新、城乡建设等政策举措，出台实施方案支持宁夏建设黄河流域生态保护和高质量发展先行区，沿黄河9省（自治区）省级黄河流域生态保护和高质量发展规划均已印发实施，推动战略实施的“四梁八柱”基本构建。2022年10月30日第十三届全国人民代表大会常务委员会第三十七次会议通过《中华人民共和国黄河保护法》，是继《中华人民共和国长江保护法》之后的又一部流域保护法，从2023年4月1日起施行。

随着政策的深入实施，黄河流域生态保护和高质量发展取得一系列成就：黄河实现连续 20 多年不断流，黄河流域水资源节约利用水平稳步提升，黄河流域生态环境不断改善，黄河流域洪涝灾害应对能力显著增强，黄河流域能源保供和绿色发展水平持续提升。

（三）淮河流域治理与开发实践

淮河位于中国东部，介于长江与黄河之间，古称淮水，与长江、黄河和济水并称“四渎”，是中国七大江河之一。淮河发源于河南省南阳市桐柏县，干流流经河南省、安徽省、江苏省，全长约 1 000 km，总落差 200 m。秦岭—淮河被看作中国东部地区的一条南北方分界线。这条线的南北两侧在气候、水文、土壤、植被以及农业生产、人民习俗等方面都有明显的差异。

1. 淮河水利史

北宋及以前，独流入海的淮河，下游水道经今盱眙、淮安、涟水，至云梯关独流入海，河道深阔、水流通畅。北宋时淮河是一条有潮河流，受海水顶托，潮水可上溯到今洪泽湖地区。淮河水利发展较早，由于地处黄河、长江两大流域之间，淮河既是南北往来的纽带，也是兵家必争之地。南宋时期，黄河夺淮入海，淤高了河床，打乱了淮河原有水系，使下游无出路，整个流域灾害频繁。清咸丰元年（1851 年），淮河于洪泽湖大堤礼坝决口，下游改道入淮扬运河。1855 年，黄河在兰考铜瓦厢改道北徙山东，恢复北行水道。淮河改道后至江都三江营汇入长江，留下的高于两岸地面的黄河故道将沂、沭、泗水系分出，从而将淮河流域分成淮河与沂沭泗河两大水系。1931 年，国民政府批准制订了全面导淮计划，但实施工程不多。1938 年，国民党为阻止日军西犯，扒开花园口黄河大堤，全河夺流，造成黄泛区人民的深重灾难。历时 9 年，花园口堵口合龙，黄河才归入原河道。

新中国成立后，党和国家对淮河治理高度重视。1950 年，中央人民政府政务院做出《关于治理淮河的决定》，明确了治理淮河的方针：蓄泄兼筹，以达根治之目的。提出上游修建水库，普遍推行水土保持；中游蓄泄兼顾，利用湖泊洼地拦蓄干支流洪水，整理河槽承泄拦蓄以外的全部洪水；下游开辟入海水道。1981 年，《国务院治淮会议纪要》以蓄泄兼顾的治淮方针为原则，制定了治淮十年规划。1991 年，国务院发布《关于进一步治理淮河和太湖的决定》，其中确定的治淮骨干工程至 2009 年全面完成。2003 年，水利部印发《加快治淮工程建设规划（2003~2007 年）》。除继续坚持蓄泄兼筹的方针外，还强调以人为本、人与自然和谐相处。此后，治淮重点工程全面提速。

2. 淮河生态经济带建设

2018 年，经国务院批准，国家发展和改革委员会印发了《淮河生态经济带发展规划》。淮河生态经济带以淮河干流、一级支流以及下游沂沭泗水系流经的地区为规划范围，包括江苏省淮安市、盐城市、宿迁市、徐州市、连云港市、扬州市、泰州市，山东省枣庄市、济宁市、临沂市、菏泽市，安徽省蚌埠市、淮南市、阜阳市、六安市、亳州市、宿州市、淮北市、滁州市，河南省信阳市、驻马店市、周口市、漯河市、商丘市、平顶山市和南阳市桐柏县，规划面积 24.3 万 km^2，2017 年末常住人口 1.46 亿，地区生产总值 6.75 万亿元。该规划将淮河生态经济带定位为：流域生态文明建设示范带、特色产业创新发展带、新型城镇化示范带、中东部合作发展先行区。

该规划从生态文明建设的视角，以绿色发展为主线，深入贯彻落实新发展理念，强调环境保护、生态修复与经济社会协调发展，将对淮河的综合治理提升到生态文明建设的新高度。

（四）海河流域治理与开发实践

海河是华北地区的最大水系，中国七大河流之一。海河上游包括五大支流，即潮白河、永定河、大清河、子牙河、南运河。海河流域东临渤海，南界黄河，西起太行山，北倚内蒙古高原南缘，地跨北京、天津、河北、山西、山东、河南、辽宁、内蒙古8省（自治区、直辖市），流域总面积31.82万 km^2，占全国总面积的3.3%，人口7 000多万，耕地1.8亿亩[1]。

1. 海河水利史

东汉、三国时期黄河由北流改为东流，河北平原各河受北部永定河冲积扇和南部黄河冲积扇的共同压迫，逐步由分流入海向汇流入海演变，从而形成了海河水系。在海河水系形成过程中有许多治水活动。隋唐开永济渠，连通洛阳和天津；北宋与辽对峙，将边界以南许多河流引入边界低洼地带，筑塘蓄水，形成西起今保定市以西、东到海滨黑龙港绵延450 km的“塘泺”，以水代兵，总容积超过141亿 m^3；金代凿漕渠（通惠河前身），采用分段拦河设闸以积蓄和节约水量，是海河水利史上渠化通航的尝试；元代郭守敬主持完成了通惠河的开凿，河上设闸24座以节制水量，成为当时较先进的渠化运河，经历元明清三代，海河漕运通行600余年。明清两代一直以保证漕运畅通、粮谷充裕和都城防洪安全为重点。辛亥革命前后，一些留学西方的学者陆续回国，引进了西方的科学技术，海河流域实施了天津围堤、海河裁弯、新辟减河、永定河放淤等工程。

新中国成立后，海河治理开发活动频繁，1958~1963年共有23座大型水库、47座中型水库和一大批小型水库开工建设，并配合水库开辟或扩建了漳南、民有、石津、沙河、唐河、易水、潮白河等灌区，下游开辟了黑龙港地区的独流入海通道，初步建成京密引水工程，改善了首都的供水条件。1963年海河南系发生洪灾，在毛泽东“一定要根治海河”的号召下，《海河流域防洪规划》出台，提出了“上蓄、中疏、下排，适当地滞”的治水方针。随后在海河南系建新河，使漳卫、子牙、大清三河分别独流入海，在海河北系整治了潮白、北运、蓟运三河。1998年以后，随着可持续发展和水安全理念逐步确立，海河流域水利发展进入新的阶段。2008年编制完成《海河流域防洪规划》《海河流域水利保障体系建设近期实施方案》，

[1] 1亩=1/15 hm^2，全书同。

2009 年编制完成《海河流域水资源综合利用规划》，2012 年编制完成《海河流域综合规划（2012~2030 年）》。2002 年起，南水北调东线、中线的骨干及配套工程先后开工建设；2013 年东线一期工程建成通水，2014 年中线一期工程建成通水，改变了海河流域水资源严重短缺和生态退化局面。2004 年以来，先后实施了引岳济淀、引岳济港、引岳济衡、引黄济淀等生态调水措施，挽救了濒临干涸的华北白洋淀、南大港和衡水湖，流域水生态环境建设得到重视和加强。

至 21 世纪初，海河流域已建成以防洪、供水为主的综合利用的大、中、小型水库 1 879 座，总库容约 321 亿 m^3。在各河系中、下游开挖疏浚行洪排涝河道 50 多条，修筑堤防 9 000 多 km。经过不同时期水利建设，海河流域逐步改变了各河集中在天津入海的不利局面，基本形成了分区防守、分流入海的流域防洪格局，建成了由水库、堤防、蓄滞洪区组成的防洪工程体系框架。流域内平原除涝工程已初具规模，骨干排涝河道的出路已经打通，排涝系统已基本形成。多项跨流域引水工程的建成，解决或缓解了京、津、唐、秦等城市的供水问题。初步构建了地表水、地下水、南水北调水、引黄水和非常规水源相结合的供水工程体系。

2. 京津冀协同发展

京津冀地区是我国的“首都经济圈”，京津冀城市群包括北京、天津两大直辖市，以及河北省保定、唐山、廊坊、石家庄、秦皇岛、张家口、承德、沧州、衡水、邢台、邯郸和河南省的安阳。其中，北京、天津、保定、廊坊为中部核心功能区，京津保地区率先联动发展。2019 年，京津冀地区生产总值合计 84 580.08 亿元，占全国的 8.5%。

20 世纪以来，由于农业发展、城镇发展、兴修大型水库蓄水、气候变化等导致京津冀地区地下水位持续下降、漏斗面积不断增加，地表河流干涸、断流，地表湖泊不断退化萎缩，水资源问题日益制约着京津冀地区的发展，逐渐演变成为区域性难题。2015 年，国家出台了《京津冀协同发展规划》，明确了京津冀地区的功能定位。确定了京津冀地区“功能互补、区域联动、轴向集聚、节点支撑”的布局思路，要在京津冀交通一体化、生态环境保护、产业升级转移等重点领域率先取得突破。

（五）珠江流域治理与开发实践

珠江，又名粤江，水资源总量位居全国第二，是境内第三长河流。珠江发源于云贵高原乌蒙山系马雄山，流经中国中西部六省（自治区）及越南北部，在下游从 8 个入海口注入南海。珠江年径流量 3 300 多亿 m^3，水能资源蕴藏丰富，共有大小河流 774 条，航运价值仅次于长江。珠江流域面积 453 690 km^2（其中 11 590 km^2 在越南境内），山地和丘陵占总面积的 94.5%，平原面积小而分散，仅占 5.5%，珠江三角洲是珠江流域比较大的平原。

1. 珠江水利史

珠江流域的水利起源晚于黄河流域和长江流域，公元前 219 年兴建的灵渠是珠江流域最早见于记载的水利工程。从北宋开始，珠江水利事业有了迅速发展。其中，灌溉工程修筑最多，有著名的桑园围、长利围、赤顶围、香鹅围等，此外还修筑有防洪堤、咸潮堤等防洪工程，排水濠渠、溪井等城市供水工程。明清时期，珠江流域水利有了更大发展，灌溉工程普遍兴建。据统计，珠江三角洲的围堤在明清两代共修建 370 余处。明清以来，珠江三角洲出现了桑基鱼塘的生产形式，至清末，桑基鱼塘已达 100 多万亩。明清时期，珠江上游森林破坏和水土流失加剧，下游河道淤积因此增加，加上堤围盲目兴建，使河道排洪能力降低，洪水位提高，堤防高度也陆续增加。这一时期人工运河也多有兴修，以明代洪武二十七年（1394 年）开凿的联系南流江和北流江之间的运河较著名，打通了珠江直接通往北部湾的航线。

1912 年以来，珠江流域出现应用现代水利技术修建的农田水利工程。比较著名的如云南宜良县龙公渠、弥勒县甸惠渠以及广东乐昌西坑水灌区等。由于珠江三角洲洪水灾害加剧，1914 年成立督办广东治河事宜处（后多次改名），这是珠江下游第一个水利专管机构。当时曾引进新技术开展水文测验、河道测量及整体水利规划等基础工作，对不合理的堤围也进行了一些整顿。1915 年，珠江下游出现特大水灾，珠江三角洲防洪问题日益受到重视。清末修建了防洪水闸，但防洪效益尚不显著。

新中国成立后，国家接管珠江水利工程总局，开展流域水利工作，先后建成三绿水库、石榴沙灌区、麦子河水库、流溪河水电站。随后国家设立珠江水利委员会，建立起水利基本队伍。1958~1965年，在前期河流水利规划的基础上，开始兴建大中型骨干水利水电工程和数以万计的小型蓄水引水工程，这些大中型水利工程对流域的经济建设发挥了很大的作用。1979年，《珠江流域综合利用规划报告》编制完成，开工建设南盘江鲁布革、天生桥二级，红水河岩滩水电站和桂江昭平、流溪河抽水蓄能电站。随后重点兴建了一批城市供水骨干工程，阶段性解决了香港、澳门的供水安全问题。以小流域为单元进行了水土保持综合治理。1998~2007年，飞来峡、百色、棉花滩等一批重点骨干水利工程建成；重点防洪城市和江海堤防工程的达标加固使防洪能力明显提高；2006年成立珠江防汛抗旱总指挥部，“泛珠三角”区域水利协作机制、黔桂跨省（自治区）河流水资源保护与水污染防治协作等机制相继建立，并实施珠江上游南、北盘江石灰岩地区水土保持综合治理试点工程，珠江流域水资源保护日益加强。2007年后，流域初步形成以堤库结合为主的防洪工程体系，开展了大藤峡等控制性防洪枢纽、重要江海堤防、病险水库除险加固建设及中小河流治理。2011年，开展流域主要河流水量分配方案编制工作，实行最严格水资源管理制度。开展了城市水源地建设、西南地区水源建设，流域水质总体好转。2016年，实施西江干流鱼类繁殖期水量调度。随着经济社会发展转型和全球气候变化影响加剧，珠江水利建设仍面临严峻挑战。

2. 珠江 – 西江经济带建设

珠江 – 西江经济带横贯广东、广西，上联云南、贵州，下通香港、澳门，在全国区域协调发展和面向东盟开放合作中具有重要战略地位。2014 年 7 月，国务院正式批复《珠江 – 西江经济带发展规划》，标志着珠江 – 西江经济带发展上升为国家战略。批复提出，要努力把珠江 – 西江经济带打造成为我国西南、中南地区开放发展新的增长极，为推动经济带持续健康发展，促进广东、广西经济一体化，探索我国跨省（自治区）流域经济合作发展新模式。

珠江 – 西江经济带的战略定位为：西南中南开放发展战略支撑带、东西部合作发展示范区、流域生态文明建设试验区、海上丝绸之路桥头堡。珠江 – 西江经济带的首要任务是推进跨区域重大基础设施一体化建设，以珠江 – 西江干线航道为主通道，构建互通两广、连接东盟、通达港澳、辐射云贵、江海联运的综合交通运输大通道。为此，2017 年交通运输部印发了《珠江水运发展规划纲要》，提出打造我国继长江后的第二条黄金水道。

第三节　新时期流域高质量发展的内涵与要求

一、高质量发展的内涵

（一）高质量发展的提出

高质量发展是 2017 年中国共产党第十九次全国代表大会首次提出的新表述，表明中国经济由高速增长阶段转向高质量发展阶段。党的十九大报告中提出的“建立健全绿色低碳循环发展的经济体系”为新时代高质量发展指明了方向，同时也提出了一个极为重要的时代课题。2021 年 3 月 30 日，中共中央政治局召开会议，审议《关于新时代推动中部地区高质量发展的指导意见》。9 月 14 日，国务院批复《国家发展改革委、财政部、自然资源部关于印发〈推进资源型地区高质量发展“十四五”实施方案〉的通知》。党的二十大报告进一步指出，高质量发展是全面建设社会主义现代化国家的首要任务。高质量发展的主要内容包含：构建高水平社会主义市场经济体制、建设现代化产业体系、全面推进乡村振兴、促进区域协调发展、推进高水平对外开放。

（二）高质量发展的内涵定位

中国特色社会主义进入了新时代，我国经济发展也进入了新时代。推动高质量发展，既是保持经济持续健康发展的必然要求，也是适应我国社会主要矛盾变化和全面建成小康社会、全面建设社会主义现代化国家的必然要求，更是遵循经济规律发展的必然要求。

第一，高质量发展是适应经济发展新常态的主动选择。我国经济发展进入了新常态。在这一大背景下，我们要立足大局、抓住根本，看清长期趋势、遵循经济规律，主动适应把握引领经济发展新常态。要牢固树立正确的政绩观，不简单以 GDP 论英雄，不被短期经济指标的波动所左右，坚定不移实施创新驱动发展战略，主动担当、积极作为，推动我国经济在实现高质量发展上不断取得新进展。

第二，高质量发展是贯彻新发展理念的根本体现。发展理念是否对头，从根本上决定着发展成效乃至成败。党的十八大以来，以习近平同志为核心的党中央直面我国经济发展的深层次矛盾和问题，提出创新、协调、绿色、开放、共享的新发展理念。只有贯彻新发展理念才能增强发展动力，推动高质量发展。应该说，高质量发展，就是能够很好满足人民日益增长的美好生活需要的发展，是体现新发展理念的发展，是创新成为第一动力、协调成为内生特点、绿色成为普遍形态、开放成为必由之路、共享成为根本目的的发展。

第三，高质量发展是适应我国社会主要矛盾变化的必然要求。中国特色社会主义进入新时代，我国社会主要矛盾已经转化为人民日益增长的美好生活需要和不平衡不充分的发展之间的矛盾。不平衡不充分的发展就是发展质量不高的直接表现。更好满足人民日益增长的美好生活需要，必须推动高质量发展。我们要重视量的发展，但更要解决质的问题，在质的大幅度提升中实现量的有效增长，给人民群众带来更多的获得感、幸福感、安全感。

第四，高质量发展是建设现代化经济体系的必由之路。建设现代化经济体系是跨越关口的迫切要求和我国发展的战略目标。实现这一战略目标，必须坚持质量第一、效益优先，推动经济发展质量变革、效率变革、动力变革，提高全要素生产率，不断增强我国经济创新力和竞争力。归根结底，就是要推动高质量发展。推动高质量发展是当前和今后一个时期确定发展思路、制定经济政策、实施宏观调控的根本要求。

二、流域高质量发展的战略意义

（一）生态层面上的战略意义

1. 建设生态屏障，保障生态安全

国家生态安全的基本内涵是指一国具有支撑国家生存发展的较为完整、不

受威胁的生态系统，以及应对内外重大生态问题的能力。生态安全包含国土资源安全、水体安全、环境安全、生物安全等范畴，关系人民群众福祉、经济社会可持续发展和社会长久稳定，是国家安全体系的重要基石，其重要性越来越受到各国的重视。2000年，国务院发布《全国生态环境保护纲要》，明确提出“维护国家生态环境安全”的目标。2004年12月，第十届全国人民代表大会常务委员会第十三次会议修订通过《中华人民共和国固体废物污染环境防治法》，将维护生态安全作为立法宗旨写进了国家法律，使其作为一个法律概念得以确立。2018年5月，习近平总书记在全国生态环境保护大会上提出加快建立健全以生态系统良性循环和环境风险有效防控为重点的生态安全体系，并将其纳入生态文明建设“五个体系”。

流域涵盖水、路、港、岸、产、城等诸多生产要素，是山水林田湖草有机生命体。以黄河流域为例，它是连接青藏高原、黄土高原、华北平原的生态廊道，拥有多个国家重点生态功能区，地形地貌和物种丰富多样。有研究指出，在由青藏高原生态屏障、黄土高原—川滇生态屏障、东北森林带、北方防沙带和南方丘陵山地带等构成的“两屏三带”生态安全战略布局中，“两屏一带”均位于或穿越黄河流域。因此，流域生态保护在国家生态安全格局中占有极为重要的地位。

流域生态保护体现了生态优先和绿色发展的重要思想和基本要求。把流域生态系统作为有机整体，因地制宜，统筹涉水问题、生态问题、环境问题和区域发展问题，实现系统治理，从根本上改变流域水资源短缺、水患风险大、水土流失等生态脆弱和生态系统失衡等问题，有利于真正把流域建设成为重要的生态屏障，保障国家生态安全。

2. 示范习近平生态文明思想和习近平经济思想的战略融合

随着我国逐步完成工业化，开始向更高水平工业化甚至是向后工业化时代迈进，新时期我国社会主要矛盾已转化为人民日益增长的美好生活需要和不平衡不充分发展之间的矛盾，经济社会发展内在逻辑是既要把握社会主义初级阶段的基本国情，保持合理发展速度，实现高质量发展，又要改变过去单纯追求增长速度的“唯GDP”论，摒弃以牺牲资源环境为代价的增长方式。

流域生态保护既是推进流域生态文明建设的战略抓手，又是培育区域经济高质量发展新动能的战略举措；既不是单独强调生态环境保护，也不是单纯强调区域经济发展和经济增长。与其他区域发展战略或重大规划相比，流域生态保护更加旗帜鲜明地强调生态文明建设与经济建设的有机结合，不可分开来看，即一方面通过保护生态发展生产力，奠定区域经济社会高质量发展的基础，增强经济高质量发展能力；另一方面通过高质量发展，形成有利于资源节约与环境保护的生产生活方式和产业结构，减轻生态环保压力，缓解资源环境对经济社会发展的约束。“五位一体”总体布局中，与生态文明建设和经济建设相对应的习近平生态文明思想和习近平经济思想都是习近平新时代中国特色社会主义思想的重要组成部分。因此，流域生态保护的实施，是在流域这样一个大尺度地区和不同发展阶段、发展水平地区，构建形成以流域为单元的生态保护空间布局体系、产业体系和制度体系，探索将生态文明建设与经济建设融合发展的有效途径，从某种意义上，也是示范习近平生态文明思想与习近平经济思想的战略融合。

（二）经济层面上的战略意义

1. 做实中国发展战略纵深，提升经济安全保障

从国内区域发展来看，区域发展不平衡仍是我国的基本国情。1979~2018年，东部地区生产总值年均增长11.3%，而中部、西部和东北地区年均生产总值分别只增长10.3%、10.3%和8.9%。得益于20世纪90年代以来开始实施的西部大开发、东北振兴等区域政策，虽然区域经济发展差距逐步缩小，但总体上我国不同地区间发展差距仍然较大。西部人均地区生产总值大约相当于全国平均水平的75.4%，东部最高的人均地区生产总值与最低的西部之间的相对差值约为1.8倍。这从侧面表明，我国经济发展潜力仍然巨大。面对自2008年国际金融危机后发达国家开始兴起的再工业化浪潮和制造业回流，尤其是受疫情全球化传播的冲击和影响，经济全球化的不确定性在上升，中国未来发展必须更加依赖国内，通过促进区域协调均衡发展挖掘增长潜力。

流域经济的推动可以加快完善流域基础设施体系，推动资源要素加速向流域各地区流动和配置，促进形成更加统一的规模化大市场，可以加速流域资源能源高质量开发，促进区域合作，缩小流域之间的发展差距，这对做实中国发展战略纵深、提升经济安全保障水平无疑具有重要的战略意义。2020年5月14日，中共中央政治局常务委员会会议提出，要深化供给侧结构性改革，发挥我国超大规模市场优势和内需潜力，构建国内、国际双循环相互促进的新发展格局。这一基于国内经济发展阶段性特征、区域发展格局和国际发展大势做出的战略性判断和选择，再次证实了实施流域经济发展战略的重要性。

2. 助力乡村振兴，扎实推进共同富裕

党的十八大以来，以习近平同志为核心的党中央把脱贫攻坚摆到治国理政突出位置，脱贫攻坚成果举世瞩目。到2020年我国现行标准下农村贫困人口实现脱贫、贫困县全部摘帽、区域性整体贫困得到解决。“两不愁”质量水平明显提升，“三保障”突出问题彻底消除。然而脱贫摘帽不是终点，而是新生活、新奋斗的起点。共同富裕是我国实现现代化的重要标志性目标，是坚持发展为

了人民、发展依靠人民、发展成果由人民共享的具体体现。促进流域绿色发展和高质量发展，将会夯实共同富裕的物质基础。打赢脱贫攻坚战、全面建成小康社会后，要在巩固拓展脱贫攻坚成果的基础上，做好乡村振兴这篇大文章，接续推进脱贫地区发展和群众生活改善。流域开发治理中如小流域综合治理是以保护水土资源为中心，对山、水、田、林、路、污水、垃圾、厕所、河道及环境的同步治理，是一项改善人居环境的民心工程，同时也是实现乡村振兴战略的有效手段。

（三）文化和社会层面的战略意义

1. 有助于加快实现中华民族伟大复兴中国梦

人类文明大都发源于大江大河，千百年来，人民逐水而居，靠水而生，大江大河孕育滋养了 5 000 多年的华夏文明，其沿岸都是我国人口和经济活动非常密集的地区。新时代，习近平总书记亲自擘画以长江、黄河为代表的江河战略，将有助于中华民族伟大复兴中国梦的加快实现。我国地势西高东低，陆域国土都在不同的流域范围之内，其中长江和黄河都是中华民族的母亲河，推进长江经济带和黄河流域生态保护和高质量发展，保护传承弘扬长江、黄河等大江大河文化，将有利于推动中华优秀传统文化创造性转化和创新性发展，促进人民精神生活富裕。江河战略的实施，将开创人民由依水而生向依水而富转变的新局面，其历史悠久、绚丽多彩的文化底蕴将成为中华民族共有的精神家园。让长江和黄河成为造福人民的幸福河，是让中华民族母亲河永葆生机活力的重大举措，将为中华民族伟大复兴奠定扎实的物质基础，凝聚磅礴的精神力量。

2. 有助于推进国家治理体系和治理能力现代化

流域是个复杂的地域生产综合体，流域治理水平在很大程度上反映了国家治理体系和治理能力水平，我国要实现现代化，必须推进国家治理体系和治理能力现代化，而治江治河就是检验国家治理能力的“试金石”和“显示器”。以长江、黄河为代表的“江河战略”推进系统治理、综合治理、源头治理、依法治理，有助于推进国家治理体系和治理能力现代化。一是强调系统治理，强化山水林田湖草沙等各种生态要素的协同治理，推动上中下游地区的互动协作，增强各项举措的关联性和耦合性。二是注重综合治理，强调整体推进，在重点突破的同时，加强综合治理系统性和整体性，防止畸重畸轻、单兵突进、顾此失彼。三是开展源头治理，针对流域复杂系统，问题导向，追根溯源，靶向施策，从根本上促进流域绿色发展和高质量发展。四是坚持依法治理，法律是治国之重器，法治是国家治理体系和治理能力的重要依托，长江和黄河都积极开展了立法工作，为流域依法治理开创了新模式。

三、我国流域高质量发展的问题与挑战

（一）流域环境污染问题仍比较严重

我国七大流域水生态环境主要存在五个方面问题：一是地表水环境质量改善存在不平衡性和不协调性；二是水资源不均衡且高耗水发展方式尚未根本转变；三是水生态环境遭破坏较为普遍；四是水生态环境仍然存在安全风险；五是治理体系和治理能力现代化水平与发展需求不匹配。七大流域水生态环境面临的主要问题又各有不同：长江流域水生生物多样性下降，沿江水环境风险高，大型湖库富营养化加剧；黄河流域高耗水发展方式与水资源短缺并存，生态环境脆弱；珠江流域城市水体防止返黑返臭压力大，中游重金属污染风险高；松花江流域城镇基础设施建设短板明显，农业种植、养殖污染量大面广；淮河流域水利设施多、水系连通性差，农业面源污染防治压力大；海河流域生态流量严重不足，水体污染重；辽河流域水环境质量改善成效不稳固，生态流量保障不足。

（二）流域开发过程存在较多问题

首先，我国大江大河流域在一定程度上存在过度开发的问题，具体表现为水电站"密如繁星"、地下水超采、采煤漏水等。例如，长江上游出现"政出多头"的水电站，部分省市将地方小水电管理权层层下放，甚至把整条河流的水电开发权让渡给民营企业，华北地区出现了大量地下水超采漏斗，造成地面沉降、诱发地裂缝，严重影响社会安全。其次，大江大河上超巨型高坝水库建设较多，加大了流域内的地质风险。同时，流域开发手段较为粗放，如在建设施工时随意砍伐植被，斜坡整平时随处堆放石块、渣土，从而引发河流污染、河床抬高、河岸不稳、河道阻塞、水库淤积等环境问题。最后，大江大河流域上下游、左右岸往往涉及诸多行政单元，流域开发中老生常谈的开发权责问题也较为突出。例如，上游水库蓄水引水造成下游河道水量减少导致开发权争议，上游河流污染导致下游为环境治理"买单"引发治理责任争议等。

（三）流域管理缺乏统筹协调

流域经济开发缺乏统一规划和管理，造成部门与部门、部门与地方以及地方与地方之间的矛盾突出，基础设施建设重复，如一些码头港口建设布点过多和结构雷同的重复建设现象愈演愈烈。一些港口规划和建设不顾腹地大小、水陆集疏运配套等条件，各自为政，争相"上马"，加之港口泊位结构雷同现象普遍，导致经济效益不佳。其中，一些重大岸线开发与整治工程缺乏足够的科学论证，带有很大的盲目性和随意性。一些项目开工建设前并未经严格的科学论证，或只从局部现状条件考虑，而未从全面和发展的角度加以周密地考察和

研究，致使项目建成以后无法正常发挥设计功效，或严重影响上下游、左右岸已建项目的正常运转。

（四）水利工作尚存在较多短板

目前，我国水利工作还存在不少问题和差距：防洪排涝减灾体系仍不健全、不完善，病险水库除险加固任务依然繁重，蓄滞洪区建设管理严重滞后，面广量大的中小河流和山洪灾害系统治理不够；国家水网总体格局尚未形成，水资源统筹调配能力不高，水利工程互联互通和协同融合不够；部分地区河道断流、湖泊萎缩等问题依然存在，地下水基础研究、监测评估、回补技术等仍较薄弱，维护河湖健康生命任重道远；数字孪生水利建设处于起步阶段，水利工程体系数字化、网络化、智能化水平亟待提升；部分行业、地区水资源利用效率仍需提高，节水支持政策供给还需加大；“两手发力”存在短板，水利对社会资本吸引力不足，现代化管理体制机制尚不健全，水利法治体系有待进一步完善等，这些对流域经济的高质量发展产生了一定影响。

（五）流域治理面临的挑战

1. 流域水系统性与农村生态环境保护不完整性的矛盾

流域是河流集水的区域，流域经济是一种特殊的区域经济，流域包括了江河的干流、支流及其内部的湖泊、沟塘以及农村的灌渠等，具有水系统一性的特点，这种特点是流域经济存在的基础，并且要求对流域生态保护以及相关的公共设施建设要形成统一的整体。近年来，我国农村的基础设施水平得到了很大的改善，政府通过控制农村市场上的剧毒农药的销售、退耕还林、加大环境保护的宣传教育等措施，大大改善了农村生态环境，但我国农村生态系统相对脆弱，一些地方陷入了“贫困—生态环境破坏—更加贫困”的恶性循环；加上农民居住分散性的特点，流域环境保护在农村许多单元上出现了断层，甚至处于真空状态，造成了流域水系统一性与农村生态保护不完整性之间的矛盾。

2. 流域生态的整体性与农业污染分散性的矛盾

流域作为一个相对完整的生态和地理单元，以跨越不同地形、地貌的江河为纽带；同时流域是相对完整的生态系统，任何一处的污染都会对整个流域产生影响，流域生态的完整性与农业污染的分散性之间的矛盾是流域经济发展与农业可持续发展之间的重要矛盾，是形成农业发展“不可持续性”的重要原因。大江大河绵延数百公里甚至上千公里，穿越不同的行政区划单位，在江河的每一段都可能存在不同程度的污染，沿江沿河的各地对流域的污染程度不同，各地政府治理污染的措施也不同，导致了流域污染的分散性，给流域经济发展和对流域的治理增加了难度。

四、我国流域高质量发展的重点

（一）按照山水林田湖草生命共同体的理念推进流域经济绿色发展

流域经济是一个水系自然系统比较完整的空间单元，流域经济内部山水林田湖草等自然生态系统比较齐全，习近平总书记提出了山水林田湖草是一个生命共同体的新理念，是促进流域经济绿色发展应秉持的重要理念，对山水林田湖草进行统一保护、统一修复、合理利用，是促进流域经济绿色发展的重要举措。

1. 山水林田湖草生命共同体理念是推进流域经济绿色发展的价值导向

山水林田湖草生命共同体体现了新时代尊重自然的绿色价值观，是习近平生态文明思想在流域经济中的具体应用，对新时代流域经济绿色发展具有重要的指导意义。纵观我国流域经济发展的历程，我们会发现我国流域经济中存在的诸多问题很大程度上都与当时没有对山水林田湖草生命共同体有很好的认识有关，致使流域经济发展中存在严重的生态破坏和环境污染问题，致使上下游、干支流、左右岸、岸产城不协调。要通过“共抓大保护”协调好流域内的山水林田湖草，守好流域的“绿水青山”，架好“绿水青山”向“金山银山”转换的桥梁。

2. 山水林田湖草生命共同体理念是满足新时代人民对美好生活追求的现实需要

党的十九大报告指出，新时代我国社会主要矛盾已经转化为人民日益增长的美好生活需要和不平衡不充分的发展之间的矛盾。人民日益增长的美好生活需要既包括物质财富和精神财富，还包括优美的生态环境，促进流域经济绿色发展，构建现代化经济体系，除可以提供更多的物质财富和精神财富外，还可以加快补齐在生态保护和环境治理方面的短板，提供更多优质的生态产品，更好满足新时代人民对美好生活的需求，使当地人民群众有更多获得感、幸福感和安全感。

（二）统筹水、路、港、岸、产、城，协同推进流域经济绿色发展

促进流域经济绿色发展，需要将水、路、港、岸、产、城等诸多要素作为有机整体，全面把握，统筹谋划，只有这样，才能使流域经济能够在绿色发展上形成合力，迸发活力。

1. 要探索将流域经济作为重要的规划空间单元推进绿色发展

流域经济是按照河流水系的汇水情况划分的经济类型，往往会跨越不同层级的行政区，因此以重点流域为规划的空间单元可以更好地跨越行政区经济的壁垒，按照习近平生态文明思想促进流域经济绿色发展。国家可以选择若干跨省级行政单元的流域经济作为重要的规划空间单元推进绿色发展，并将流域经济作为重要的政策单元来制定更加精准有效的区域政策。

2. 要统筹相关要素系统推进流域经济绿色发展

推进流域经济绿色发展，要将尊重自然、顺应自然、保护自然的生态文明理念融入流域开发利用和保护的各个方面，把空间布局、城市建设、产业发展、水资源合理利用、生态保护、环境治理、港口岸线建设、沿水景观打造等融为一体，统筹推进，协同发展，使绿水青山产生巨大生态效益、经济效益、社会效益，使流域经济永葆生机活力。

（三）按照高质量发展的要求促进流域经济绿色发展

流域经济绿色发展要按照高质量发展的要求，统筹推进“五位一体”总体布局和协调推进“四个全面”战略布局，加快推进流域经济转型升级，厘清政府与市场责任，更好激发流域经济绿色发展活力。

1. 以推进流域经济转型升级作为推动流域经济绿色发展的重点

流域经济绿色发展，要着力推进经济转型升级。一方面大力推进高速发展向高质量发展转变，另一方面大力推进从传统要素驱动向创新驱动转变。一是要通过严格的水环境标准倒逼产业结构升级。通过适时提高污染排放标准，不断加强污染物排放的监管，大幅度提高污染物不达标排放的违法成本，倒逼企业进行技术改造或转型发展。二是要积极培育战略性新兴产业。我国亟须现代化产业体系来支撑高质量发展，这种新的产业体系必须与国家绿色发展之路相吻合，通过国家的积极扶持培育，使战略性新兴产业在经济发展中的支撑作用不断加强，从而带动我国流域经济绿色发展。

2. 要加快厘清政府和市场在促进流域经济绿色发展中的作用

进一步理顺政府和市场的关系，发挥市场在资源配置中的决定性作用，更好发挥政府的规划引导作用，为流域经济绿色发展增添活力，化解流域经济绿色发展活力不足的瓶颈。促进流域经济绿色发展，首先要充分发挥市场配置资源的决定性作用，促进生产要素在区际间的自由流动，促进区域比较优势的充分发挥，实现生产效率的最大化和国民福利的最大化，这是促进流域经济绿色发展的基本前提。更好发挥政府在促进流域经济绿色发展中的规划引导作用。政府作用可以弥补市场作用的不足，而政府的规划更是体现了政府推进流域经济绿色发展的意志以及推进流域经济绿色发展的主要导向，可以克服单纯依靠市场手段的不足。从公平正义的角度促进流域经济绿色发展，要强调新时代以人民为中心的发展思想，流域经济绿色发展成果能够让全体人民共享。政府要在促进流域经济绿色发展方面发挥积极的引导作用，弥补市场在促进流域经济绿色发展领域的不足，重点在流域经济生态保护、环境治理、重大基础设施建设等领域发挥引导性作用，着力解决流域经济发展中存在的生态破坏、环境污染等“不绿色”的关键瓶颈问题。

（四）以生态经济为引领促进流域经济绿色发展

发展生态经济是促进流域经济绿色发展的必由之路。树立和践行绿水青山就是金山银山的理念，坚持节约资源和保护环境的基本国策，以生态经济为引领，着力推进流域经济绿色发展、低碳发展、循环发展。

1. 构建循环生态的现代产业体系

充分考虑水生态保护在发展流域生态经济中的作用，遵循生态学基本规律，根据不同流域经济的比较优势发展各具特色的现代产业体系。按照清洁生产的方式，切实加强对水环境治理力度，对流域内的废弃物实行综合利用，把经济活动组成一个“资源→产品（废弃物）→再生资源”的反馈式流程，具有能循环、高效率、少（零）排放的特点，从而达到资源节约增效和生态环境保护的目标，形成以高效生态农业为基础、环境友好型工业为重点、现代服务业为支撑的循环高效现代产业体系。

2. 建立集约利用资源的开发模式

促进流域经济绿色发展，亟须贯彻落实新发展理念，建立集约利用资源的开发模式，要树立生态亦是资源的理念，积极探索资源集约节约和持续利用的有效途径，完善资源开发保护的长效机制，推进流域经济区内土地、水、矿产等资源高效利用，在流域经济区内逐步构建起全流域、全领域、全过程的资源节约集约利用体系。

3. 营造优美宜人的生态环境

流域经济发展要着眼于满足新时代人民对美好生活的新期待，随着人们生活水平的不断提高，人们对优美宜人生态环境的需求不断增加，要在促进流域经济高质量发展的同时，保持生态系统的良性循环，为人民的生产和生活创造优美宜人的环境。优美宜人的生态环境不仅是一个流域闪亮的名片和日益升值的财富，而且能够提升整个流域的品位和形象，为流域经济区高品位择商选资发展高端产业，吸引人口、资金和技术等要素聚集提供良好的平台，也是新时代贯彻落实生态文明理念的重大举措。

第三章　河南省四大流域地理环境特征

河南省地处我国中东部，处于北纬 31° 23′ ~ 36° 22′ 和东经 110° 21′ ~ 116° 39′，东接安徽、山东，北接河北、山西，西连陕西，南邻湖北，南北纵跨 530 km，东西横越 580 km，全省总面积 16.7 万 km^2，约占全国陆域面积的 1.73%。河南处于我国地势第二阶梯向第三阶梯过渡地带，同时也属于我国南北气候过渡地带，自然地理特征分异明显。河南地跨海河、黄河、淮河、长江四大流域，是我国唯一一个地跨四大流域的省份，各流域资源禀赋不同，经济社会发展水平不一。对四大流域的资源禀赋、社会经济基础、生态环境及文化资源特色等地理环境特征进行分析和总结，体现自然特点和流域特色，尊重自然规律和经济规律，为进一步分析各流域资源环境和经济社会高质量发展的相互影响因素以及寻求四大流域的高质量发展路径提供基础和支撑。

第一节　河南省四大流域划分与界定

一、河南省四大流域自然地理界线划分

河南省地貌由豫北山地、豫西山地、豫南山地和黄淮海平原、南阳盆地五个分区构成，地势西高东低，北、西、南三面太行山、伏牛山、桐柏山、大别山沿省界呈半环形分布，中、东部为黄淮海冲积平原，西南部为南阳盆地（见图 3-1）。河南省境内的大部分河流发源于西部的伏牛山脉、西北部的太行山脉和东南部的桐柏大别山脉，伏牛山和桐柏大别山构成黄河、淮河与长江水系的分水岭。

河南省跨黄河、淮河、海河、长江四大流域。从流域的自然地理界线来看，黄河流域主要涵盖三门峡市，洛阳市，郑州市西北部，焦作市西部和南部，新乡市东部，安阳市、濮阳市和开封市一部分，济源市，流域面积 3.62 万 km^2，占全省总面积的 21.7%；淮河流域主要覆盖郑州市、开封市、商丘市、许昌市、平顶山市、周口市、漯河市、驻马店市和信阳市大部分或全部，南阳市东北部

区域和东南部的桐柏部分区域，洛阳市东南部部分区域，流域面积 8.83 km^2，占全省总面积的 52.9%；海河流域主要包括焦作市、新乡市、安阳市和濮阳市一部分，鹤壁市全部，流域面积 1.53 万 km^2，占全省总面积的 9.1%；长江流域主要分布在南阳市大部分，信阳市、驻马店市、洛阳市和三门峡市的一小部分，流域面积 2.72 万 km^2，占全省总面积的 16.3%（见图 3-2）。

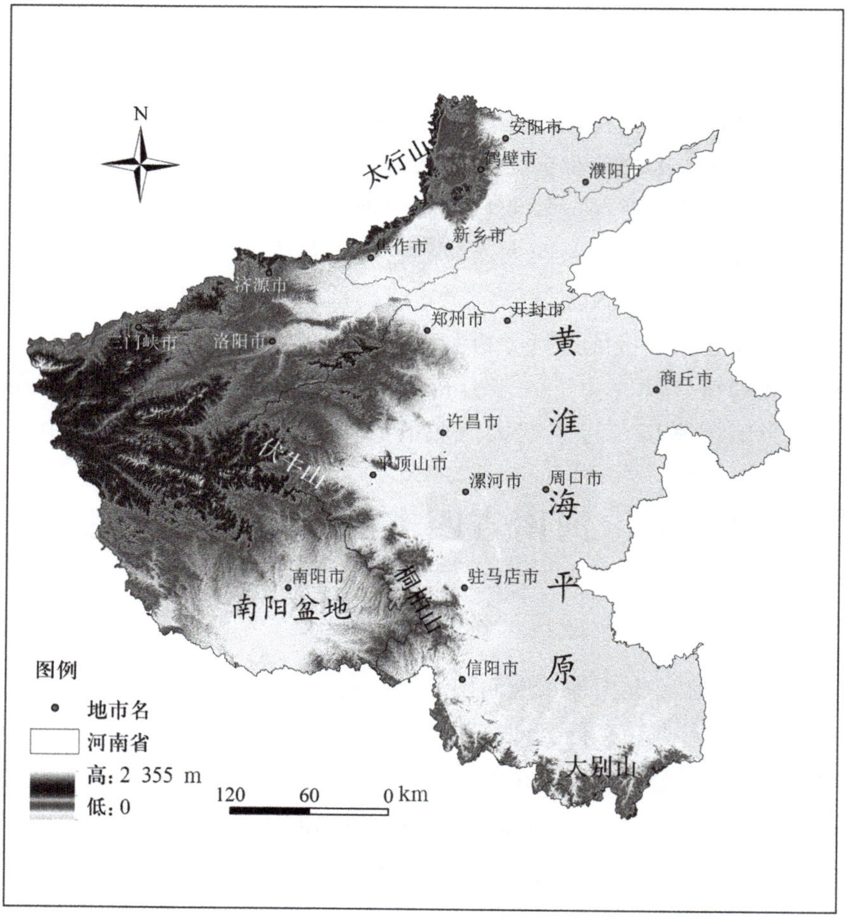

图 3-1 河南省四大流域地形地貌特征

二、河南省四大流域经济区划界定

本书对河南省四大流域的界定按照《河南省黄河流域生态保护和高质量

发展规划》《河南省贯彻落实淮河生态经济带发展规划实施方案》《河南省贯彻落实汉江生态经济带发展规划实施方案》，以地表集水区为主，兼顾行政区划完整性，界定河南省四大流域的范围（见图 3-3）。其中，黄河流域包括黄河干流流经的三门峡、洛阳、济源、焦作、郑州、新乡、开封、濮阳 8 个地市，面积 5.8 万 km^2，占全省面积的 34.89%；淮河流域包括信阳、驻马店、周口、漯河、商丘、平顶山及许昌 7 个地市，面积 7.21 万 km^2，占全省面积的 43.39%；海河流域包括安阳、鹤壁两市，面积 0.96 万 km^2，占全省面积的 5.77%；长江流域包括南阳市，面积 2.65 万 km^2，占全省面积的 15.95%。

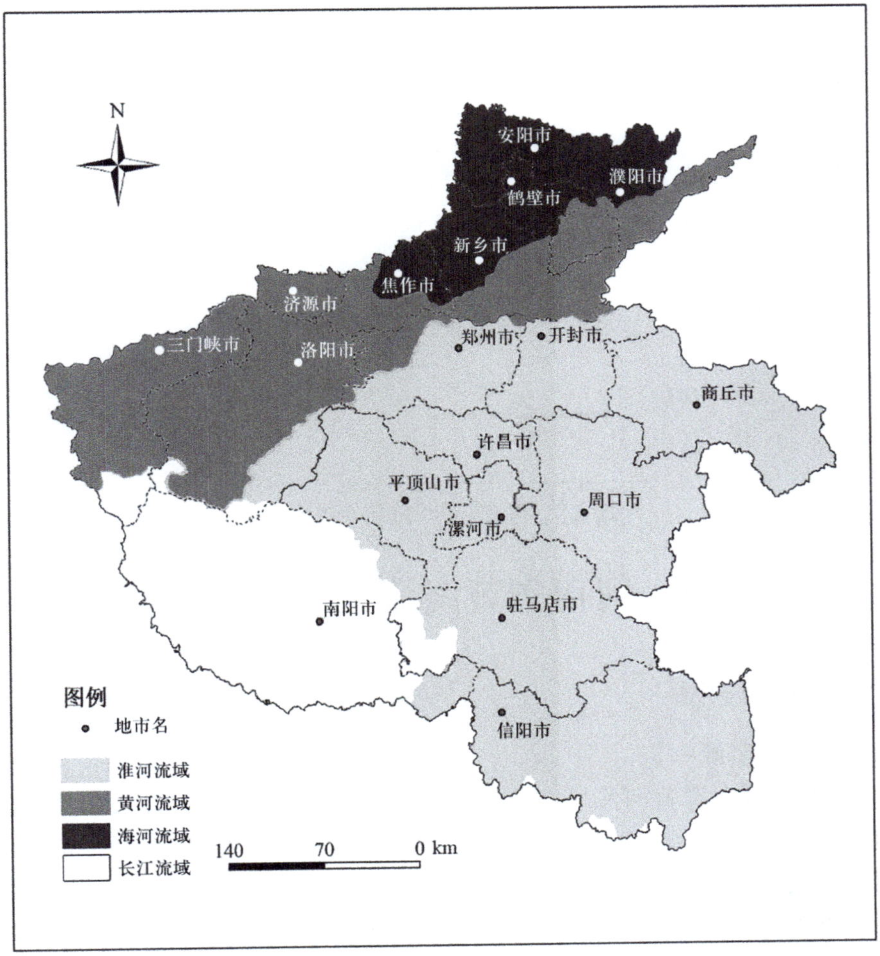

图 3-2　河南省四大流域自然分区

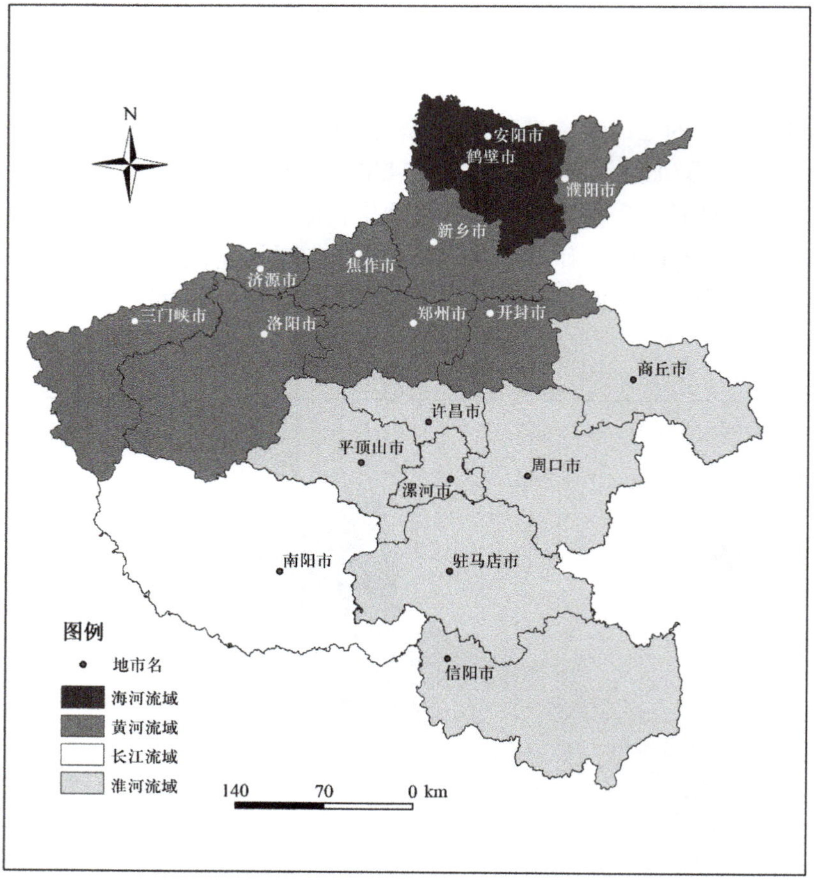

图 3-3 河南省四大流域经济区划

第二节 河南省黄河流域地理环境特征

一、资源禀赋

（一）水资源

2020年河南省黄河流域水资源总量为81.84亿m^3，占全省水资源总量的20.03%。其中，地表水资源量为49.37亿 m^3，占全省地表水资源总量的16.74%；地下水资源量为63.49亿 m^3，占全省地下水资源总量的33.53%。人均水资源占有量较低，2020年河南省人均水资源量为373.08 m^3，黄河流域的人均水资源量为181.79 m^3，不到全省人均水资源量的一半，仅为全国平均水平的27%。2020年，全省人均综合用水量为239 m^3，黄河流域人均综合用水量高于全省平均水平的地市为濮阳市（352 m^3）、焦作市（338 m^3）、开封市（322 m^3）和新乡市（319 m^3）；2020年，河南省万元GDP用水量均值为30.5 m^3，黄河流域万元GDP用水量高于全省水平的地市为濮阳市（58.5 m^3）、新乡市（52.8 m^3）、开封市（44 m^3）和焦作市（40.6 m^3）。总体来看，黄河流域水资源开发利用率高达80%，远超一般流域40%的生态警戒线。

（二）土地资源

2020 年，河南省黄河流域耕地总面积为 19 720.12 km^2，占流域土地总面积的 54.53%；林地总面积为 8 273.97 km^2，占流域土地总面积的 22.88%；草地总面积为 3 500.84 km^2，占流域土地总面积的 9.68%；水域总面积为 882.91 km^2，占流域土地总面积的 2.44%；城乡、工矿、居民用地总面积为 3 773.25 km^2，占流域土地总面积的 10.43%；未利用土地总面积为 12.78 km^2，占流域土地总面积的 0.04%。

河南省黄河流域中耕地占比最大的地市是新乡市，约占流域耕地面积的 20.27%。耕地面积占整个流域比例相对较大的地市还有洛阳市 18.52% 和开封市的 17.84%。耕地面积占比在 10% 以下的 3 个地市分别为焦作市、三门峡市和济源市，其中济源市占比低至 1.96%。园地主要集中在三门峡市，仅三门峡市园地就占了整个流域的 57.23%；园地占比最少的地市是濮阳市，占比 1.87%。林地集中分布于洛阳市和三门峡市，洛阳市的林地占流域林地面积的 41.09%，三门峡市占流域林地面积的 34.53%，两市合计占比为 75.62%；林地占比最少的是濮阳市，为 1.13%。草地也主要集中在洛阳市（42.44%）和三门峡市（35.39%），两者占比合计 77.83%，草地占比最少的地市是开封市（0.17%）。郑州市、洛阳市和新乡市建设用地面积占比较高，分别为 23.67%、17.78%、16.76%；建设用地面积占比最小的是济源市 2.51%。水域面积占比较大的地市是新乡市、洛阳市和郑州市，分别为 21.28%、20.57% 和 15.15%；水域面积占比最小的地市为济源市 4.48%。其他地类占比最多的是洛阳市，为 43.25%，其他地类占比最少的是濮阳市 2.26%（见表 3-1）。总体来看，河南省黄河流域土地利用具有以下特点。

表 3-1　河南省黄河流域各地市不同地类面积占流域的比例　%

土地类型	郑州市	开封市	洛阳市	新乡市	焦作市	濮阳市	三门峡市	济源市
耕地	13.39	17.84	18.52	20.27	8.39	11.99	7.64	1.96
园地	10.47	4.39	12.65	6.09	3.17	1.87	57.23	4.13
林地	5.48	2.34	41.09	5.87	3.87	1.13	34.53	5.69
草地	14.89	0.17	42.44	1.45	3.45	0.42	35.39	1.79
建设用地	23.67	12.81	17.78	16.76	9.51	9.53	7.43	2.51
水域	15.15	12.17	20.57	21.28	9.32	9.73	7.30	4.48
其他	14.62	2.49	43.25	15.47	3.93	2.26	12.87	5.11

1. 土地利用率较高，耕地后备资源潜力小

河南省黄河流域是全国最古老的农业开发区之一，土地开发利用程度高，土地利用率为99.11%，处于全国较高水平，未利用地占土地总面积的0.89%，可开垦为耕地的很少，可利用的后备土地资源特别是后备耕地资源严重不足。

2. 土地利用类型分布规律明显

由于受南北气候过渡性和东西地貌差异性的影响，农用地地域分布表现出明显的过渡性。黄河流域耕地面积占全省的33.4%，集中分布于新乡、洛阳、开封、郑州和濮阳等地区，少部分分布于西北与北部山地丘岗地区。林业用地集中分布于豫西山区的洛阳和三门峡，平原很少。

3. 土地资源开发条件区域差异性大

黄河流域的东部黄淮海平原区水、热、土的组合条件较好，是耕作农业发展的主体；西部丘陵区水土条件相对较差，土地开发利用难度大，投入产出率低，适宜发展林果牧业。

（三）矿产资源

1. 矿产资源种类齐全，储量丰富

河南省黄河流域由于横跨我国二、三两个阶梯，处于我国山地丘陵到平原的地貌过渡带上，华北陆块基底构造较为复杂，其北部属于华北陆块成矿区，南部属于秦岭造山带成矿带，是河南省矿产资源集中分布的地区，煤炭、石油、天然气和有色金属资源储量丰富，是我国重要的能源、化工、原材料和基础工业基地。例如，有色金属矿产和石油资源丰富，已探明有色金属矿床137个、矿产资源储量约7亿t。其中，豫西三门峡市和洛阳市的小秦岭—崤山金矿、熊耳山—外方山多金属矿、栾川钨钼多金属矿、陕州—渑池—新安铝土矿、嵩县—栾川萤石矿、卢氏南部—西峡西部稀有金属矿等有色贵金属萤石矿产开发区为全国重要的贵金属和有色金属矿产资源集聚区。

2. 主要矿产在黄河流域集中度较高

河南省黄河流域主要矿产分布集中度较高，在豫西、豫北的伏牛山、熊耳山、太行山等分布了丰富的矿产资源，如小秦岭—熊耳山地区太华群多形成变质核杂岩，其发展演化控制了金、银、铅、锌矿集中区的分布；太行隆起及渑池—确山构造带发育铝土矿、耐火黏土矿、煤炭等沉积矿产；卢氏—栾川构造带形成我国最大的钼矿集中区，并伴有钨、铅、锌、金、银矿等。伏牛山—大别山是秦岭造山带多旋回演化构造带，形成重要的金、银、钼、铅、锌、铜矿成矿带。河南省18处重点矿区中有11处位于黄河流域，主要包括煤炭、铝（黏）土矿、金、银、钼等重要矿种。例如，焦作煤田煤炭煤层气重点矿区、陕渑煤田煤炭

铝土矿重点矿区、新安煤炭铝土矿重点矿区、义马煤田煤炭重点矿区、荥阳—巩义煤炭铝土矿重点矿区、新密—登封煤田煤炭铝土矿重点矿区、小秦岭金矿重点矿区、卢氏钼铁铜多金属矿重点矿区、栾川钼钨铅锌矿重点矿区、熊耳山金银钼矿矿区、汝阳钼铅锌多金属矿重点矿区等。

3. 经济发展对矿产资源依赖度较高

对河南省黄河流域2020年经济发展和矿产资源的依赖程度进行分析，黄河流域采矿业就业人数占全省的55%左右，原铝产量占全省总产量的80%~90%，10种有色金属产量也占全省总产量的80%~90%，矿产资源对经济社会发展起到较大的支撑作用，经济发展对矿产资源的依赖程度也较高。依托丰富的能矿资源，流域内有色金属矿采选、有色金属冶炼、石油开采和石油化工行业在河南省地位突出，尤以济源、洛阳、三门峡、濮阳等市有色金属、石油化工、装备制造等分布较为集中。

二、社会经济基础

（一）经济发展水平

河南省黄河流域发展水平较高，在全省和全国占有重要位置。2020年河南省黄河流域地区生产总值为28 015.12亿元，占全省地区生产总值的50.94%。总体来看，2010~2020年，河南省黄河流域GDP总量增长迅速，由2010年的11 717.36亿元增加至2020年的28 015.12亿元，11年间增长了16 297.76亿元，年均增加1 481.6亿元，GDP增加了1.39倍。2010~2020年，河南省黄河流域的GDP占全省的比例一直在50%以上（见表3-2、图3-4）。河南省黄河流域以仅占全省35.3%的国土面积聚集了全省一半以上的地区生产总值，经济密度为4 905万元/km^2，比全省平均水平高48.28%，经济、产业集聚效应十分明显；2020年河南省黄河流域人均生产总值68 618.25元，高于全省平均水平约1/4，属于全省经济较发达地区。河南省黄河流域是“一带一路”建设的重要通道枢纽，开放平台高度聚集，政策资源汇聚，郑州航空港经济综合实验区、中国（河南）自由贸易实验区、郑洛新国家自主创新示范区、郑州国家中心城市等国家战略规划和平台叠加，拥有装备制造、电子信息、食品、新材料、汽车等先进制造业集群，该区域大中城市分布较多，郑州市是黄河全流域两大国家中心城市之一和GDP唯一过万亿的城市，洛阳是黄河中上游经济总量最大的非省会城市，焦作、三门峡、濮阳和济源工业基础比较好，能源原材料产业占工业增加值比例超过50%。

表 3-2　河南省黄河流域 GDP 占河南省的比例

年份	河南省 GDP/ 亿元	流域 GDP/ 亿元	人均 GDP/ 元	流域占比 /%
2010	22 655.02	11 717.36	32 861.96	51.72
2011	26 318.68	13 988.21	38 614.79	53.15
2012	28 961.92	16 974.88	46 152.85	58.61
2013	31 632.50	16 974.90	45 516.67	53.66
2014	34 574.76	18 289.87	48 229.73	52.90
2015	37 084.10	19 359.42	50 364.27	52.20
2016	40 249.34	21 265.56	54 426.60	52.83
2017	44 824.92	23 642.37	59 716.67	52.74
2018	49 935.90	25 508.81	63 766.13	51.08
2019	53 717.75	28 380.28	70 200.26	52.83
2020	54 997.07	28 015.12	68 618.25	50.94

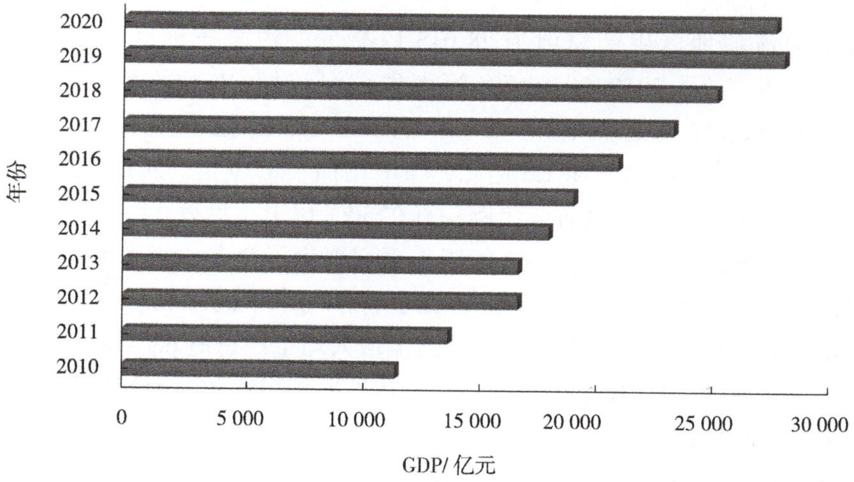

图 3-4　河南省黄河流域 GDP 总产值

（二）产业结构

2020 年，河南省黄河流域实现 GDP 产值 28 015.12 亿元，其中第一产业、第二产业和第三产业的产值分别为 1 637.39 亿元、11 548.33 亿元和 14 829.4 亿元，三产的比例分别为 5.85%、41.22% 和 52.93%（见图 3-5）。河南省黄河流域的第一产业比例低于全省平均水平 3.89 个百分点、第二产业比例低于全省平均水平 0.37 个百分点，第三产业比例高于全省平均水平 4.26 个百分点。2010 年，河南省黄河流域的 GDP 为 11 717.36 亿元，三产产值分别为 983.54 亿元、6 982.91 亿元、3 750.91 亿元，三产的比例分别为 8.39%、59.60%、32.01%。11 年间，第一产业的比例由 8.39% 下降至 5.85%，第二产业的比例由 59.60% 逐渐减少至 41.22%，第三产业的比例由 2010 年的 32.01% 增加至 2020 年的 52.93%。随着社会经济和科学进步，河南省黄河流域国民经济各部门的产值和就业人员的比例不断发生变化。其变化趋势是：起初是第一产业的比例不断下降，第二产业的比例不断上升，第三产业的比例也不断上升；随后包括第一产业、第二产业的物质生产部门的比例都不同程度下降，第三产业的比例持续上升。2019 年，河南省黄河流域第三产业的比例首次超过了 50%，第三产业逐渐成为黄河流域规模最大、增长最快的产业，黄河流域的产业结构不断升级和优化。

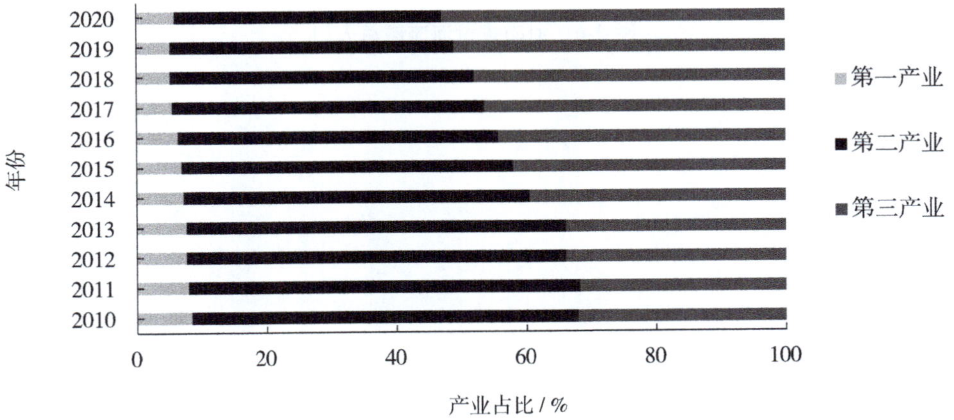

图 3-5　河南省黄河流域产业结构

（三）流域人口

从河南省统计年鉴获取的数据来看，黄河流域涉及的三门峡市、洛阳市、郑州市、开封市、济源市、焦作市、新乡市和濮阳市 8 个地市的人口逐年增加（见图 3-6、图 3-7），2010 年黄河流域人口总数为 3 565.63 万，截至 2020 年，河南省黄河流域人口增加为 4 082.75 万，2010~2020 年河南省黄河流域人口增加了 517.12 万；仅郑州市 11 年间人口增加了 395.6 万、洛阳市 11 年间人口增加了 50.52 万，郑州市和洛阳市人口增加数量合计 446.12 万，占河南省黄河流域人口增加总量的 86.27%。同时期，河南省黄河流域占全省总人口的比例也是持续增加的，从 2010 年的 37.91% 增加到 2020 年的 41.06%，11 年间占比增加了 3.15%。

从人口增长趋势来看，反映了河南省黄河流域对河南省持续的人口虹吸效应。

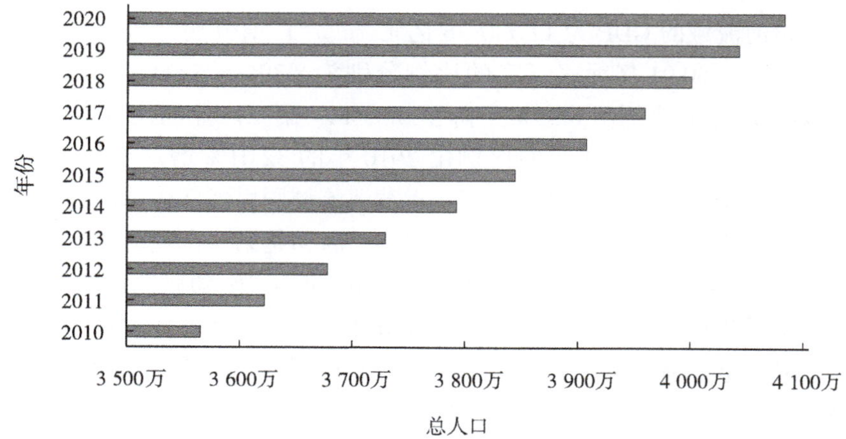

图 3-6　河南省黄河流域总人口

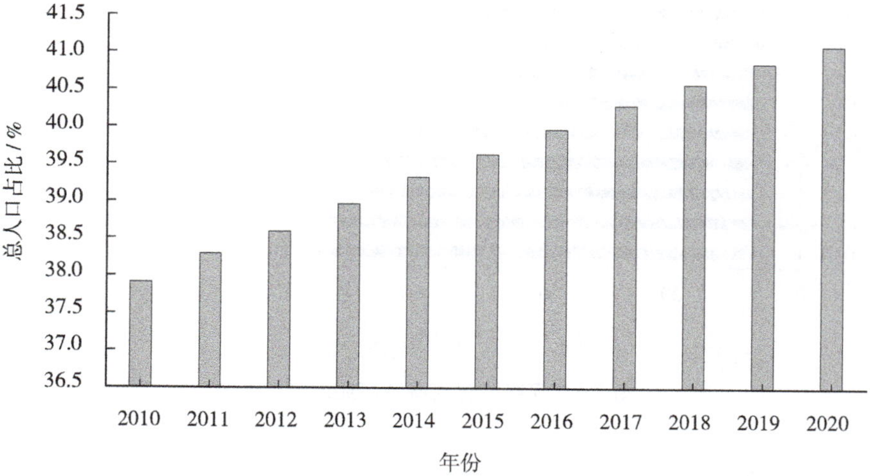

图 3-7　河南省黄河流域总人口占河南省的比例

（四）城镇化水平

由图 3-8 可知，2020 年河南省黄河流域城镇化率为 61.78%，高于全省平均水平约 6.35 个百分点，其中城镇化率最高的为济源市 77.5%，最低的为三门峡市 56.93%。通过对河南省黄河流域 2010~2020 年城镇化率的变化情况分析，河南省黄河流域城镇化率由 2010 年的 45.68% 增加至 2020 年的 61.78%，增加了 16.1 个百分点。其中，增加最多的是济源市，由 59.4% 增加到 77.5%，增加了 18.1 个百分点；其次为郑州市，城镇化率由 2010 年的 43% 增加到 2020 年的 60.51%，增加了 17.51 个百分点。因此，2010~2020 年，河南省黄河流域城市化水平不断提高，尤其是区域的中心城市（如郑州市和洛阳市）对人口的吸引力不断增加。

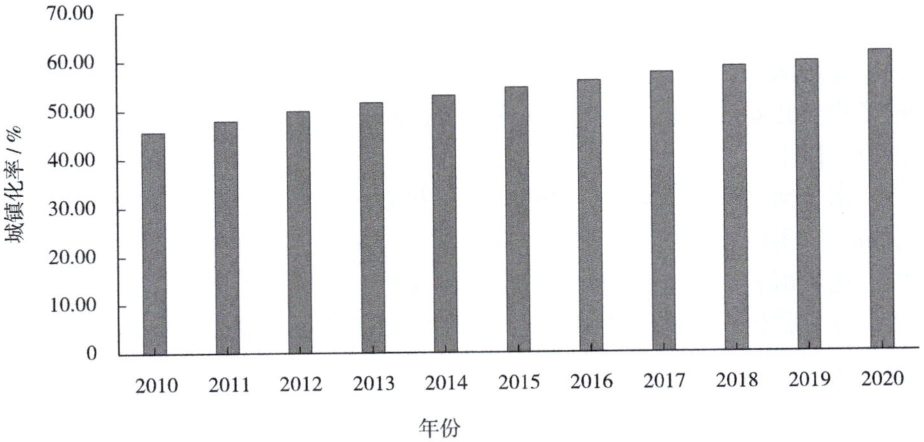

图 3-8　河南省黄河流域城镇化率

三、生态环境特征

河南省黄河流域地处黄土高原向黄淮海平原过渡地带，是黄河流经区域地形地貌特征最为特殊的区域，地质地貌复杂，具有黄河中游、下游双重属性。地势西高东低，依次形成山地—丘陵—平原，气候多变，处于生物多样性分布的关键区域，同时也是黄河生态系统的重要组成部分。黄河流域涉及河南小秦岭国家级自然保护区、河南太行山猕猴国家级自然保护区、河南伏牛山国家级自然保护区、河南黄河湿地国家级自然保护区、河南新乡黄河湿地鸟类国家级自然保护区等 5 个国家级自然保护区，河南郑州黄河湿地省级自然保护区、河南洛阳熊耳山省级自然保护区、开封柳园口湿地省级自然保护区、濮阳黄河湿地省级自然保护区等 4 个省级自然保护区。区域内湿地资源优越，湿地面积 20.39 万 hm^2，占河南湿地面积的 32.47%。生物资源丰富，珍稀物种繁多，具有丰富的植物种类和复杂的区系成分，该区域拥有南北植物汇合过渡和隐域性的典型特征。有水生植物、陆生植物和浮游植物等 743 种，高等植物 93 科 302 属 619 种。有各种动物 867 种，其中国家重点保护动物 41 种，国家一级重点保护鸟类 10 种，二级重点保护鸟类 31 种。

四、文化资源特色

河南地处黄河中游腹心地带，地处黄河“豆腐腰”部位。黄河河南段在沿黄九省（自治区）中具有特殊的意义和地位，被视为中华文明的发源地。数千年来，河南黄河流域地区的政治安危关乎天下兴亡，经济起伏关乎国力强弱，文化盛衰关乎民族荣辱。可以说，河南省黄河流域是中华民族历史渊源最悠久、文化积淀最深厚、精神涵养最丰富的区域。她的文化左右了中华文明的走势，厚植了华夏儿女的根脉，塑造了中华民族的精神，在中国历史进程中发挥着无可比拟的作用。

河南黄河文化元素多样、特色突出、代表性极强。拥有隋唐洛阳城、开封东京城、郑州商城等多座古都大遗址，开封朱仙镇、郑州古荥镇等一大批国家历史文化名镇名街名村，积淀形成的始祖文化、二里头文化、仰韶文化、大运河文化等一脉相承，物质文明、科技文明、制度文明、精神文明交相辉映。以不同时期的古人类遗址、陵寝建筑、革命遗址、节庆庆典、宗教寺院、城市风貌等为主要表现形式的河南黄河文化旅游带，资源类型齐全，是典型的文化资源富集带。

（一）三门峡市文化资源

三门峡素有黄河明珠、文化圣地、天鹅之城的美誉。相传大禹治水时，凿龙门，开砥柱，在黄河中游形成了“人门”“鬼门”“神门”三门并立的峡谷河道，三门峡由此得名。三门峡是人类远祖“上河曙猿”发掘地、仰韶文化发现地、黄帝铸鼎地、老子《道德经》著书地、达摩祖师圆寂地和象征中华民族精神的中流砥柱所在地，有禹开三门、夸父追日、女娲补天、紫气东来、秦赵会盟、假途灭虢等上百个神话传说和历史典故在这里诞生。截至 2021 年底，全市共有 3 413 处文化遗产点，其中世界文化遗产 1 处、全国重点文物保护单位 12 处、省级文物保护单位 64 处、市级文物保护单位 90 处。

（二）洛阳市文化资源

洛阳居天下之中，因地处洛水之阳而得名，有 5 000 多年文明史、4 000 多年城市史、1 500 多年建都史，是华夏文明的发祥地之一、丝绸之路的东方起点、隋唐大运河的中心。洛阳有十三朝古都之称，是中国建都最早、历时最长、朝代最多的城市。洛阳市有二里头遗址、偃师商城遗址、东周王城遗址、汉魏洛阳故城遗址、隋唐洛阳城遗址等五大都城遗址，龙门石窟、中国大运河（回洛仓和含嘉仓遗址）、丝绸之路（汉魏故城、隋唐洛阳城定鼎门、新安汉函谷关遗址）等 3 项 6 处世界文化遗产。截至 2021 年底，全市共有全国重点文物保护单位 51 处（54 项），河南省文物保护单位 146 处，一般不可移动文物 9 000 余处。

（三）济源市文化资源

济源市因济水发源地而得名，是愚公移山故事的原发地；地处“太行八陉”之首的“古轵道”要冲，是豫晋交通的咽喉要塞，为传统中原文化的核心区域，是河南省公布的第一批历史文化名城之一。著名古建专家罗哲文先生赞誉济源为“中原地区古代建筑的系列博物馆”。截至 2021 年底，全市共有不可移动文物 948 处，其中全国重点文物保护单位 7 处、省级文物保护单位 21 处、市级文物保护单位 109 处。

（四）焦作市文化资源

焦作是华夏民族早期活动的中心区域之一，现存裴李岗文化、仰韶文化和龙山文化遗址，是司马懿、韩愈、李商隐、朱载堉、许衡及竹林七贤山涛、向秀等历史文化名人故里，古代女娲补天、黄帝祈天、神农尝百草、伏羲画八卦、大禹治水等神话故事与历史传说均源出于此，“太极圣地”“山水焦作”两大品牌享誉海内外。截至 2021 年底，全市共有文物遗迹 3 014 处，其中省级文物保护单位 103 处，市、县级文物保护单位 602 处。

（五）郑州市文化资源

郑州是首批中国优秀旅游城市，历史人文景观众多，自然山水资源丰富。有“天下第一名刹”禅宗祖庭少林寺、全球闻名的少林功夫、首批世界地质公园中岳嵩山、轩辕黄帝故里、黄河文化公园、天文观星台、最古老的道教庙宇中岳庙、中国四大书院之一的嵩阳书院、打虎亭汉墓，以及峡谷飞瀑环翠峪和风光旖旎的雁鸣湖等众多旅游胜地。截至 2021 年底，全市共有全国重点文物保护单位 83 处，省级文物保护单位 97 处，市级文物保护单位 208 处。

（六）新乡市文化资源

新乡古人类活动丰富，仰韶文化、龙山文化留有遗存，牧野大战、官渡之战、陈桥兵变等重大历史事件发生于此，流行于古代新乡地区的诗歌占国风的 1/4，是《诗经》的重要发源地。截至 2021 年底，全市共有全国重点文物保护单位 22 处，省级文物保护单位 71 处。

（七）开封市文化资源

开封名胜古迹、人文景观以宋代特色为主，元、明、清、民初特色齐备，布局严谨，古朴典雅。先后有夏朝，战国时期的魏国，五代时期的后梁、后晋、后汉、后周，宋朝，金朝等在此定都，有“八朝古都”之称，孕育了上承汉唐、下启明清、影响深远的“宋文化”。开封是一座城市中轴线从未变动的都城，城摞城遗址在世界考古史和都城史上少有。宋朝都城东京城是当时世界第一大城市，是清明上河图的创作地。截至 2021 年底，全市共有全国重点文物保护单位 24 处 27 项、省级文物保护单位 65 处 68 项。

（八）濮阳市文化资源

濮阳是国家历史文化名城，有“颛顼遗都”“帝舜故里”之称，被中国古都学会命名为“中华帝都”。1987 年出土的距今 6 400 多年的蚌塑龙形图案，被誉为“中华第一龙”。此外，濮阳杂技享誉中外，被誉为“中国杂技之乡”。截至 2021 年底，全市共有全国重点文物保护单位 8 处，省级文物保护单位 38 处。

第三节　河南省淮河流域地理环境特征

一、资源禀赋

（一）水资源

河南省淮河流域 2020 年水资源总量为 268.49 亿 m^3，占全省水资源总量的 65.71%。其中，地表水资源总量为 197.76 亿 m^3，占全省地表水资源总量的 67.07%；地下水资源量为 105.25 亿 m^3，占全省地下水资源总量的 55.58%。同时，淮河流域的人均水资源量较高，为 641.97 m^3，是全省人均水资源量的 1.5 倍。2020 年，全省人均综合用水量为 239 m^3，淮河流域人均综合用水量高于全省平均水平的地市为信阳市（313 m^3），其余几个淮河流域地市的人均综合用水量分别为漯河市（229 m^3）、平顶山市（215 m^3）、周口市（207 m^3）、许昌市（207 m^3）、商丘市（172 m^3）和驻马店市（135 m^3）。2020 年，河南省万元 GDP 用水量均值为 30.5 m^3，河南省淮河流域万元 GDP 用水量高于全省水平的地市为信阳市（49 m^3）、周口市（48.3 m^3）和商丘市（36.4 m^3），低于全省万元 GDP 用水量均值的城市分别为漯河市（26.3 m^3）、驻马店市（23.9 m^3）、平顶山市（23.3 m^3）和许昌市（15.1 m^3）。

（二）土地资源

2020 年，河南省淮河流域耕地总面积为 60 378.66 km^2，占河南省淮河流域土地总面积的 69.83%；林地总面积为 9 024.96 km^2，占流域土地总面积的 10.44%；草地总面积为 1 683.38 km^2，占流域土地总面积的 1.95%；水域总面积为 1 997.78 km^2，占流域土地总面积的 2.31%；城乡、工矿、居民等建设用地总面积为 13 373.25 km^2，占流域土地总面积的 15.47%；未利用土地总面积为 3.53 km^2。2020 年河南省淮河流域开发强度为 24.63%，人均耕地面积 1.18 亩，与全省平均水平基本持平。

河南省淮河流域耕地面积占比相对较高的是驻马店市、周口市和信阳市，分别为 22.55%、20.33%、20.12%，耕地面积占流域耕地面积比例最少的是漯河市，仅占 4.51%。河南省淮河流域的园地集中分布在信阳市，仅信阳市一地就占河南省淮河流域的 75.48%; 许昌市的园地面积占比最低，仅占河南省淮河流域的 0.36%。河南省淮河流域林地也集中分布在信阳市，仅信阳市一地林地面积就占流域的 48.18%；其次，平顶山市和驻马店市的林地比例也较高，分别占流域的 20.32% 和 17.22%；漯河市的林地面积占流域的 0.76%。淮河流域草地集中分布在平顶山市（46.72%）和信阳市（31.19%），两者合计占流域的 77.91%；漯河市几乎无草地分布，是河南省淮河流域草地面积占比最低的地市。流域建设用地分布较为均匀，建设用地占比最多的地市是信阳市（20.75%），最少的是漯河市（4.62%）。河南省淮河流域的水域集中分布在信阳市（42.16%），水域面积占比最少的地市是漯河市（2.29%）。其他地类集中分布在平顶山市、信阳市和驻马店市，分别为 33.92%、24.93% 和 22.43%；占比最少的是漯河市（1.70%）（见表 3-3）。

表 3-3　河南省淮河流域各地市不同地类面积占流域的比例　%

土地类型	平顶山	许昌	漯河	商丘	信阳	周口	驻马店
耕地	7.61	7.97	4.51	16.91	20.12	20.33	22.55
园地	3.29	0.36	0.43	13.99	75.48	3.99	2.46
林地	20.32	1.79	0.76	7.47	48.18	4.26	17.22
草地	46.72	5.68	0	0.11	31.19	0.06	16.24
建设用地	9.89	8.99	4.62	18.01	20.75	18.34	19.40
水域	10.59	2.51	2.29	9.21	42.16	11.71	21.53
其他	33.92	9.92	1.70	2.61	24.93	4.49	22.43

（三）矿产资源

河南淮河流域矿产资源丰富、品种繁多，其中分布广泛、储量丰富、开采和利用历史悠久的矿产资源有煤、石灰石、大理石、石膏、岩盐等。煤炭资源主要分布在豫东商丘市的永城市、平顶山市等矿区，探明储量丰富，煤种齐全、质量优良。淮河流域的石油、天然气分布区主要在河南油田延伸区，驻马店市泌阳县、平顶山市叶县；河南舞阳、叶县、桐柏区域估算岩盐储量达 2 000 亿 t 以上，平顶山市叶县被命名为“中国岩盐之都”。《河南省矿产资源总体规划（2021~2025 年）》指出，河南省划定并将重点建设 7 个能源资源基地和 14 个国家规划矿区，提升金矿、铝土矿、普通萤石等战略性矿产资源供应能力。这 7 个能源资源基地涉及煤炭、铁矿、铝土矿、钼矿和金矿等战略性矿产。其中，分布在河南省淮河流域的矿产分别是河南煤炭基地、登封大冶—禹州浅井铝矿基地和舞钢铁山—赵案庄铁矿基地。

二、社会经济基础

（一）经济发展水平

河南省淮河流域位于我国南北气候过渡带，生物多样性丰富，地貌以平原为主，农业发展基础较好，是典型的农业生态系统，是我国重要的粮食生产基地。2020 年淮河流域地区生产总值为 19 336.44 亿元，占全省地区生产总值的 35.16%（见表 3-4）。2010~2020 年，淮河流域 GDP 总量由 2010 年的 7 825.459 亿元上升至 2020 年的 19 336.44 亿元，GDP 总量增加了 1.5 倍（见图 3-9）。GDP 占河南省 GDP 的比例由 2010 年的 34.54% 上升至 2020 年的 35.16%。2010~2020 年，人均 GDP 逐年增加，由 2010 年的 20 474.57 元增加至 2020 年的 50 539.76 元。居民的人均可支配收入，2010 年为 14 293.43 元，2020 年为 22 869.79 元，11 年间人均可支配收入增加了 8 576.36 元。虽然淮河流域人均 GDP 在 2010~2020 年取得了较快的发展，然而从其与全省的人均 GDP 比较来看，2010 年全省人均 GDP 为 23 983.72 元，比河南省淮河流域人均 GDP 高 3 509.15 元。2020 年河南省淮河流域人均 GDP 比全省均值低了 4 895.24 元，11 年间，河南省淮河流域人均 GDP 与全省的 GDP 均值的差距不减反增（见图 3-10）。

表 3-4　河南省淮河流域 GDP 占全省的比例

年份	河南省 GDP/ 亿元	淮河流域 GDP/ 亿元	淮河流域占比 /%
2010	22 655.02	7 825.459	34.54
2011	26 318.68	9 043.374 3	34.36
2012	28 961.92	10 773.77	37.20
2013	31 632.50	10 773.77	34.06
2014	34 574.76	11 801.60	34.13
2015	37 084.10	12 438.99	33.54
2016	40 249.34	13 548.56	33.66
2017	44 824.92	14 817.43	33.06
2018	49 935.90	16 036.90	32.11
2019	53 717.75	18 956.99	35.29
2020	54 997.07	19 336.44	35.16

总体来看，河南省淮河流域作为淮河生态经济带的重要组成部分，贯通黄淮平原，连接中东部，通江达海，与长江经济带地域相连、水系相通；流域内产业体系较为完备，装备制造、有色金属、食品加工等产业集群优势明显，

高技术产业和战略性新兴产业发展迅速，人力资源丰富，城镇化和消费市场潜力大。但流域内区域发展差异显著，平顶山市、许昌市、漯河市工业相对发达，商丘市、信阳市、周口市、驻马店市是农业大市，如信阳市经济密度仅为许昌市的20%左右。

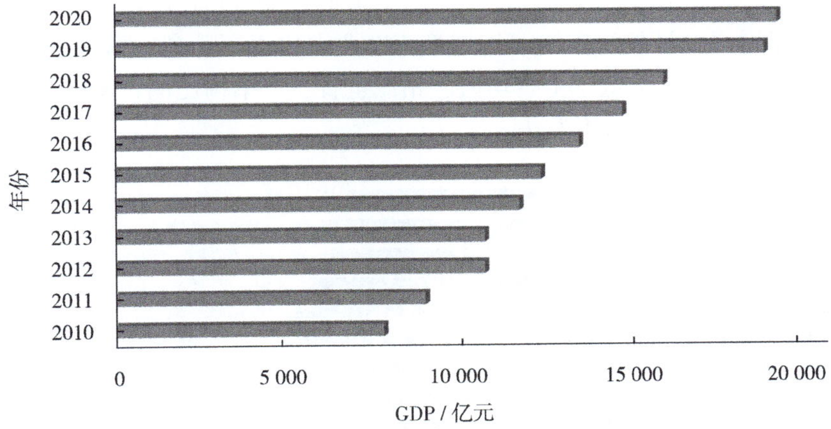

图3-9　河南省淮河流域GDP

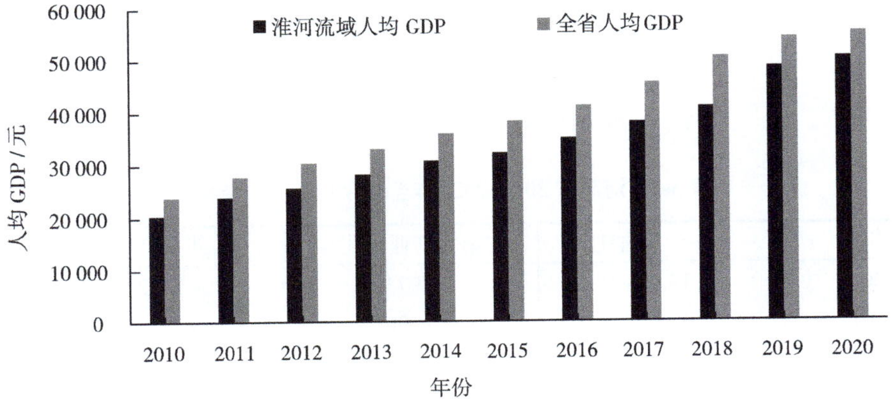

图3-10　河南省淮河流域人均GDP

（二）产业结构

2020年，河南省淮河流域三次产业比为13.97 ∶ 42.15 ∶ 43.88（见图3-11），与河南省均值（9.74 ∶ 41.59 ∶ 48.67）相比，第一产业比例高于全省均值4.23个百分点，第二产业比例高于全省均值0.56个百分点，第三产业比例低于全省均值4.79个百分点（见表3-5）。2010~2020年，河南省淮河流域第一产业比例由 20.38% 下降至 13.97%，第一产业 11 年间下降 6.41 个百分点，第二产业比例由 2010 年的 54.16% 下降至 2020 年的 42.15%，占比减少了 12.01 个百分点。同时，河南省淮河流域第三产业比例由 2010 年的 25.46% 增加至 2020 年的 43.88%，占比增加了 18.42 个百分点，如图 3-11 所示。总体来看，河南淮河流域第一产业和第二产业占比逐年降低（2020 年受疫情影响除外），第三产业占比逐年增高，虽然河南淮河流域第三产业占比逐渐升高，到 2020 年淮河流域第三产业占比依然低于全省均值。相比全省三产结构比例，流域第一产业占比较大，第三产业相对不发达。

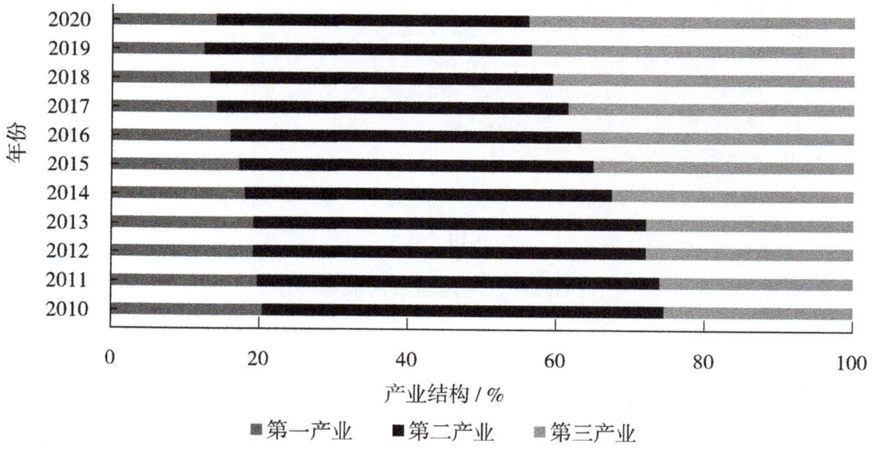

图 3-11　河南省淮河流域产业结构

表 3-5　河南省 2010~2020 年全省平均的三产结构　　%

年份	第一产业占比	第二产业占比	第三产业占比
2010	13.81	53.73	32.46
2011	12.73	53.28	34.00
2012	12.35	51.94	35.71
2013	12.10	50.57	37.33
2014	11.54	49.57	38.89
2015	10.83	48.40	40.77
2016	10.10	47.17	42.73
2017	9.23	46.72	44.05
2018	8.63	44.14	47.23
2019	8.63	42.88	48.49
2020	9.74	41.59	48.67

（三）流域人口

据河南省统计年鉴数据，2020 年河南省淮河流域常住人口 4 182.26 万（见图 3-12），占全省的 42.08%，2010~2021 年，河南省淮河流域总人口由 2010 年的 4 138.32 万上升至 2017 年的 4 190 万后，开始逐年下降，尤其是 2020~2021 年，河南省淮河流域人口由 2020 年的 4 182.26 万减少至 2021 年的 4 140.6 万，净减少了 41.66 万。总体来看，河南省淮河流域总人口从 2010 年的 4 138.32 万增加到 2020 年的 4 182.26 万，净增加了 43.94 万。河南省淮河流域的 7 个地市中，商丘市人口增加最多，11 年间商丘市人口净增加了 46.43 万，仅商丘市增加人口超过河南省淮河流域人口净增加量。信阳市人口由 2010 年的 610.09 万增加到 623.66 万，净增加了 13.57 万。河南省淮河流域人口净减少较多的是驻马店市和漯河市，驻马店市人口 11 年间净减少了 21.93 万，漯河市人口净减少了 17.66 万。

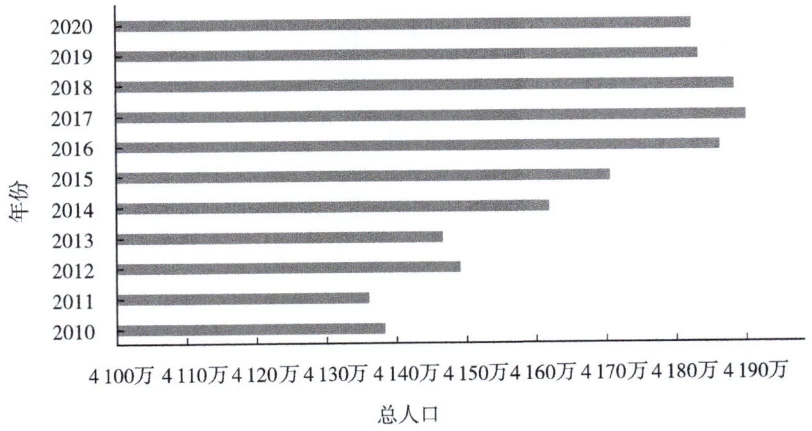

图 3-12　河南省淮河流域总人口

2010~2021 年，河南省淮河流域人口占河南省总人口的比例逐年降低（见图 3-13）。2010 年，河南省淮河流域人口占河南省人口约 44%，截至 2021 年，河南省淮河流域人口占河南省人口的比例逐年降低至 41.9%。由此反映了该区域持续的人口外流现象。

（四）城镇化水平

河南省淮河流域的城镇化率在 2010~2020 年逐年增大，城镇化率由 2010 年的 42.9% 增大到 2020 年的 59.3%，11 年间淮河流域城镇化率提高了 16.4 个百分点，但城镇化水平在全省属于中低水平，2020 年城镇化率低于全省约 8 个百分点（见图 3-14）。总体来看，河南省淮河流域各地市城市化水平差别不大，城市化水平最高的是许昌市，2020 年城镇化率达到 63.61%。河南省淮河流域各个地市的城镇化率在 11 年间都有相当幅度的提高。其中，周口市城镇化率由 2010 年的 41.7% 提升至 2020 年的 59.17%，提升了 17.47 个百分点，是河南省淮河流域城市化水平提升最快的。平顶山市城市化水平提升速度最慢，11 年提升了 15.15 个百分点。

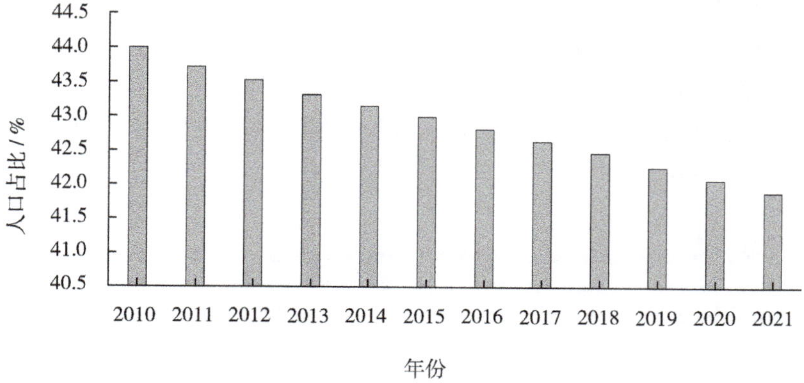

图 3-13　河南省淮河流域人口占全省人口的比例

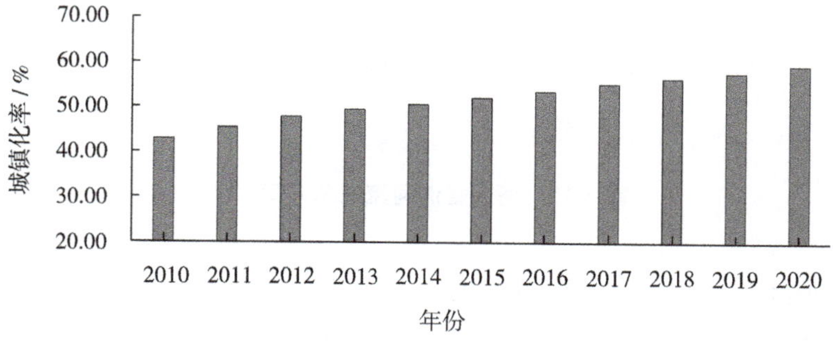

图 3-14　河南省淮河流域城镇化率

三、生态环境特征

淮河流域处于我国南北气候过渡地带，是河南省生物多样性最丰富的地区之一。特殊的地理位置加上复杂多样的生境，为多种生物的生存和繁衍创造了良好的条件，生物种群呈现南北过渡、东西承接、区系复杂、种类繁多、多区系成分并存等特点，是我国生物多样性较丰富的地区之一，被誉为“过渡地带基因库”。

河南省淮河流域共有陆生脊椎动物500余种。鸟类350多种，占河南省鸟类的90%以上；兽类50多种，约占河南省兽类种类的67%；两栖动物17种，占河南省两栖动物种类的89.5%；爬行动物30余种，约占河南省爬行动物种类的67%。其中，国家一级保护动物由过去的7种增加到现在的14种。河南省淮河流域有高等植物2 200余种，有国家和省重点保护植物70多种，国家一级保护植物27种，珍稀濒危植物92种。

四、文化资源特色

河南省淮河流域是道家、禅宗、理学等元典思想的孕育诞生地，河南省淮河流域文化可归纳为以下几个方面：风韵神奇的淮源文化（淮河源头）、弥足珍贵的遗址文化（潢川黄国故城遗址、息县古息国遗址、淮滨安宁古城遗址）、悠久厚重的古城镇文化（商丘、信阳、淮阳等）、灿若群星的名人文化（孙叔敖、管子、老子、庄子等）、博大精深的典籍文化（《管子》《老子》《庄子》《论语》《孟子》《墨子》《淮南子》等）、驰名中外的水利文化（魏惠王修建鸿沟，连接了黄、济、颍、淮、泗五大水系；北魏郦道元编著《水经注》）、浑厚悲壮的战争文化（河南省淮河流域地处中原，自古以来为兵家必争之地）、辉煌璀璨的艺术文化（以曹操父子为代表的建安文学，在中国历史上占有极高的地位，欧阳修在颍州建“西湖书院”）、光照千秋的红色文化（鄂、豫、皖、鲁革命根据地，尤其是著名的桐柏山、大别山革命根据地）、得天独厚的旅游文化（自然人文景观星罗棋布，旅游文化资源十分丰富，桐柏山、大别山、鸡公山、南湾湖等），还有大禹文化、道家文化、医学文化、三曹文化、楚汉文化、孔孟文化、帝都文化、科技文化、民俗文化、宗族文化、饮食文化等。

（一）信阳市文化资源

信阳地域文化特色鲜明，楚文化与中原文化在此交会交融，形成了独具魅力的“豫风楚韵”。现存有裴李岗文化、仰韶文化、屈家岭文化和龙山文化遗址，是子路问津、亡羊补牢、优孟衣冠、司马光砸缸等成语故事和历史典故的发源地，出土了新中国第一套最完整的战国编钟，涌现出孙叔敖、黄歇、费祎、魏延、陈元光、马祖常、何景明、宋士杰、周祖培等历史名人，孕育了信阳民歌、皮影戏、花鼓戏、大鼓书、彩绘泥塑、剪纸等大别山民俗风情。截至2021年末，全市共有全国重点文物保护单位14处，省级文物保护单位97处，市级文物保护单位119处，县级文物保护单位419处。

（二）驻马店市文化资源

驻马店是华夏文明重要发祥地之一，孕育出了盘古文化、嫘祖文化、驿站文化、车舆文化、冶铁铸剑文化和梁祝文化、重阳文化等灿烂文化，哺育出了韩非、李斯等一大批历史名人。驻马店还是一片红色土地、革命沃土，确山竹沟是原中共中央中原局和原中共河南省委所在地，从这里走出了刘少奇、李先念、彭雪枫等革命先辈，被誉为革命的“小延安”；也是抗日民族英雄杨靖宇将军的故乡，是刘邓大军千里跃进大别山著名的雷岗战役决胜之地。

（三）周口市文化资源

周口是伏羲故都，老子故里，有“华夏先驱、九州圣迹”的美誉，被中华全国伏羲文化研究会誉为“中华文化发祥的重地”。截至 2021 年末，全市共有全国重点文物保护单位 18 处，省级文物保护单位 72 处，市级文物保护单位 89 处，县级文物保护单位 450 处，不可移动文物 3 884 处。

（四）漯河市文化资源

漯河被誉为中国食品名城、中国汉字文化名城。贾湖遗址是淮河流域迄今所知年代最早的新石器文化遗存，提供了连接黄河中游至淮河中下游之间新石器文化关系的一个连接点，再现了淮河上游八九千年前的辉煌，与同时期西亚两河流域的远古文化相映生辉。漯河还是东汉经学家、文字学家许慎的家乡和《说文解字》的诞生地。截至 2021 年末，全市共有全国重点文物保护单位 8 处，省级文物保护单位 43 处。

（五）商丘市文化资源

商丘是国家历史文化名城、中华文明的发祥地之一，是商部族的起源和聚居地、商朝最早的建都地、商人商品商业的发源地、商文明的诞生地。习近平总书记在视察河南时指出殷商文化起源于商丘。商丘素有“中国火文化之乡”“汉兴之地”“两宋龙潜之地”之称，是孔子的祖籍地、庄子的故里、巾帼英雄花木兰的家乡。截至 2021 年末，全市共有全国重点文物保护单位 15 处，省级文物保护单位 64 处。

（六）平顶山市文化资源

平顶山在西周时期为武王宗室应侯封地应国，又称鹰城。该市有千手观音证道祖庭香山寺、千年古刹风穴寺、国家重大考古发现汝官窑遗址、苏轼父子三人的安息地三苏园、全国保存最完整的明代县衙叶县县署、国家级非物质文化遗产马街书会，是河南曲剧的发源地和世界叶姓、刘姓、应姓、沈姓的祖籍地，是中国曲艺城、中国书法城、中国观音文化之乡、中国汝窑陶瓷艺术之乡和中国唐钧基地。截至 2021 年末，全市共有全国重点文物保护单位 31 处、不可移动文物 5 000 多处。

（七）许昌市文化资源

许昌之名始于三国魏黄初二年（221）。相传，“许”源于唐尧时，因许由牧耕此地而得名。夏王朝建立后，许地是夏王朝活动的中心区域，现存春秋楼等三国时期历史建筑，被誉为曹魏故都。截至2021年末，全市共有全国重点文物保护单位27处，省级文物保护单位67处，市级文物保护单位89处，县级文物保护单位179处。

第四节　河南省海河流域地理环境特征

一、资源禀赋

（一）水资源

河南省海河流域2020年水资源总量为10.15亿m^3，占全省水资源总量的2.46%。其中，地表水资源量为3.84亿m^3，占全省地表水资源总量的1.3%；地下水资源量为8.79亿m^3，占全省地下水资源量的4.64%。河南省海河流域人均水资源占有量较低，2020年河南省人均水资源量为373.08 m^3，河南省海河流域的人均水资源量为144.08 m^3，为全省人均水资源量的1/3。安阳市和鹤壁市人均综合用水量均高于全省平均水平；2020年，全省平均万元GDP用水量为30.5 m^3，安阳万元GDP用水量（49.3 m^3）和鹤壁万元GDP用水量（33.5 m^3）均高于全省平均水平。

（二）土地资源

2020年，河南省海河流域耕地总面积为10 710.57 km^2，占流域土地总面积的70.57%；林地总面积为1 266.85 km^2，占流域土地总面积的8.35%；草地总面积为1 871.95 km^2，占流域土地总面积的12.33%；水域总面积为129.81 km^2，占流域土地总面积的0.86%；城乡、工矿、居民用地总面积为1 195.75 km^2，占流域土地总面积的7.88%；未利用土地总面积为1.81 km^2。

河南省海河流域中，安阳市的耕地面积占流域的77.41%，鹤壁市耕地面积占流域的22.59%。安阳市园地面积占流域的79.43%，鹤壁市园地面积占流域的20.57%。安阳市林地面积占流域的86.69%，鹤壁市林地面积占流域的13.31%。流域的草地集中分布在安阳市，仅安阳市的草地占流域的95.29%。安阳市的建设用地占流域的76.88%，鹤壁市建设用地占流域的23.12%。安阳市水域面积占流域的73.69%，鹤壁市水域面积占流域的26.31%。其他地类，安阳市占流域的65.84%，鹤壁市占流域的34.16%（见表3-6）。

表 3-6　河南省海河流域各地市不同地类面积占流域的比例　　%

土地类型	安阳	鹤壁
耕地	77.41	22.59
园地	79.43	20.57
林地	86.69	13.31
草地	95.29	4.71
建设用地	76.88	23.12
水域	73.69	26.31
其他	65.84	34.16

（三）矿产资源

河南省海河流域是河南省重要的矿产资源富集区之一，开发利用条件较好。优质动力煤及煤层气、硫铁矿、熔剂灰岩、水泥灰岩、冶金用白云岩、陶土、铝矾土、石灰岩、玄武岩、大理石、石英矿、玻璃用石英砂岩、含钾页岩、霞石正长岩、水泥黏土、饰面石材、地下（热）水等矿藏均是优势矿藏。煤、铁及石灰岩已形成流域矿业的三大支柱，霞石正长岩、含钾页岩是流域的特色矿产。根据河南省矿产资源禀赋和矿业发展现状，重点建设豫北能源建材矿产开发区，范围包括海河流域的安阳和鹤壁等在内的6个地市，分布有鹤壁煤炭国家规划矿区，以煤炭（煤层气）、耐火黏土、石灰岩、白云岩、岩盐、地热等优势矿产为基础，维护产业链供应链稳定安全。

二、社会经济基础

（一）经济发展水平

2020年，河南省海河流域GDP为3 281.44亿元，占全省GDP的5.97%，人均GDP 52 460.81元，低于全省人均GDP（55 435元）2 974.19元。总体来看，从2010年到2020年，河南省海河流域GDP总量增长迅速，由2010年的1 744.71亿元增加至2020年的3 281.44亿元，11年间增长了1 536.73亿元，GDP增加了0.88倍。河南省海河流域在河南省的四大流域中面积最小，占全省经济总量比例较小。2010~2020年，河南省海河流域GDP占全省的比例均未超过10%（见表3-7、图3-15）。从2018年开始，河南省淮河流域人均GDP开始低于全省平均水平，至2020年河南省海河流域人均GDP 52 460.81元，与全省平均水平的差距从2018年的950.33元逐渐拉大至2020年的2 974.19元。河南省海河流域经济发展速度低于全省均值并有逐渐拉大的趋势。

表 3-7　河南省海河流域 GDP 占河南省的比例

年份	河南省 GDP / 亿元	河南省海河流域 GDP / 亿元	河南省海河流域人均 GDP / 元	河南省人均 GDP / 元	人均 GDP 差值 / 元	流域 GDP 占全省 / %
2010	22 655.02	1 744.71	26 930.50	23 983.72	2 946.78	7.70
2011	26 318.68	1 987.12	30 284.79	27 901.00	2 383.79	7.55
2012	28 961.92	2 305.77	32 540.12	30 497.00	2 043.12	7.96
2013	31 632.50	2 305.77	36 009.61	33 114.00	2 895.61	7.29
2014	34 574.76	2 474.02	38 879.57	35 982.00	2 897.57	7.16
2015	37 084.10	2 587.99	40 686.38	38 338.00	2 348.38	6.98
2016	40 249.34	2 801.64	43 771.58	41 326.00	2 445.58	6.96
2017	44 824.92	3 077.51	46 064.76	45 723.00	341.76	6.87
2018	49 935.90	3 255.13	49 763.67	50 714.00	−950.33	6.52
2019	53 717.75	3 217.98	51 840.31	54 356.00	−2 515.69	5.99
2020	54 997.07	3 281.44	52 460.81	55 435.00	−2 974.19	5.97

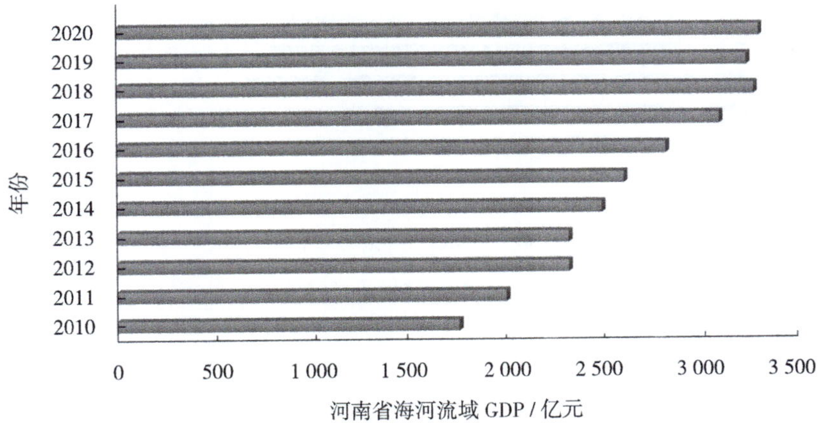

图 3-15　河南省海河流域 GDP

（二）产业结构

河南省海河流域是协同落实京津冀协同发展国家战略的重要区域，工业基础较好，拥有装备制造、能源化工、冶金建材、纺织服装、食品医药等优势产业。安阳市是河南省重要的工业生产基地，工业门类齐全，形成了以精品钢及深加工、冶金、建材、煤化工等传统支柱产业，装备制造、食品医疗、纺织服装等高成长优势产业，新能源、电子信息、节能环保等战略性新兴产业为支撑的工业发展格局。鹤壁市正在形成电子电器、现代化工及功能性新材料、绿色食品 3 个千亿级产业集群和镁基新材料 1 个 500 亿级产业集群，投资增速呈现波动上升趋势，外贸持续高速增长。

由河南省统计年鉴数据可知，2010~2020 年，海河流域三产结构由 2010 年的 11.92 ： 63.69 ： 24.39 调整为 2020 年的 9.67 ： 47.61 ： 42.72，第一产业比例下降 2.25 个百分点，第二产业比例由 63.69% 减少至 47.61%，减少了 16.08 个百分点，第三产业比例由 24.39% 增加至 42.72%，增加了 18.33 个百分点（见图 3-16）。2020 年，海河流域三产比例与河南省（9.74 ： 41.59 ： 48.67）相比，第一产业比例低于全省 0.07 个百分点，第二产业比例高于全省 6.02 个百分点，第三产业比例低于全省 5.95 个百分点。相比全省三产结构比例，流域第二产业占比较大，第三产业相对不发达。从过去 11 年的产业结构变化来看，流域由最初第二产业主导向第三产业协调融合发展取得了一定的成效。

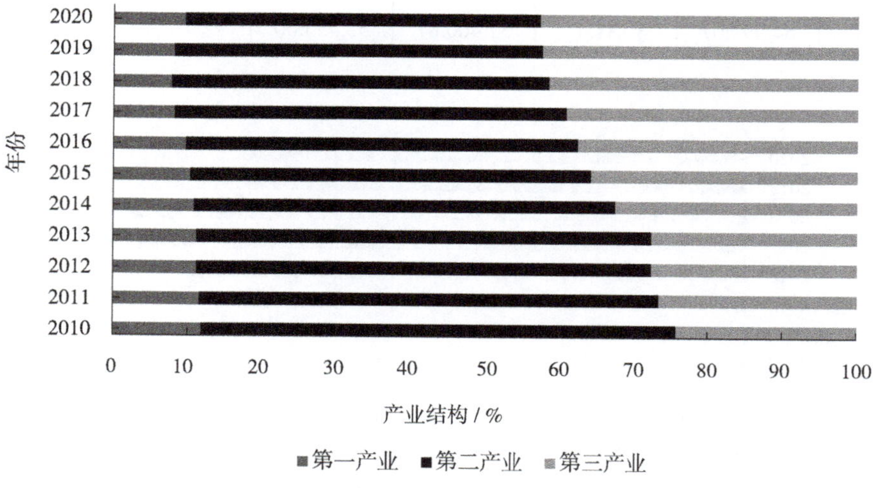

图 3-16　河南省海河流域三产结构

（三）流域人口

河南省海河流域的人口在 2010~2020 年不断增长，由 2010 年的 674.3 万增加至 2020 年的 704.47 万，2010~2020 年海河流域人口增加了 30.17 万，平均每年增加约 2.74 万（见图 3-17）。值得注意的是，2021 年河南省海河流域人口出现减少，由 2020 年的 704.47 万减少为 2021 年的 699.5 万，一年人口净减少了 4.97 万。

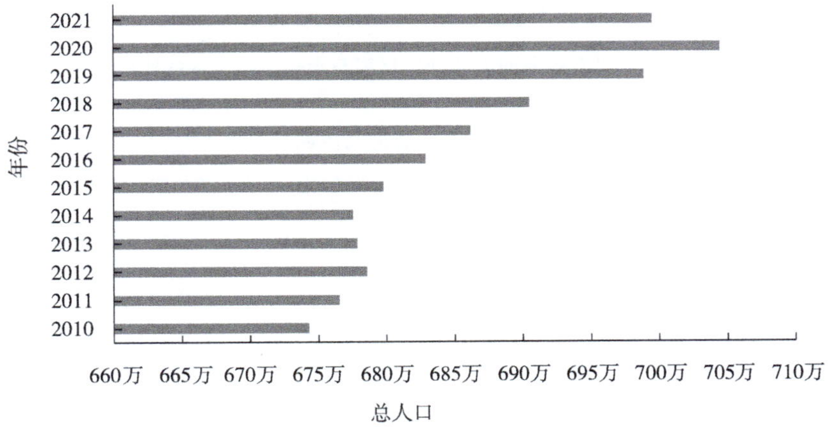

图 3-17 河南省海河流域总人口

如图 3-18 所示，2010~2021 年，河南省海河流域人口占河南省人口的比例变化较大，总体存在先减少后增加，最后占比再减少的趋势。2010 年，海河流域人口占河南省的 7.17%，随后逐年减少至 2017 年海河流域人口占河南省人口的 6.98%，2018 年后占比略微增加，至 2020 年达 7.09%。2021 年海河流域人口占河南省人口的比例又出现了下降，占河南省人口比例由 2020 年的 7.09% 降低为 2021 年的 7.08%。

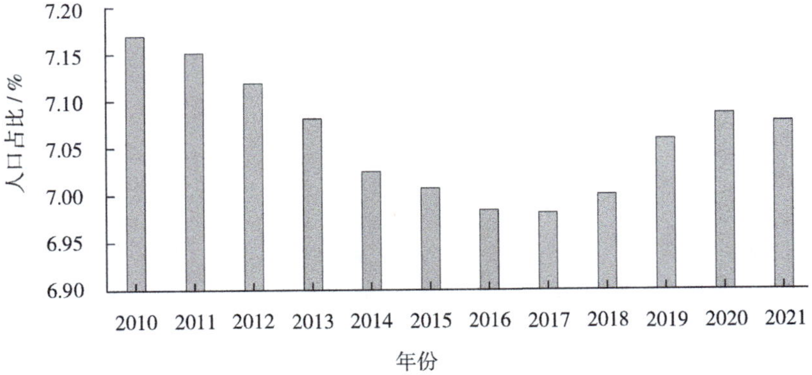

图 3-18 河南省海河流域总人口占河南省的比例

（四）城镇化水平

河南省海河流域城镇化率在 2010~2020 年不断提高，2010 年海河流域城镇化率为 41.75%，2020 年城镇化率增加到 56.29%，11 年间海河流域城镇化率提高了 14.54 个百分点（见表 3-8）。

表 3-8　河南省海河流域城镇化率与全省城镇化率的比较

年份	河南省城镇化率 / %	河南省海河流域城镇化率 / %	与全省相比提高的百分点
2010	38.82	41.75	2.93
2011	40.47	43.85	3.38
2012	41.99	45.9	3.91
2013	43.6	47.5	3.9
2014	45.05	49.1	4.05
2015	47.02	50.5	3.48
2016	48.78	51.15	2.37
2017	50.56	52.5	1.94
2018	52.24	53.9	1.66
2019	54.01	54.75	0.74
2020	55.43	56.29	0.86

值得注意的是，河南省海河流域的城镇化率从 2010 年至 2020 年一直高于全省的平均城镇化率，2010 年河南省海河流域的城镇化率为 41.75%，全省为 38.82%，河南省海河流域高于全省均值 2.93 个百分点；2020 年河南省海河流域的城镇化率高于全省均值 0.86 个百分点。从表 3-8 和图 3-19 可以看出，河南省海河流域的城镇化率虽然一直在提高，河南省海河流域的城镇化率与全省的平均水平的差距越来越小。

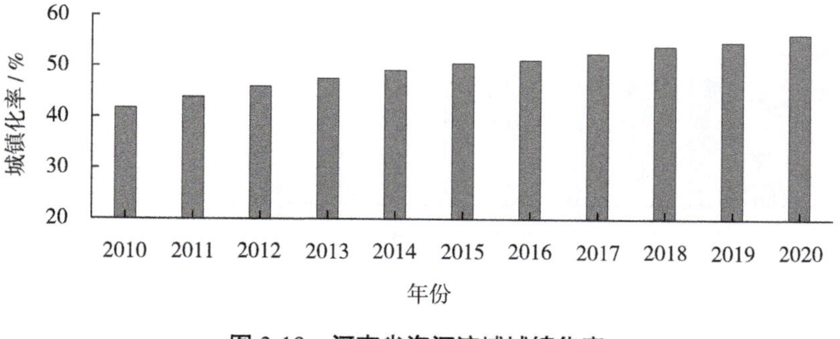

图 3-19　河南省海河流域城镇化率

三、生态环境特征

河南省海河流域有 1 个国家级自然保护区、2 个国家级森林公园、4 个国家级湿地公园、1 个国家级地质公园、1 个国家 5A 级风景名胜区。2020 年，空气质量级别为轻污染。水生态较为脆弱，多数支流常年季节性干枯断流。

安阳市是全国绿化模范城市、国家园林城市，2020年，安阳市全市森林覆盖率25%。2020年年底，全市建立省级自然保护区1处，总面积0.87万hm^2，占全市国土总面积的1.17%。全市现有省级以上森林公园8个，面积1.60万hm^2，其中国家级森林公园1个，面积0.25万hm^2。全市现有国家5A级风景名胜区1个，面积1.33万hm^2。全市湿地总面积1.03万hm^2，占国土面积的1.39%。建有国家级湿地公园3个，省级湿地公园试点单位2个，规划总面积0.27万hm^2。

鹤壁市森林覆盖率达到33.3%。城市建成区绿化覆盖率43.19%，人均公园绿地面积14.83 m^2。成功创建国家级森林公园1个、国家级湿地公园1个、省级湿地公园1个，在森林面积增长、森林质量提升、森林景观打造、生态惠民服务等方面取得显著成效，初步形成了城市与森林和谐发展、人与自然和谐相处的良好局面。

四、文化资源特色

海河流域是中华文明的发祥地之一，具有丰富的史前文化，并在元、明、清三代成为全国的政治和文化中心。海河流域在河南省内面积虽小，但文化资源颇具特色。南太行兼具北方山水的雄伟壮丽和南方山水的钟灵毓秀，挂壁公路险绝天下。隋唐大运河、人民胜利渠、共产主义渠、红旗渠、南水北调中线工程等5条人工河汇集于此，特别是“人工天河”红旗渠被誉为世界第八大奇迹。

河南省海河流域人类活动可追溯至新石器时期，位于漳卫南运河支流卫河上发现的安阳后岗遗址；公元前1 300年，商王盘庚迁都于殷即今河南安阳，公元前11世纪，西周封藩建卫，今濮阳为核心的卫当时已形成经济都会。宋辽时期，海河流域制瓷业和寺塔建筑业十分发达，磁州窑系分布河南、河北、山西三省，河南鹤壁窑、修武当阳峪窑等颇具盛名。世界文化遗产殷墟、被称为中国的“庞贝古城”的三杨庄遗址、高陵（曹操墓）、羑里城等文化遗存积淀深厚，鸣条之战、牧野大战等历史事件影响深远。安阳市是我国八大古都之一，是“汉字之都”；鹤壁市是商周文化的重要渊源地，是诗歌文化的重要源头；浚县是河南省唯一入选国家历史文化名城的县。

（一）安阳文化资源

安阳是早期华夏文明的中心之一，国家历史文化名城，是甲骨文的故乡、《周易》的发源地。三国两晋南北朝时，先后有曹魏、后赵、冉魏、前燕、东魏、北齐等在此建都，素有“七朝古都”之称。有盘庚迁都于殷、商王武丁中兴、奴隶傅说拜相、女将军妇好请缨、文王拘而演《周易》、西门豹投巫治邺地、蔺相如降生古相村、信陵君窃符救赵、项羽破釜沉舟、曹操邺城发迹、三朝宰相韩琦三治相州、抗金名将岳飞尽忠报国等名人轶事。截至 2021 年末，全市共有省级以上文物保护单位 91 项，其中全国重点文物保护单位 23 项、省级文物保护单位 68 项。

（二）鹤壁文化资源

鹤壁是封神榜故事发生地，是诗歌文化的重要源头，商朝首都朝歌、战国七雄之赵国都城中牟均位于鹤壁市区，《诗经》中有 39 篇直接描绘了淇河两岸的自然风光和风土人情。林、石、卫、康、殷等姓氏起源于此，鹤壁是东亚民族姓氏的重要发祥地。境内的云梦山被誉为“中华第一古军校”，战国时期的思想家、纵横家、军事家鬼谷子王禅，在此培养出了苏秦、张仪、孙膑、庞涓、毛遂等名士。截至 2021 年末，全市共有世界遗产 1 处（2 项）、全国重点文物保护单位 14 处、省级文物保护单位 31 处，市、县级文物保护单位 163 处。

第五节　河南省长江流域地理环境特征

一、资源禀赋

（一）水资源

河南省长江流域 2020 年水资源总量为 58.26 亿 m^3，占全省水资源总量的 14.26%。其中，地表水资源量为 47.72 亿 m^3，占全省地表水资源总量的 16.18%；地下水资源量为 20.63 亿 m^3，占全省地下水资源总量的 10.89%。同时，人均水资源占有量相对较高，为 599.67 m^3，为全省人均水资源量的 1.4 倍。南阳市人均综合用水量（292 m^3）和万元 GDP 用水量（55.5 m^3）显著高于全省水平。

（二）土地资源

2020 年，河南省长江流域耕地总面积为 14 287.44 km^2，占流域土地总面积的 51.84%；林地总面积为 8 443.59 km^2，占流域土地总面积的 30.64%；草地总面积为 1 869.21 km^2，占流域土地总面积的 6.78%；水域总面积为 905.69 km^2，占流域土地总面积的 3.29%；城乡、工矿、居民等建设用地总面积为 2 051.44 km^2，占流域土地总面积的 7.44%；未利用土地总面积为 3.88 km^2，占流域土地总面积的 0.01%。

（三）矿产资源

长江流域在河南省内主要横跨华北地块和秦岭褶皱带，地层发育齐全，岩浆活动强烈，地质构造演化过程复杂，岩石遭受了多期次不同层次的变质变形作用。南阳市作为河南省长江流域横跨的唯一城市，其优越的地质背景，形成了各类金属、非金属矿床，使之成为河南省矿种最多、储量比较丰富的地区。

截至2020年底，全市已发现矿种85种，查明资源储量矿种46种，载入《河南省矿产资源储量简表》的矿产地386处，其中大型矿产25处、中型矿产31处、小型矿产330处。在已查明储量的矿产中，天然碱位居全国首位，银矿、金矿、石油、晶质石墨、高铝三石（蓝晶石、硅线石、红柱石）、玉石及石材类等矿产位居全省前列。石油为南阳市的支柱性矿产，集中分布于南阳盆地及盆缘地区，资源储量位居全省第二位。

南阳市的优势矿产在地域分布上具有集中成区、成带分布的特点。石油、天然碱集中分布于南阳盆地及盆缘地区，为石油化工和碱化工基地建设提供了资源基础；东西向绵延的伏牛山、桐柏山区为高铝三石－石墨高档耐火材料系列矿产集中分布区，可形成配套的耐火材料资源基地；东南部桐柏地区为金、银、铜、铅、锌、铁多金属集中分布区，为河南省重要的多金属采选及加工基地；低山－山前交通便利地区广泛分布着石灰岩、大理石等建材类矿产，便于开发利用。西部山区贵金属和有色金属矿产找矿潜力巨大，为矿产资源的接替勘查与开发提供了后备基地。

二、社会经济基础

（一）经济发展水平

2020年河南省长江流域地区生产总值为3 925.86亿元，占全省地区生产总值的7.14%（见图3-20）。人均生产总值40 315元，低于全省平均水平，在河南省四大流域中属于较低水平。2021年，河南省长江流域（南阳市）生产总值4 342.22亿元，比上年增长9.0%。其中，第一产业增加731.21亿元，增长7.4%；第二产业增加1 372.34亿元，增长6.8%；第三产业增加2 238.67亿元，增长10.8%。三产结构为16.8 ：31.6 ：51.6。人均生产总值44 894元，比上年增长11.36%。从GDP总量来看，南阳市GDP总量由2010年的1 953.35亿元提高到2021年的4 342.22亿元，增加了1.22倍，在全省18个地市的排位处于第3名，低于郑州市和洛阳市，属于省内经济体量比较大的城市，但仍与洛阳市相差1 105亿元。人均GDP始终低于河南省平均水平，并且差值逐渐增大。据河南省统计公报数据，虽然近两年两者的差距稍有收敛，但2021年差距仍达14 516元。从增速来看，南阳市GDP增速基本与河南省同步，2021年反弹到9%，超出河南省2.7个百分点（见表3-9）。从占比来看，南阳GDP占全省比例呈下滑趋势，2021年占比为7.37%，比2008年低了1.7个百分点。总体来看，南阳建设河南省副中心城市，虽经济体量长期处于全省第三，但仍存在发展不充分和不平衡的问题，如农业比例偏大，工业发展相对滞后，产业升级、新旧动能转换压力大，经济外向度低，但全市水资源和矿产资源丰富，是中国矿产品最为密集的地区之一，拥有较好的发展基础和较大的发展潜力。

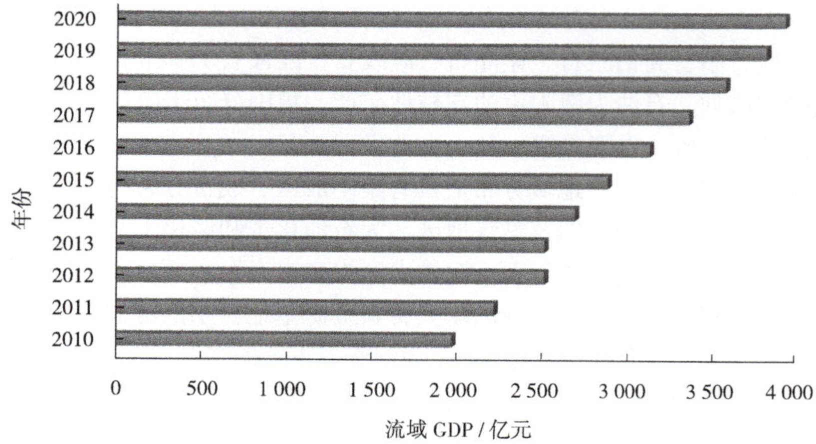

图 3-20　河南省长江流域 GDP

表 3-9　南阳市近年来 GDP 及增速情况

年份	南阳 GDP/亿元	河南 GDP/亿元	占比 / %	南阳 GDP 增速 / %	河南 GDP 增速 / %	GDP 增速差 / %	南阳人均 GDP/元	河南人均 GDP/元	人均 GDP 差距 / 元
2010	1 953.35	23 157.64	8.44	11.6	12.4	−0.8	18 152	23 984	−5 832
2011	2 202.31	27 007.46	8.15	11.2	12	−0.8	20 074	28 009	−7 935
2012	2 340.73	29 681.79	7.89	10.1	10.1	0	21 763	30 820	−9 057
2013	2 498.66	32 278.04	7.74	8.7	9	−0.3	23 256	33 618	−10 362
2014	2 675.57	35 026.99	7.64	8.5	8.9	−0.4	26 650	36 686	−10 036
2015	2 866.81	37 084.2	7.73	8.96	8.4	0.56	28 653	39 209	−10 556
2016	2 982.58	40 249.23	7.41	8.4	8.2	0.2	29 703	42 341	−12 638
2017	3 199.16	44 824.92	7.14	6.8	7.8	−1	32 071	46 959	−14 888
2018	3 500.56	49 935.9	7.01	7.2	7.6	−0.4	35 390	52 114	−16 724
2019	3 794.99	54 259.2	6.99	6.9	7	−0.1	38 710	56 388	−17 678
2020	3 945.86	54 997.07	7.17	2.2	1.3	0.9	40 315	55 435	−15 120
2021	4 342.22	58 887.41	7.37	9	6.3	2.7	44 894	59 410	−14 516

（二）产业结构

2010~2020 年，河南省长江流域三产结构由 2010 年的 20.54 ∶ 52.07 ∶ 27.39

调整为2020年的16.62∶32.12∶51.26，第一产业比例下降3.92个百分点，第二产业比例下降19.95个百分点，第三产业比例增加23.87个百分点，如图3-21所示。2020年，长江流域三产比例与河南省全省平均(9.74∶41.59∶48.67)相比，第一产业比例高于全省6.88个百分点，第二产业比例低于全省9.47个百分点，第三产业比例高于全省2.59个百分点。相比全省三产结构比例，流域第一产业占比较大，第二产业下降较快，第三产业发展迅速。河南省长江流域（南阳市）是河南省面积最大、人口最多的农业大市，是国家商品粮、棉基地，素有“中州粮仓”之称。南阳实施工业强市战略，工业经济快速发展，工业生产总值多年来稳居河南省第3位，现已初步形成油碱化工、装备制造、冶金建材、纺织服装、食品医药、电力能源等六大战略支撑产业。近年来，南阳市以产业集聚区为载体，大力培育科技含量高的新能源、光电、新材料三大战略性新兴产业，已经成为南阳工业未来的主要发展方向，实现生态与高效经济有机统一，全面推动产业转型升级。

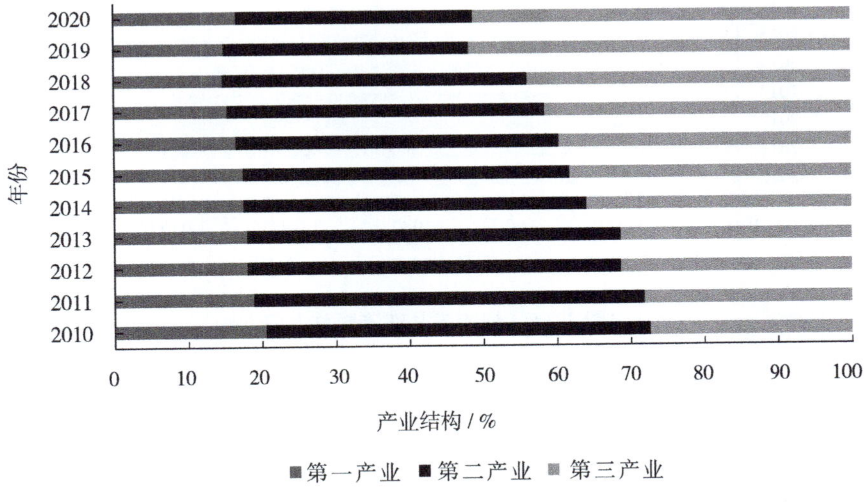

图3-21　河南省长江流域产业结构变化

（三）流域人口

河南省长江流域涉及的南阳市是河南省人口最多的地级市。南阳市下辖2区（宛城、卧龙）1市（邓州）10县（南召、方城、社旗、唐河、桐柏、新野、镇平、内乡、淅川、西峡）。2010年河南省南阳市人口1 027.22万，2021年底总人口962.9万，人口在11年间净减少64.32万（见图3-22）。2010年，河南长江流域人口占河南省人口的10.92%，2021年长江流域人口占河南省人口的比例减小为9.74%，2010~2021年占比减少了1.18个百分点，由图3-22和图3-23可知，从2010年开始，河南省长江流域的人口持续不断减少，占河南省人口的比例也在不断降低。一方面，以郑州为核心的中原城市群对南阳市人口持续不断人口虹吸；另一方面，江浙沪、粤港澳大湾区等经济发达地区以较好的经济发展机会也对南阳市人口产生了一定的虹吸效应。

河南省长江流域的南阳市历来人口众多，但外流人口逐年增加。据河南省统计年鉴及统计公报数据，2020年河南省南阳市户籍人口与常住人口差额高达266万，人口外流率达到21.5%，是省内人口外流率第五高的城市（信阳31.72%、周口28.37%、驻马店27.52%、商丘22.53%）。

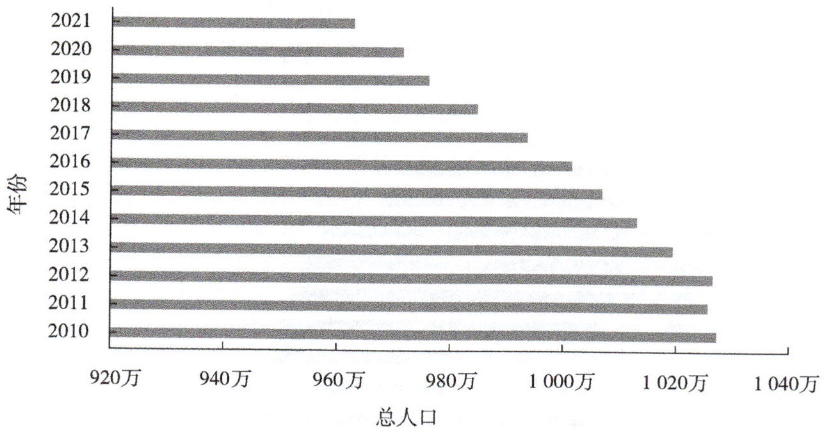

图3-22　河南省长江流域总人口

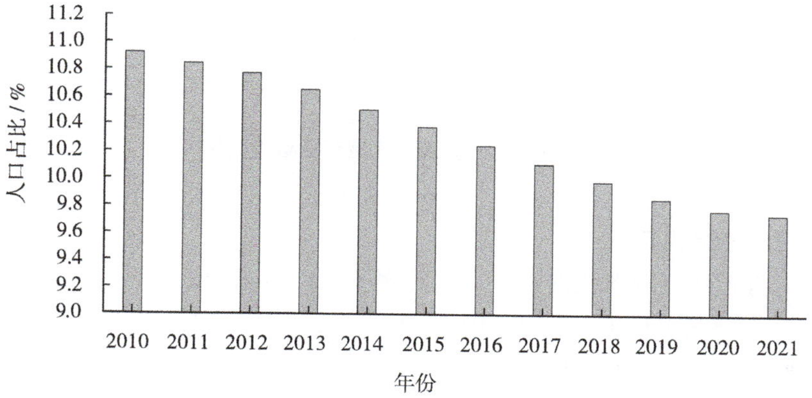

图3-23　河南省长江流域人口占河南省人口比例

（四）城镇化水平

南阳市2021年城镇化率51.61%，比2012年提高15.51个百分点，年均提高1.72个百分点，年均增长高于同期全省0.11个百分点。然而，南阳市城镇化率依然低于全省平均城镇化率4.84个百分点。结合图3-24和河南省统计年鉴数据可知，长江流域（南阳市）城镇化率一直低于全省平均水平，2021年城镇化率51.61%，排在全省第13位。

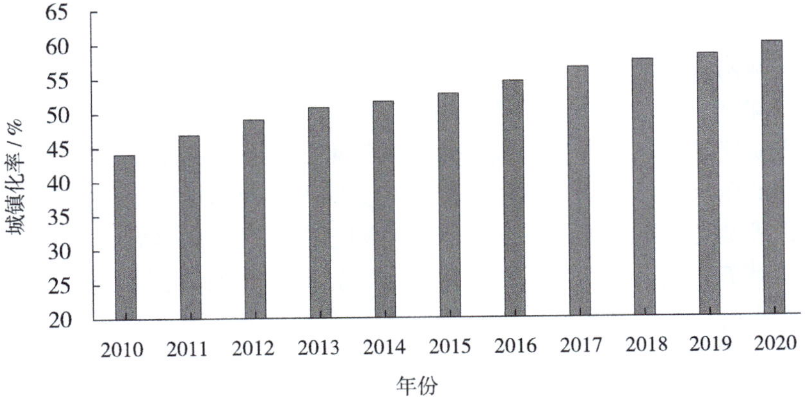

图3-24 河南省长江流域城镇化率

三、生态环境特征

南阳市作为国家级生态示范区，市域内生物多样性资源丰富，现有5个国家级自然保护区和3个省级自然保护区，保护区面积约237 131.75 hm²，约占全市国土面积的8.94%。其中，国家级自然保护区分别是伏牛山国家级自然保护区、宝天曼国家级自然保护区、高乐山国家级自然保护区、恐龙蛋化石群国家级自然保护区、丹江湿地国家级自然保护区，分布在西峡县、内乡县、南召县、桐柏县、镇平县、淅川县，总面积199 785.05 hm²，保护区面积约占全市国土总面积的7.54%；省级自然保护区分别是桐柏太白顶省级自然保护区、西峡大鲵省级自然保护区、内乡湍河湿地省级自然保护区，总面积37 346.70 hm²，约占全市国土总面积的1.40%。

四、文化资源特色

河南省长江流域分布在南阳市。南阳古称宛，因地处伏牛山以南、汉水之北而得名。南阳是国务院较早命名的历史文化名城。早在五六十万年前，与北京猿人同时代的南召猿人就在这里繁衍生息；西汉时为全国六大都会之一；东汉时期为光武帝刘秀的发迹之地，故有“南都”“帝乡”之称。历史上，南阳人杰地灵，人才辈出，曾孕育出“科圣”张衡、“医圣”张仲景、“商圣”范蠡及“智圣”诸葛亮，更滋养了哲学家冯友兰、军事家彭雪枫、文学家姚雪垠、科技发明家王永民、作家二月河等当代名人。

南阳市拥有全国重点文物保护单位20处，省级文物保护单位百余处。南阳作为楚始都丹阳因春秋墓群出土的稀世珍宝闻名遐迩，河南博物院“浙楚吉金”展厅所展文物尽数出自南阳。南阳汉文化遗存丰富，以画像石、画像砖、陶狗等“南阳汉文化三绝”为代表，其数量、规模、内容、研究及旅游价值，均属全国第一。南阳还有全国最大的古代冶铁作坊——瓦房庄遗址，规模可观的汉宛城遗址，名满世界的汉代伟大医学家张仲景的祠墓所在地医圣祠，享誉海内外的东汉科学家、文学家张衡之墓。此外，南阳地区的三国历史遗存丰富，既有武侯祠、魏公桥、凤雏台，还有火烧博望古战场、新野议事台等遗址。南阳历史建筑遗存丰厚，有中国封建社会官衙建筑中保存最为完好的两级衙门——南阳府衙、内乡县衙，千年古刹香严寺、丹霞寺、水帘寺、菩提寺等，建筑风格好、雕绘艺术独特的社旗山陕会馆，有保存完整的荆紫关清代五里长街，以地宫内发现“金棺银椁”而引起轰动的邓州福胜寺梵塔，因范仲淹在邓州写成天下名篇《岳阳楼记》而闻名的“百花洲”等。

第四章　资源环境约束下的河南省四大流域高质量发展评价

自然资源作为区域经济社会发展的基础，对其开发利用直接影响生态环境和经济发展的质量和水平。区域经济发展的过程是对自然资源内化的过程，在生态环境系统的支撑与限制作用下，区域经济社会朝着特定发展方向演进的同时，也对生态环境及自然资源系统的结构、功能、效用等产生强烈干预作用；另外，良好的生态环境及合理的自然资源开发利用方式为区域高质量发展优化提供条件。

改革开放以来，中国经济连续几十年高速增长的同时，也出现了空间分布的不充分与非均衡态势。党的二十大报告指出，高质量发展是全面建设社会主义现代化国家的首要任务，必须完整、准确、全面贯彻新发展理念，始终以创新、协调、绿色、开放、共享的内在统一来把握发展、衡量发展、推动发展；必须更好统筹质的有效提升和量的合理增长，始终坚持质量第一、效益优先，大力增强质量意识，视质量为生命，以高质量为追求。新时期经济社会高质量发展对生态环境保护和资源开发利用提出了全新要求。

流域空间是人类最早活动的地理环境，也是当前人地关系最为紧张的空间载体，是区域研究和区域规划的重要空间单元。流域空间在空间体系中具有举足轻重的地位，也是很多现实问题的焦点、难点所在，迫切需要学术研究的支撑与引领。国家重大战略越来越关注流域的保护、利用和高质量发展，如针对黄河、长江和粤港澳大湾区等区域，国家出台了一系列政策法规。

河南省四大流域在高质量发展中，存在着不同的问题。黄河流域是我国重要的生态屏障和经济地带，在我国生态安全和社会经济发展方面占有重要地位，然而工业化、城镇化进程仍在继续，经济增长的资源环境代价仍然较大，面临着生态环境改善和高质量发展的双重任务。河南省黄河流域地跨我国第二阶梯和第三阶梯、黄河中游和下游，既是华北平原的重要生态安全屏障，也是全流域人口活动和经济发展的重要密集区域，中、下游地区间经济社会与资源环境协调发展情况各异。淮河流域在我国中东部地区经济社会发展全局中占有重要地位，属水力侵蚀类型区中的北方土石山区，山丘区土层浅薄，水土流失潜在威胁巨大。淮河流域能源资源开发与产业、生态协调发展的矛盾十分突出，流域中部建有亿吨级煤电基地，大规模煤炭开发利用造成矿区大面积地表沉陷与积水，流域内环境污染严重，生态系统退化，导致经济社会发展资源环境约束趋紧。同时，流域水资源等总量不足，分布不均，水害频发，也制约了当地农业、能源、经济发展。长江经济带已成为我国战略支撑作用最大、经济最发达的区域之一。但随着经济社会的高速发展，该流域的生态环境保护问题也十分严峻。海河流域水资源匮乏，禀赋条件差，属资源性缺水流域，经济社会发展布局与水资源条件不匹配的问题一直存在。

因此，针对河南省四大流域高质量发展存在的问题，本章从高质量发展的内涵和要求出发，考虑经济高质量发展，同时注重生态环境保护、资源合理开发利用，即在充分考虑区域资源环境承载能力的前提下，以生态优先、绿色发展、资源合理利用为发展理念，通过协调发展，实现生态保护、环境改善、资源合理利用、区域均衡发展和人民共享，并通过测度四大流域与流域内各地市的高质量发展水平，为流域经济空间结构的演进趋势和高质量发展途径的选择提供一定指向。

第一节　高质量发展评价研究进展

学术界关于高质量发展的研究，主要包括高质量发展内涵、指标体系、评价方法及实现路径的研究等。其中，高质量发展内涵在第二章第三节已进行阐述，本节只对高质量发展指标体系、评价方法与实现路径的研究发展现状进行综述与评价。

一、高质量发展评价指标体系

通过构建高质量发展指标体系，评价区域高质量发展水平的高低，更加科学、准确地确定高质量发展中存在的缺陷、面临的问题及发展的水平，找到解决问题的办法与路径。针对高质量发展指标体系的构建，我国学者从不同方面进行考虑，构建了侧重点不同的高质量发展指标评价体系，丰富了高质量发展研究的理论和视角，也为区域高质量发展指标体系构建提供了科学依据。如吕薇在《探索体现高质量发展的评价指标体系》中指出，探索体现高质量发展的评价指标体系应包括三类：第一类是反映经济结构和效率的指标，提高要素生产率。一是制定要素生产率指标，比如劳动、资本、能源、土地、水资源等产出效率；二是结构优化的指标。第二类是体现以人民为中心，提高生产质量和幸福感的指标。一方面是就业、人均可支配收入、人均公共产品的拥有量、社会消费总额水平、人均寿命、出生率等直接反映人民生活水平和公共服务的指标；另一方面是环境质量等方面的指标，体现了人民群众的生活环境。第三类是体现经济活力的指标。一是经济活跃程度的指标，主要包括创业和投资；二是反映创新的指标；三是实体经济竞争力的指标。朱卫东等在《新时代中国高质量发展指标体系构建与测度》一文中认为，高质量发展内涵广泛，相关数据浩繁，现有研究大多止于理论阐释，仅有少数文献从宏观层面或某一侧面编制指数来刻画经济发展质量，鲜有文献构建能够反映高质量发展全貌并可反映各发展维度动态演进过程的指标体系。应当构建多层次、多维度的高质量发展指标体系，以对经济发展进程、结构、质量进行量化测度。因此，在吸收借鉴已有研究成果的基础上，选择了从创新、协调、绿色、开放、共享、效率、质量、结构、安全、可持续十大方面构建包含10项子类目137项具体指标的高质量发展指标体系。许永兵等在《高质量发展指标体系构建及测度》一文中指出，反映高质量发展全貌并可对各发展维度进行深入探析的高质量发展指标体系构建研究较为少见。根据高质量发展内涵构建了从创新驱动、结构优化、经济稳定、经济活力、民生改善、生态友好6个维度包含6个一级指标和24个二级指标构成的高质量发展指标体系，并以河北省为例全面刻画高质量发展的全貌，由此评价以往发展政策绩效并简析未来政策应关注的重点领域和薄弱环节。任保平和李禹墨在理解高质量发展内涵的基础上，从质量发展的指标体系、标准体系和政绩考核体系等六大体系出发构建高质量发展的评价指标体系。马茹等在剖析经济高质量发展内涵的基础上构建了包含高质量需求、高质量供给、发展效率、对外开放以及经济运行五大维度的高质量发展评价体系。李金昌等从社会主要矛盾出发，构建了体现新发展理念内涵的高质量发展评价指标体系。

具体到流域的高质量发展指标体系构建方面的研究，也有诸多学者进行了研究探讨，如韩君等在《黄河流域高质量发展水平测度研究》一文中构建了包含绿色发展、经济发展、社会民生、文化建设、生态安全等方面的指标体系，并利用熵权法测算了2017年黄河流域高质量发展总体水平，得出黄河流域上、中、下游地区的高质量发展水平有较明显差异。金波宏从经济运行、经济结构、资源配置、创新能力、对外开放和绿色发展6个维度共选取24个基础指标来综合衡量黄河流域各省区的经济高质量发展水平。刘建华从人水和谐共生、人民生活幸福、生态环境健康、经济高质量发展4个子系统出发，构建了黄河流域生态保护和高质量发展量化指标体系，并对其协同度进行了定量评价。徐辉等对高质量发展评价指标体系进行了梳理，并构建了黄河流域高质量发展评价指标体系，包含5个维度（经济发展、创新驱动、民生改善、环境状况和生态状况）共 29 个指标。张合林等从经济高质量发展、社会高质量发展、环境高质量发展 3 个方面进行考虑，分三级构建了黄河流域高质量发展的 32 个指标体系。马海涛等从创新、协调、绿色、开放、共享 5 个维度构建了黄河流域城市群高质量发展指标体系，并对黄河流域 2016 年的 7 个城市群及内部地级城市进行了评估。孙继琼以黄河流域 9 个省（自治区）为研究单元，构建了包含生态保护和高质量发展两个目标层的 27 项指标体系，并对黄河流域生态保护和高质量发展的耦合协调度进行了测度。王冰从创新、协调、绿色、开放、共享 5 个方面构建了包含 26 项指标的黄河流域高质量发展水平测度指标体系，并以省域为单元，对黄河流域 9 省（自治区）的高质量发展水平进行了测度。宋冬凌、马悦对黄河流域水资源利用率与经济高质量发展进行了耦合研究，构建了包含生态环境补水等 5 项指标的绿色水资源率指标体系及包含专利授予量、第三产业比例等 16 项经济高质量发展指标体系，并以河南省域为单元进行了耦合协调研究。张扬、师海猛以黄河流域 8 省为研究单元，结合黄河流域实际情况，对黄河流域城镇化高质量发展与生态环境两系统指标体系进行构建，城镇化高质量发展系统包括了人口、经济、社会、空间、生态的城镇化等共 19 项指标，生态环境系统包括了生态环境水平、生态环境压力、生态环境保护等共 12 项指标，并对黄河流域城镇化高质量发展与生态环境两系统进行了耦合协调度评价。

二、高质量发展评价方法

在高质量发展评价方法研究方面，学者们主要是通过指标体系权重确定的方法求取综合指数，对研究区域的高质量发展进行评价。例如，徐辉、师诺运用熵值法对黄河流域 9 省（自治区）的高质量发展水平进行测度。韩冬也使用熵值法，在新发展理念的基础上加入城市流共 6 个维度构建城市群高质量发展指标体系，对京津冀城市群高质量发展水平和协调发展水平进行综合评价。魏敏、李书昊针对我国现阶段经济发展的实际问题，构建了包含 10 个子系统 53 个测度指标的评价体系，利用熵值法计算指标权重，测度了新时代中国经济高质量发展水平并分析其空间分布规律。王婉同样使用了熵权法评价模型来研究我国区域发展的差异，通过聚类分析将我国 30 个省经济高质量发展情况分为良好协调、中度协调、中度失调和严重失调四种类型，并以组态视角探究了我国经济高质量发展的路径。张震、刘雪梦在分析城市经济高质量发展构成要素的基础上，遵循科学性、层次性、可操作性、高代表性原则，通过构建城市经济高质量发展评价指标体系，将主客观赋权法和聚类分析结合，对 2016 年我国副省级城市经济高质量发展水平进行探讨。孟祥兰、邢茂源先后使用了加权因子分析法和聚类分析的方法，对湖北 16 个地市高质量发展水平进行综合评价。李梦欣、任保平采用主客观相结合的赋权方法，首先从专业角度主观赋权，利用层次分析法进行初步识别，再针对初步得到的结果，使用神经网络算法进行模拟优化，克服主观随意性大的缺陷，对中国高质量发展进行综合评价和制约因素分析。韩永辉、韦东明运用全局主成分分析法，依据指标特征确定客观权重，构建动态评价体系，并结合聚类分析方法对高质量发展的时间趋势和空间差异做出评价。孙晓等基于新发展理念构建了中国旅游经济高质量发展评价指标体系，利用2007~2018年中国旅游经济相关数据，采用熵值法、变异系数法、泰尔指数法对中国旅游经济高质量地区内和地区间的差距及地区差距来源进行了分析。杨国珍、李新刚依据新发展理念和京津冀区域发展特色构建测度指标体系，具体包含创新发展、协调发展、绿色发展、开放发展、共享发展5个二级指标和23个测度指标，采用熵值法对北京市、天津市和河北省2017~2020年经济高质量发展水平进行测度。杨慧芳等对黄河流域9省（自治区）2006~2018年生态系统与经济系统进行评价，得出生态系统和经济系统综合指数呈上升态势，两系统间耦合协调度不断变好，并提出黄河流域应该坚持走绿色可持续发展的道路。

三、高质量发展实现路径

一是坚持效率变革为基调，提高全要素生产率。例如，茹少峰等站在宏微观层面研究效率变革的内涵，认为实现经济高质量发展的路径是提升全要素生产率，需要加大改革力度、增大创新投入等。张治河持同样的观点，他认为市场的供给与需求要想适应经济动态的高质量发展，就必须提高全要素生产率。

二是从产业升级的角度来寻求路径。杨仁发和杨超认为驱动高质量发展就应该紧抓科技创新、扩大对外开放，且优化产业升级，寻找适合当地的发展路径，打破地区桎梏，形成经济带联动。高艳美、刘永彪以郑州市县域为单元，探究县域经济高质量发展的挑战，得出针对郑州市县域经济高质量发展的路径主要是城乡融合、共建共享、创新产业。

三是构建现代化经济体系推动经济的高质量发展。师博认为，只有通过培育现代化动力体系、构建现代化产业体系、发展现代化供给体系和完善现代化制度体系，才能实现多层次地助推经济高质量的发展。赵剑波认为高质量发展重点在于构建现代化经济体系，在党的领导下走共同富裕之路。方世南从发展哲学的视角认为，新时代坚持以人民为中心的整体高质量发展是一个宏大系统工程，是一场包括质量文化建设、质量体制机制创新、人才队伍建设以及促进发展方式转换的整体性、全局性的重大变革。

四是着眼于制度安排与体制机制的改进。冯俏彬认为，应通过改革来夯实经济高质量发展的制度基础，如深化“放、管、服”改革，加强对产权的保护，加快央地财政体制改革等。金碚提出，只有通过相关的制度安排与机制设计，如合理的价格机制、有效的产权制度、有效的创新体制机制等，才能实现经济的高质量发展。张军扩认为应该立足于宏观的制度政策，去把握高质量发展的关键。田秋生主张高质量发展应该把构建高质量发展的指标体系和统计体系放在首位，从而形成引领高质量发展的绩效考核评价体系和体制机制政策体系，是高质量发展的实践要求。

综上，国内对高质量发展的研究处于爆发式增长态势，在理论内涵、指标体系、评价方法和发展路径等方面取得了一定的进展，但还存在着以下不足：

（1）在空间尺度上，学者们对全国“省域”或“区域”角度的高质量发展进行了深入研究，但从流域的角度对高质量发展的研究仍尚显缺乏。而流域是以河流为纽带的一个区域经济范围或一个系统，从流域的角度对区域的高质量发展进行评价与研究可构建更加开放的产业体系、环境保护政策与资源节约利用策略，以此促进经济－环境－资源要素的自由流动。

（2）在高质量评价指标体系的构建上，学者们从不同方面进行考虑，构建了不同的高质量发展指标评价体系，丰富了高质量发展研究的理论和视角，也为高质量发展指标体系构建提供 了科学依据。而大多数成果只考虑经济高质量的发展，综合考虑生态环境、资源承载、经济发展进行评价研究的成果较少。经济高质量发展与资源环境存在着相辅相成的关系，在经济发展的过程中，若只重视经济的发展，不考虑资源环境承载能力，必将会给生态环境造成一定程度的污染与破坏。

本书在区域资源环境承载能力约束的前提下，从实现河南省四大流域生态保护、环境改善、资源合理利用、区域均衡发展和人民共享多目标、多维角度下对流域高质量发展进行综合评价和分析，丰富了流域高质量发展研究的内容，为河南省四大流域经济的高质量发展提供科学依据，也为其他流域高质量发展研究和路径选择提供借鉴和参考。

第二节　研究方法确定与指标体系构建

一、研究方法与数据来源

（一）研究方法

本书主要采用综合指数法进行经济社会、资源利用和环境承载三个系统的现状评价，对每个指标的作用分层进行求和，分别建立经济高质量发展系统、环境承载系统、资源承载系统及三系统综合评价的模型。同时采用比较分析法从空间格局角度，比较流域间与流域内不同地市之间的高质量发展水平的差异情况。

综合指数法是在确定一套合理的评价指标体系的基础上，对各项指标个体指数进行加权平均，计算出综合指数值，用以综合评价的一种方法。其步骤如下：

（1）构造原始数据矩阵。

假设有 m 个区域，n 项评价指标，构建原始数据矩阵为

$$\boldsymbol{X}=\{x_{ij}\}_{m\times n}\quad(1\leqslant i\leqslant m,1\leqslant j\leqslant n)\tag{4-1}$$

式中：x_{ij} 为第 i 个评价区域的第 j 个指标的指标值。

（2）原始数据标准化处理。

数据标准化的目的是去除各项经济、资源与环境指标数据的单位限制，将其转化为无量纲的纯数值，便于下一步数据分析。数据标准化方法有总和标准化、标准差标准化、极大值标准化、极差标准化。这里采用极差标准化方法，正向属性数值越高越好，进行正向计算处理；逆向属性数值越低越好，进行逆向计算处理。

具体公式如下：

正向指标：
$$x'_{ij}=\frac{x_{ij}-\min(x_{ij})}{\max(x_{ij})-\min(x_{ij})}\tag{4-2}$$

负向指标：
$$x'_{ij}=\frac{\max(x_{ij})-x_{ij}}{\max(x_{ij})-\min(x_{ij})}\tag{4-3}$$

（3）计算原始指标的权重。

采用指标权重求取的方法，定量化确定经济、资源与环境指标对高质量发展的影响程度。在综合指标体系的测度中确定指标权重的方法主要有主观赋权法和客观赋权法。主观赋权法是一类根据评价者主观上对各指标的重视程度来决定权重的方法，其结果的准确性与评价者的主观经验密切相关，如 Delphi 法、层次分析法等，这种方法较为成熟，但客观性较差。客观赋权法脱离评价者的经验限制，所依据的赋权原始信息来源于客观环境，它根据原始数据之间的关系运用一定的统计方法计算获得指标权重，有较强的数学理论依据，其客观性较强，如主成分分析法、离差法、均方差法、变异系数法、灰色关联法、多目标规划法等。利用熵权法确定权重，考虑了多个样本间的联系，可削弱异常值的影响，但是经研究，熵权法获取的指标权重分配存在均衡化的缺陷，为了使结果更准确，本书采用变异系数法与熵权法两种客观赋权方法相结合的方式确定经济、资源与环境指标的权重。

变异系数法的基本思想是：在多指标综合评价中，如果某项指标在所有被

评价对象上观测值的变异程度较大，说明该指标在被评价执行时达到平均水平的难度较大，它能够明确区分各被评价对象在该方面的能力，则该指标应赋予较大的权重；反之，则应赋予较小的权重。

利用变异系数法求取经济、资源与环境指标权重的步骤如下：

①求取经济、资源与环境指标的变异系数。

$$V_i = \frac{\sigma_i}{\bar{x}_i} \quad (i = 1,2,\cdots, n) \tag{4-4}$$

式中：V_i为第i项指标的变异系数，又称标准差系数；σ_i为第i项指标的标准差；$\bar{x}_i$为第i项指标的平均数；n为指标的个数。

②求取各指标的权重。

$$\omega_i = \frac{V_i}{\sum_{i=1}^{n} V_i} \quad (i = 1,2,\cdots, n) \tag{4-5}$$

式中：ω_i为第i项指标的权重。

熵值法是一种依据各指标值所包含的信息量多少来确定指标权重的客观赋权法，某个指标因子的熵越小，说明该指标值的变异程度越大，则提供的信息量越多，在综合指标评价中起的作用就越大，该指标的权重也应越大；反之，指标的权重就越小。采用熵值法确定河南省四大流域及流域内各地市高质量发展指标体系的权重步骤如下：

①构造原始数据矩阵 。

$$\boldsymbol{R} = \left(r_{ij}\right)_{m\times n} = \begin{pmatrix} r_{11} & r_{12} & \cdots & r_{1n} \\ r_{21} & r_{22} & \cdots & r_{2n} \\ \vdots & \vdots & & \vdots \\ r_{m1} & r_{m2} & \cdots & r_{mn} \end{pmatrix}_{m\times n} \tag{4-6}$$

式中：m为区域个数；n为指标的个数；r_{ij}为第j个指标下第i个区域的评价值。

②计算第j个指标下第i个区域的因子值的比重p_{ij}。

$$p_{ij} = \frac{r_{ij}}{\sum_{i=1}^{m} r_{ij}} \tag{4-7}$$

计算第j个指标的熵值e_j：

$$e_j = -k\sum_{i=1}^{m} p_{ij} \cdot \ln p_{ij} \tag{4-8}$$

其中

$$k = \frac{1}{\ln m}$$

计算第 j 个指标的熵权 ω_j：

$$\omega_j = \frac{1-e_j}{\sum_{j=1}^{n}(1-e_j)} \tag{4-9}$$

通过将变异系数法与熵值法求取的权重进行平均，求取各指标的最终权重。

（4）计算经济、资源、环境综合指数。

$$p = \sum_{i=1}^{n} \omega_i A_i \tag{4-10}$$

式中：i 为指标；n 为指标的个数；p 为综合指数；ω_i 为第 i 个指标的权重；A_i 为评价单元的第 i 个指标的指标值。

（二）数据来源

数据来源的可靠性和准确性是确保能够全面正确评价流域高质量发展的必要前提。研究数据来源于河南省统计局《河南统计年鉴》（2021 年）、河南省生态环境厅《河南省环境统计年报》（2020 年）、河南省水利厅《河南省水资源公报》（2020 年）、河南省第三次土地调查数据及河南省资源环境承载力评价结果等。

二、指标体系构建

（一）指标体系构建的基本原则

通过对流域高质量发展内涵的深入分析，为更加科学、准确地判定流域资源利用、生态保护与高质量发展的水平与状态，在构建高质量发展评价指标体系时，遵循以下原则。

1. 客观性与科学性原则

从经济社会发展、生态环境、资源承载三个维度及其之间相互关系的角度考虑，确立准确的基础数据是建立评价指标体系的基础，所建立的指标值能够客观地体现评价对象的真实状态。从实际出发选取指标值，要保证数据来源可靠性、体系结构合理性、处理方法科学性。

2. 整体性与层面性原则

确定高质量发展程度是个复杂的系统工程，因此在构建指标过程中要纵观全局，同时还需要考虑不同的层次关系。每个评价指标都须真实地反映评价对象的最基本状况。另外，还应避免出现相类似指标。不仅要考虑总体评价状况，也应兼顾经济社会发展系统、生态环境系统、资源承载系统的各个要素。

3. 借鉴先进原则

借鉴与引进国内外研究较为成熟与科学的经济社会发展、生态环境、资源承载能力三大系统的测评指标体系及最新成果，为指标体系构建提供先进元素。

4. 代表性与可得性原则

每个区域的经济发展水平、生态环境质量及资源环境承载不完全相同，因此在选取指标时要考虑区域的差异性，同时应考虑不同区域的共同特征，须选取代表性较强的指标。另外，根据数据的来源与出处，考虑指标数据的可获得性、可测性和可比性，尽可能使数据分析具有可操作性。

（二）指标体系

该研究以推动河南省四大流域高质量发展为目的，以新发展理念为指导，以河南省四大流域为研究单元，构建包括经济社会发展系统、资源承载系统、环境承载系统三大领域，创新发展、协调发展、开放发展、共享发展、绿色发展等 10 个维度 38 项指标综合评价系统（见表 4-1）。

表 4-1　流域高质量发展系统指标体系

系统	维度	指标	性质	权重
经济社会发展系统	创新发展	科学技术支出占财政支出比例 / %	正	0.043
		专利授权数 / 件	正	0.181
		固定资产投资增速 /%	正	0.056
		人均 GDP/ 元	正	0.031
	协调发展	城乡人均可支配收入占比 /%	负	0.011
		城乡消费支出占比 /%	负	0.010
		常住人口城镇化率 /%	正	0.012
		第三产业比例 /%	正	0.011
	开放发展	实际使用外资额 / 亿元	正	0.039
		实际利用省外资金 / 亿元	正	0.083
		年末实有企业投资总额 / 亿元	正	0.129
	共享发展	普通高等学校在校学生数 / 万人	正	0.160
		每万人拥有卫生机构床位数 / 张	正	0.028
		城镇登记失业率 /%	负	0.022
		电信业务总量 / 件	正	0.116
		邮政行业业务总量 / 件	正	0.068

续表 4-1

系统	维度	指标	性质	权重
资源承载系统	资源禀赋	人均耕地面积 / hm^2	正	0.067
		人均水资源量 / m^3	正	0.126
		原煤、原铝及有色金属产量 / t	正	0.061
	资源开发利用	开发强度 / %	正	0.049
		水资源开发利用率 / %	正	0.096
		人均工矿用地面积 / hm^2	正	0.101
	资源利用效率	农田有效灌溉率 / %	正	0.059
		单位面积粮食产量 / t	正	0.143
		人均综合用水量 / m^3	正	0.143
		地均 GDP/（万元 /km^2）	正	0.079
		万元 GDP 耗水量 / m^3	负	0.076
环境承载系统	绿色发展	人均公园绿地面积 / hm^2	正	0.069
		污水处理率 / %	正	0.067
		综合能源消费量 / kg	负	0.078
		万元 GDP 能源消费总量增速 / %	负	0.052
		万元 GDP 用水量 / t	负	0.068
	生态保护	林草地面积 / hm^2	正	0.148
		建成区绿化覆盖率 / %	正	0.049
		水源涵养重要性 / %	正	0.157
		水土流失脆弱性 / %	负	0.147
	污染防治	单位耕地面积化肥施用量 / t	负	0.077
		单位耕地面积农药施用量 / t	负	0.088

1. 经济社会发展系统

该系统着重从创新发展、协调发展、开放发展、共享发展 4 个维度考虑，构建河南省四大流域经济社会发展系统指标体系，共包含 16 项指标，其中城乡人均可支配收入占比、城乡消费支出占比与城镇登记失业率为负向指标，其他 13 项为正向指标。创新发展是实现经济社会高质量发展的动力，通过科学技术支出占财政支出比例、专利授权数、固定资产投资增速、人均 GDP 4 项指标来反映；协调发展主要体现经济社会高质量发展的内生性特征，由城乡人均可支配收入占比、城乡消费支出占比、常住人口城镇化率、第三产业比例 4 项指标来反映；开放发展是经济社会高质量发展的必由之路，通过实际使用外资额、实际利用省外资金、年末实有企业投资总额 3 项指标来反映；共享发展是经济社会高质量发展的目的，坚持以人民为中心，其主要方式是完善卫生及医疗等社会公共服务体系，完善基础配套设施，以不断增强人民获得感、幸福感、安全感为最终目的，通过普通高等学校在校学生数、每万人拥有卫生机构床位数、城镇登记失业率、电信业务总量、邮政行业业务总量 5 项指标来反映。

2. 资源承载系统

该系统从资源禀赋、资源开发利用、资源利用效率 3 个维度构建河南省四大流域资源承载系统指标体系，包含 11 项指标。资源禀赋主要考虑土地资源、水资源、矿产资源的总量或人均拥有量，包括人均耕地面积，人均水资源量和原煤、原铝及有色金属产量 3 项指标，指标性质均为正向；资源开发利用情况反映了资源利用的程度，包括开发强度、水资源开发利用率、人均工矿用地面积 3 项指标，指标性质均为正向；资源利用效率的提高可促进经济发展方式的转变，包括农田有效灌溉率、单位面积粮食产量、人均综合用水量、地均 GDP、万元 GDP 耗水量等 5 项指标，万元 GDP 耗水量为负向指标，其他均为正向指标。

3. 环境承载系统

该系统着重考虑绿色发展、生态保护、污染防治 3 个维度构建河南省四大流域环境承载系统指标体系，包含 11 个指标。绿色发展是可持续发展的关键因素，指标包括人均公园绿地面积、污水处理率、综合能源消费量、万元 GDP 能源消费总量增速、万元 GDP 用水量 5 项指标，其中人均公园绿地面积、污水处理率为正向指标，综合能源消费量、万元 GDP 能源消费总量增速、万元 GDP 用水量为负向指标。在高质量发展过程中，生态环境就是生产力，保护生态环境是发展的基础，发展必须坚持生态保护优先的原则。因此，经过综合考虑，生态保护维度的指标主要包括：林草地面积、建成区绿化覆盖率、水源涵养重要性、水土流失脆弱性 4 项指标，其中林草地面积、建成区绿化覆盖率与水源涵养重要性为正向指标，水土流失脆弱性为负向指标。污染防治维度通过 2 个指标来体现，即单位耕地面积化肥施用量、单位耕地面积农药施用量，两项指标均为负向指标。

第三节　河南省四大流域经济社会发展系统评价

一、河南省黄河流域经济社会发展系统评价

河南省黄河流域郑州、开封、洛阳等 8 地市经济社会发展综合指数差别较大，最高是郑州市，为 0.972，明显高于其他地市；最低是济源市，为 0.096（见

表 4-2）。通过进一步对比河南省黄河流域 8 地市经济社会发展综合指数在 4 个维度的值，可以探究各地市 4 个维度对整体经济社会发展的贡献力度（见图 4-1）。

表 4-2　河南省黄河流域经济社会发展综合指数

地市	创新发展	协调发展	开放发展	共享发展	经济社会发展综合指数
郑州市	0.293	0.034	0.251	0.394	0.972
开封市	0.080	0.020	0.043	0.073	0.216
洛阳市	0.141	0.026	0.106	0.090	0.363
新乡市	0.118	0.021	0.078	0.083	0.300
焦作市	0.072	0.025	0.053	0.061	0.211
濮阳市	0.065	0.020	0.008	0.043	0.136
三门峡市	0.089	0.020	0.034	0.043	0.186
济源市	0.067	0.020	0	0.009	0.096

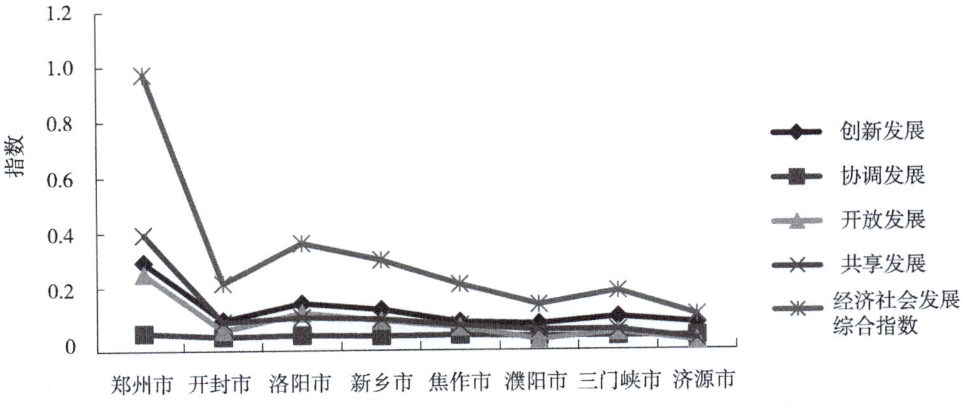

图 4-1　河南省黄河流域经济社会发展及 4 个维度指数统计

（一）创新发展维度分析

河南省黄河流域 8 地市创新发展能力差异较大，区域之间创新驱动力不平衡显著。创新能力处于较高水平的是郑州市，处于中等水平的是洛阳市、新乡市、三门峡市、开封市，处于较低水平的是焦作市、济源市、濮阳市。郑州市、洛阳市和新乡市作为郑洛新国家自主创新示范区内涉及的3个城市，其创新能力和创新发展水平在河南省处于领先地位。表现在8地市中，郑州市专利授权数最高，人均GDP最高。洛阳市科学技术支出占财政支出比例在8地市中最高，新乡市固定资产投资增速在8地市中最高。

（二）协调发展维度分析

河南省黄河流域8地市经济协调发展指数差别较小，集中分布在0.020~0.034，总体协调发展指数不高，协调发展指数处于较高水平的是郑州市、洛阳市、焦作市，处于较低水平的是新乡市、濮阳市、开封市、三门峡市和济源市。郑州市常住人口城镇化率高、第三产业发展迅猛，产业结构合理，因此其协调发展度较高。

（三）开放发展维度分析

河南省黄河流域8地市整体开放发展度均不高。开放发展度最高的为郑州市、较高的为洛阳市，其他各地市均较低，其中济源市最低。由于郑州市处于国家中心城市地位、中原城市群核心，实际使用外资额、实际利用省外资金和年末实有企业投资总额为全省最高，使其开放发展水平最高。洛阳副中心城市的建设，使其开放发展度位于第二位。

（四）共享发展维度分析

河南省黄河流域8地市共享发展度差异较大，最高的为郑州市。因为郑州的交通优势，在吸引外来游客和引进外资方面优势突出，使其普通高等学校在校学生数、每万人拥有卫生机构床位数、电信业务总量、邮政行业业务总量均为全省最高，城镇登记失业率最低，共享发展水平最高。处于中等水平的为洛阳市、新乡市、焦作市、开封市、濮阳市、三门峡市，共享程度最低的为济源市。济源市普通高等学校及医院数量较少，而且电信和邮政业务总量最低。在推进共享方面，各地市还需要推进公共服务均等化，加大政府在教育、医疗卫生和社会保障等方面的财政支持力度。

二、河南省淮河流域经济社会发展系统评价

通过对河南省淮河流域平顶山市、许昌市、漯河市、商丘市、信阳市、周口市、驻马店市7地市经济社会发展水平进行综合评价，7地市综合指数差别不大，其经济社会发展综合指数为0.171~0.228，最高为商丘市、最低为漯河市（见表4-3）。通过进一步对比淮河流域7地市经济社会发展综合指数在4个维度的值，可以探究各地市4个维度对淮河流域整体经济社会发展的贡献力度（见图4-2）。

表 4-3　河南省淮河流域经济社会发展及 4 个维度指数

地市	创新发展	协调发展	开放发展	共享发展	经济社会发展综合指数
平顶山市	0.086	0.020	0.046	0.054	0.206
许昌市	0.103	0.018	0.037	0.046	0.204
漯河市	0.088	0.021	0.015	0.047	0.171
商丘市	0.072	0.017	0.053	0.086	0.228
信阳市	0.067	0.019	0.019	0.070	0.175
周口市	0.059	0.015	0.040	0.068	0.182
驻马店市	0.064	0.016	0.016	0.076	0.172

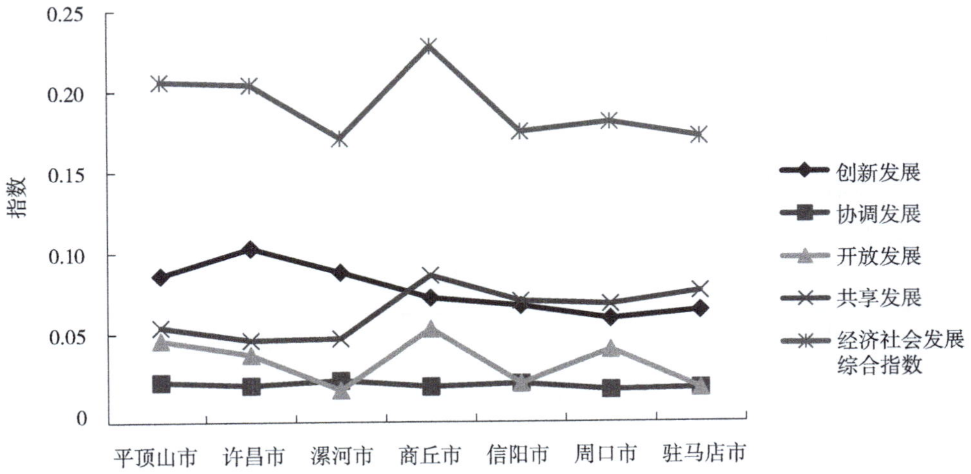

图 4-2　河南省淮河流域经济社会发展及 4 个维度指数统计

（一）创新发展维度分析

河南省淮河流域 7 地市创新发展能力差异不大，各地市创新驱动力发展水平均不高。创新能力处于较高水平的是许昌市，处于中等水平的是平顶山市、漯河市，处于较低水平的是商丘市、信阳市、周口市、驻马店市。因为许昌市人均 GDP 在 7 地市中最高，科学技术支出占财政支出比例也是最高的，因此在 7 地市中，许昌市的创新能力最高。

（二）协调发展维度分析

河南省淮河流域 7 地市经济协调发展指数均较低，集中分布在 0.015~0.021，总体协调发展水平不高，协调发展指数处于较高水平的是平顶山市和漯河市，处于中等水平的是许昌市和信阳市，处于较低水平的是商丘市、驻马店市和周口市。

（三）开放发展维度分析

河南省淮河流域 7 地市整体开放发展度均不高。开放发展度最高的为商丘市，较高的为平顶山市和周口市，其他各地市均较低，其中漯河市最低。商丘市是豫鲁苏皖接合部区域性中心城市，实际利用省外资金在 7 地市中最高，因此其开放发展水平最高。

（四）共享发展维度分析

河南省淮河流域 7 地市共享发展度差异不大，而且共享发展水平均较低。最高为商丘市，共享发展综合指数为 0.086；最低为许昌市，共享发展综合指数为 0.046。商丘市普通高等学校在校学生数和电信业务总量在 7 地市中最高，使其共享发展水平最高。

三、河南省海河流域经济社会发展系统评价

通过对河南省海河流域安阳、鹤壁 2 地市的经济社会发展水平进行综合评价，安阳、鹤壁经济社会发展指数均不高，其中安阳市为 0.226，鹤壁市为 0.153（见表 4-4）。通过进一步对比河南省海河流域 2 地市经济社会发展指数在 4 个维度的值，可以探究 2 地市 4 个维度对整体经济社会发展的贡献力度。

表 4-4　河南省海河流域经济社会发展综合指数

地市	创新发展	协调发展	开放发展	共享发展	经济社会发展综合指数
安阳市	0.080	0.020	0.053	0.073	0.226
鹤壁市	0.078	0.018	0.018	0.039	0.153

（一）创新发展维度分析

河南省海河流域 2 地市创新发展能力均较低，两地市差别不大，其中安阳市创新发展指数为 0.080，鹤壁市创新发展指数为 0.078。

（二）协调发展维度分析

河南省海河流域 2 地市经济协调发展指数差别较小，总体协调发展指数不高，安阳市协调发展指数为 0.020，鹤壁市协调发展指数为 0.018。

（三）开放发展维度分析

河南省海河流域 2 地市整体开放发展度均较低，但安阳市明显高于鹤壁市，安阳市开放发展综合指数为 0.053，鹤壁市开放发展综合指数为 0.018。

（四）共享发展维度分析

海河流域2地市共享发展度差异较大，安阳市共享发展综合指数为0.073，鹤壁市共享发展综合指数为0.039。

四、河南省长江流域经济社会发展系统评价

河南省长江流域南阳市为河南省域副中心城市。通过对南阳市经济社会发展水平综合评价，其经济社会发展综合指数为0.241，仅次于郑州市、洛阳市和新乡市。南阳市创新发展水平不高，其创新发展指数为0.083，在全省处于较低水平；协调发展水平较低，其协调发展指数只有0.013，在全省各地市中处于最低的发展水平；开放发展水平也不高，其开放发展综合指数为0.049；共享发展水平较高，其共享发展指数为0.095，在全省地市中仅次于郑州市，原因是其普通高等学校在校学生数、电信业务总量和邮政行业业务总量值较高。

五、河南省四大流域经济社会发展系统评价

通过对河南省黄河流域、海河流域、淮河流域、长江流域创新发展、协调发展、开放发展、共享发展4个维度科学技术支出占财政支出比例（%）、专利授权数（件）、固定资产投资增速（%）、人均GDP（元）等16项经济指标进行统计计算，通过采用熵值法与变异系数法求取各指标体系的权重（见表4-1），采用综合指数法求取河南省四大流域经济发展综合指数（见表4-5）。

表4-5　河南省四大流域经济社会发展综合指数

流域	创新发展	协调发展	开放发展	共享发展	经济社会发展综合指数
黄河流域	0.255	0.027	0.251	0.386	0.919
海河流域	0.077	0.033	0.012	0.007	0.129
淮河流域	0.091	0.020	0.096	0.166	0.373
长江流域	0.056	0.007	0.002	0.053	0.118

河南省四大流域间经济社会发展差异性较大，不平衡性显著。其中，黄河流域经济社会发展指数最高，为0.919，远远高于其他三大流域；其次为淮河流域，经济社会发展指数为0.373；再次为海河流域，经济社会发展指数为0.129；最低为长江流域，经济社会发展指数为0.118。通过进一步对比河南省四大流域经济社会发展指数在创新发展、协调发展、开放发展、共享发展4个维度的差异，可以探究河南省四大流域4个维度对整体经济社会发展的贡献力度（见

图 4-3）。

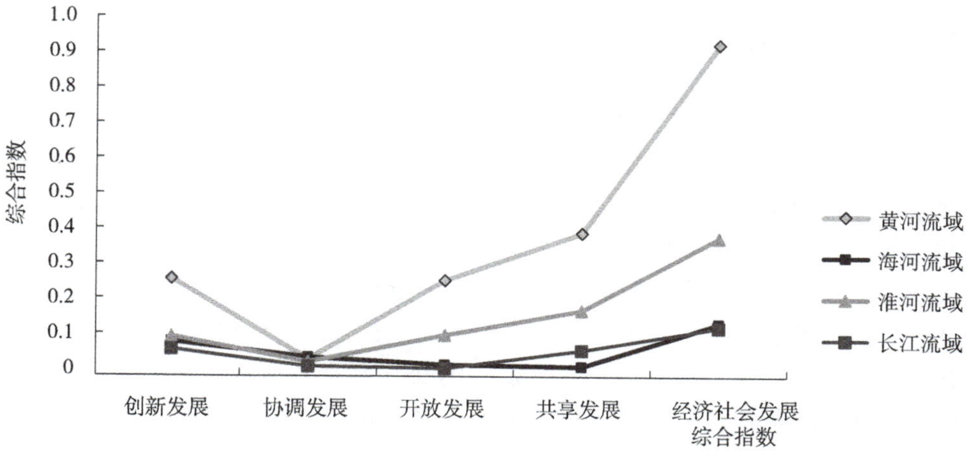

图 4-3　河南省四大流域经济社会发展及 4 个维度指数

（一）创新发展维度分析

河南省四大流域创新发展能力差异较大，流域之间创新驱动力不平衡显著。创新能力处于较高水平的是黄河流域，其指数为 0.255；其次为淮河流域，其指数为 0.091；再次为海河流域，其指数为 0.077；最低为长江流域，其指数为 0.056。黄河流域因其发展水平基础好，固定资产投资增速在四大流域中最低，但科学技术支出占财政支出比例、专利授权数和人均 GDP 三项指标在四大流域中均为最高，使得黄河流域的创新发展综合水平也最高。

（二）协调发展维度分析

河南省四大流域间经济协调发展指数差别较小，总体协调发展指数均不高，协调发展指数最高的为海河流域，其指数为 0.033，因为海河流域城乡消费支出占比最低，城乡差距较小，而此项指标为负向指标，使其协调发展维度水平为最高；其次为黄河流域，其指数为 0.027；再次为淮河流域，其指数为 0.020；最低为长江流域，其指数为 0.007。

（三）开放发展维度分析

河南省四大流域间整体开放发展度差别较大，黄河流域最高，开放发展指数为 0.251，远远高于其他 3 个流域，因为在黄河流域中郑州作为国家中心城市，在实际使用外资额、实际利用省外资金及年末实有企业投资总额较高，从而拉大了黄河流域与其他流域的差距；其次为淮河流域，其指数为 0.096；再次为海河流域，其指数为 0.012；最低为长江流域，其指数为 0.002。

（四）共享发展维度分析

河南省四大流域间共享发展度差异较大，最高的为黄河流域，其指数为0.386；其次为淮河流域，其指数为0.166；再次为长江流域，其指数为0.053；最低为海河流域，其指数为0.007。因为黄河流域郑洛地区具有方便的交通优势，在吸引外来游客和引进外资方面优势突出。海河流域普通高等学校及医院数量较少，而且电信和邮政业务总量最低。在推进共享方面，各流域还需要推进公共服务均等化，加大政府在教育、医疗卫生和社会保障等方面的财政支持力度。

第四节　河南省四大流域资源承载系统评价

一、河南省黄河流域资源承载系统评价

河南省黄河流域8地市资源承载情况差别较大，指数为0.292~0.480。较高的为郑州市、焦作市、濮阳市，因为郑州市资源利用效率最高，资源开发利用水平排第二。较高的为新乡市、三门峡市、济源市，较低的为开封市和洛阳市（见表4-6）。进一步通过对比8地市资源承载指数在3个维度的值，可以探究各地市3个维度对整体资源承载的贡献力度（见图4-4）。

表4-6　河南省黄河流域8地市资源承载评价综合指数

地市	资源禀赋	资源开发利用	资源利用效率	资源承载综合指数
郑州市	0	0.133	0.347	0.480
开封市	0.105	0.082	0.149	0.336
洛阳市	0.089	0.056	0.147	0.292
新乡市	0.088	0.100	0.202	0.390
焦作市	0.052	0.107	0.264	0.423
濮阳市	0.062	0.153	0.184	0.399
三门峡市	0.168	0.101	0.079	0.348
济源市	0.111	0.094	0.138	0.343

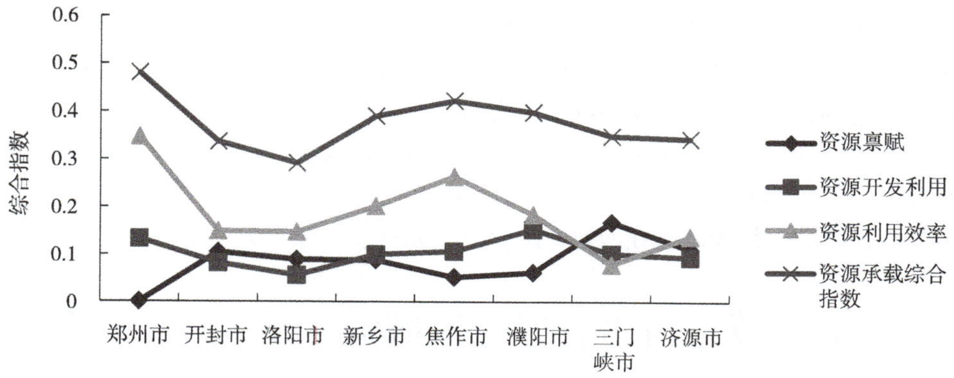

图 4-4 河南省黄河流域 8 地市资源承载评价综合指数统计

（一）资源禀赋维度分析

河南省黄河流域 8 地市资源禀赋总体不高，最高的为三门峡市，其指数为 0.168，因为三门峡市矿产资源丰富，目前已发现矿产 66 种，已开发利用的矿产 37 种，而且其人均耕地面积、人均水资源量均比较高。其次为济源市，其指数为 0.111，因为济源市的矿产资源也较为丰富，主要开采的矿种有煤、铁、建筑石料、水泥用灰岩、砖瓦用页岩等矿产。再次为开封市，其指数为 0.105，因开封市人均耕地面积较高。中等的为新乡市、洛阳市，较低的为濮阳市、焦作市、郑州市。郑州市的人均耕地面积，人均水资源量，原煤、原铝及有色金属产量在 8 地市排名中为最低。

（二）资源开发利用维度分析

河南省黄河流域 8 地市资源开发利用程度总体不高，较高的为濮阳市、郑州市，中等的为焦作市、三门峡市、新乡市，较低的为济源市、开封市、洛阳市。濮阳市的水资源短缺，水资源供需矛盾突出，为保护地下水资源，濮阳市水资源开发利用率比较高，使其资源开发利用水平在河南省黄河流域 8 地市中为最高，郑州市开发强度最高，其资源开发利用水平也较高。

（三）资源利用效率维度分析

河南省黄河流域8地市资源开发利用效率差别较大，郑州市为最高，因为郑州市地均GDP最高，为1.586亿元/ km^2，万元GDP用水量最低，此项指标为负向指标，因此使得郑州市资源利用效率最高。较高的为焦作市、濮阳市、济源市、新乡市、三门峡市，较低的为开封市、洛阳市。

二、河南省淮河流域资源承载系统评价

河南省淮河流域7地市资源承载情况差别较大，指数值为0.349~0.480。较高的为驻马店市、漯河市和许昌市，中等的为信阳市和商丘市，较低的为周口市和平顶山市（见表4-7）。进一步通过对比7地市资源承载指数在3个维度的值，可以探究各地市3个维度对整体资源承载的贡献力度（见图4-5）。

表4-7　河南省淮河流域7地市资源承载评价综合指数

地市	资源禀赋	资源开发利用	资源利用效率	资源承载综合指数
平顶山市	0.081	0.103	0.165	0.349
许昌市	0.071	0.073	0.306	0.450
漯河市	0.099	0.052	0.306	0.457
商丘市	0.115	0.057	0.208	0.380
信阳市	0.148	0.055	0.185	0.388
周口市	0.115	0.051	0.200	0.366
驻马店市	0.246	0.057	0.177	0.480

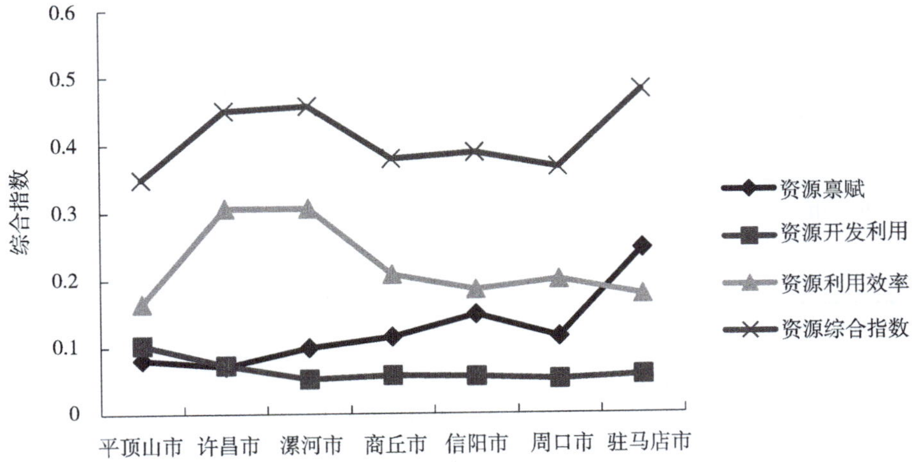

图4-5　河南省淮河流域7地市资源承载评价综合指数统计

（一）资源禀赋维度分析

河南省淮河流域7地市资源禀赋总体不高，较高的为驻马店市，中等的为

信阳市、周口市、商丘市，较低的为漯河市、平顶山市、许昌市。因为驻马店市人均耕地面积和人均水资源量最多，在全省排第一位，原煤、原铝及有色金属产量也较高。

（二）资源开发利用维度分析

河南省淮河流域7地市资源开发利用程度总体不高，较高的为平顶山市，因为平顶山市人均工矿用地面积在7地市中最高，中等的为许昌市，其他几个地市包括驻马店市、商丘市、信阳市、漯河市、周口市水平相差不多。

（三）资源利用效率维度分析

河南省淮河流域7地市资源利用效率差别不大，较高的为许昌市、漯河市，中等的为商丘市、周口市、信阳市，较低的为驻马店市、平顶山市。许昌市在7地市中农田有效灌溉率、单位面积粮食产量、人均综合用水量和地均GDP都较高，使其资源利用效率水平最高。平顶山市虽然农田有效灌溉率与地均GDP不低，但是单位面积粮食产量、人均综合用水量、地均GDP比较低，使其资源利用效率水平最低。

三、河南省海河流域资源承载系统评价

河南省海河流域2地市资源承载情况差别不大，安阳市为0.332，鹤壁市略高一些，为0.441（见表4-8）。进一步通过对比2地市资源承载指数在3个维度的值，可以探究2地市3个维度对整体资源承载的贡献力度。

表4-8　河南省海河流域2地市资源承载评价综合指数

地市	资源禀赋	资源开发利用	资源利用效率	资源综合指数
安阳市	0.070	0.071	0.191	0.332
鹤壁市	0.071	0.114	0.256	0.441

（一）资源禀赋维度分析

河南省海河流域2地市资源禀赋均较低。鹤壁市人均耕地面积略高于安阳市，在全省处于中等水平，2地市人均水资源量均较低，安阳市为1 472.62 m^3，鹤壁市为1 324.84 m^3，原煤、原铝及有色金属产量鹤壁市也略高于安阳市。

（二）资源开发利用维度分析

鹤壁市资源开发水平高于安阳市，鹤壁市资源开发利用综合指数为0.114、安阳市为0.071。因为在开发强度和水资源开发利用率方面，2地市基本持平，

但是鹤壁市人均工矿用地面积要高于安阳市。

（三）资源利用效率维度分析

鹤壁市资源利用效率略高于安阳市，鹤壁市资源利用效率综合指数为0.256、安阳市为0.191。因为鹤壁市单位面积粮食产量、人均综合用水量、地均GDP三项指标均高于安阳市 。

四、河南省长江流域资源承载系统评价

南阳市资源承载水平较高，其综合指数为0.376。因其人均耕地面积，人均水资源量，原煤、原铝及有色金属产量指标较高，使其资源禀赋较高，其指数为0.197；因其开发强度和水资源开发利用率较低，使其资源开发利用水平不高，其资源开发利用综合指数为0.064，在全省属于中下水平；因其农田有效灌溉率、人均综合用水量、万元GDP耗水量等反映资源利用程度的指标较高，使其资源利用程度在全省处于中上等水平，其指数为0.115。

五、河南省四大流域资源承载系统评价

通过对河南省黄河流域、淮河流域、海河流域、长江流域的11项资源承载系统指标进行评价，求取资源禀赋、资源开发利用、资源利用效率3个维度上的指数及四大流域资源承载综合指数。

河南省四大流域间资源承载综合指数差别不大，海河流域资源承载综合指数最高，为0.561；其次为黄河流域，其资源承载综合指数为0.521；再次为长江流域，其资源承载综合指数为0.512；最低为淮河流域，其资源承载综合指数为0.418（见表4-9）。进一步通过对比四大流域资源承载指数在资源禀赋、资源开发利用、资源利用效率3个维度的值，可以探究四大流域3个维度对整体资源承载系统的贡献力度（见图4-6）。

表4-9　河南省四大流域资源承载系统综合指数

流域	资源禀赋	资源开发利用	资源利用效率	资源承载综合指数
黄河流域	0.044	0.230	0.247	0.521
海河流域	0.038	0.170	0.353	0.561
淮河流域	0.151	0.054	0.213	0.418
长江流域	0.193	0.076	0.243	0.512

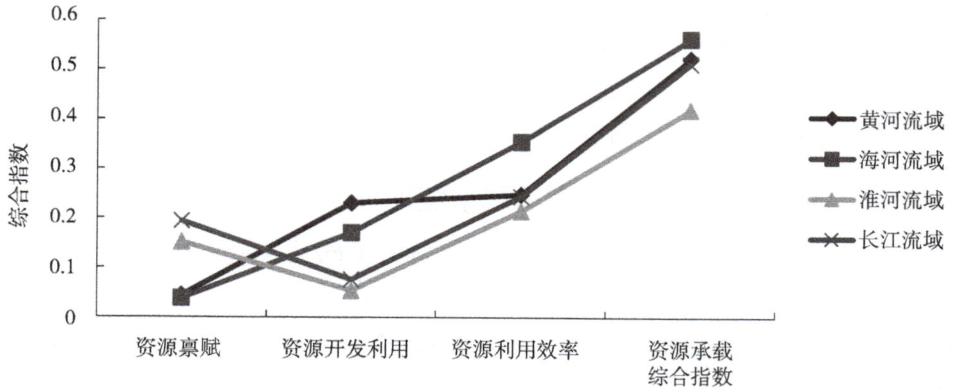

图 4-6　河南省四大流域资源承载系统综合指数统计

（一）资源禀赋维度分析

河南省四大流域资源禀赋水平均不高，差别也较小。资源禀赋水平最高的为长江流域，其指数为 0.193；其次为淮河流域，其指数为 0.151；再次为黄河流域，其指数为 0.044；最低为海河流域，其指数为 0.038。因为长江流域人均耕地面积与人均水资源量为四大流域中最高的，使得其资源禀赋水平最高。海河流域由于缺水严重，人均水资源量最低，使其资源禀赋水平为最低。

（二）资源开发利用维度分析

河南省四大流域资源开发利用水平差别较大，但总体水平均不高。其中，黄河流域开发强度与水资源开发利用率较高，使其资源开发利用水平最高，资源开发利用综合指数为 0.230；其次为海河流域，其资源开发利用综合指数为 0.170；再次为长江流域，其资源开发利用综合指数为 0.076；最低为淮河流域，其资源开发利用综合指数为 0.054。

（三）资源利用效率维度分析

河南省四大流域在资源利用效率水平上差别不大，资源利用效率指数均不高，最高为海河流域，其指数为 0.353；其次为黄河流域，其指数为 0.247；再次为长江流域，其指数为 0.243；最低为淮河流域，其指数为 0.213。海河流域单位面积粮食产量在四大流域中为最高，地均 GDP 为 0.277 亿元/km^2，排在第三，使其资源利用效率综合指数为最高。淮河流域耕地面积较大，水资源短缺，使其资源利用效率较低。

第五节　河南省四大流域环境承载系统评价

一、河南省黄河流域环境承载系统评价

河南省黄河流域 8 地市环境承载综合指数差别较大，最高为济源市，其指数为 0.566；其次为三门峡市，其指数为 0.532；再次为开封市，其指数为 0.519；最低为新乡市，其指数为 0.333（见表 4-10）。济源市绿色发展水平最高，而且生态保护也较好，使其环境承载综合水平最高。洛阳市虽然人均公园绿地面积较低，但是污水处理率、林草地面积、水源涵养重要性都比较高，单位耕地面积化肥施用量最低，因此洛阳市环境承载系统水平较高。进一步通过对比 8 地市环境承载系统综合指数在 4 个维度的值，可以探究各地市二级指标对整体环境承载系统的贡献力度（见图 4-7）。

表 4-10　河南省黄河流域 8 地市环境承载综合指数

地市	绿色发展	生态保护	污染防治	环境承载综合指数
郑州市	0.229	0.182	0.029	0.440
开封市	0.171	0.200	0.148	0.519
洛阳市	0.210	0.230	0.075	0.515
新乡市	0.097	0.211	0.025	0.333
焦作市	0.133	0.200	0.113	0.446
濮阳市	0.161	0.186	0.054	0.401
三门峡市	0.198	0.189	0.146	0.533
济源市	0.234	0.190	0.142	0.566

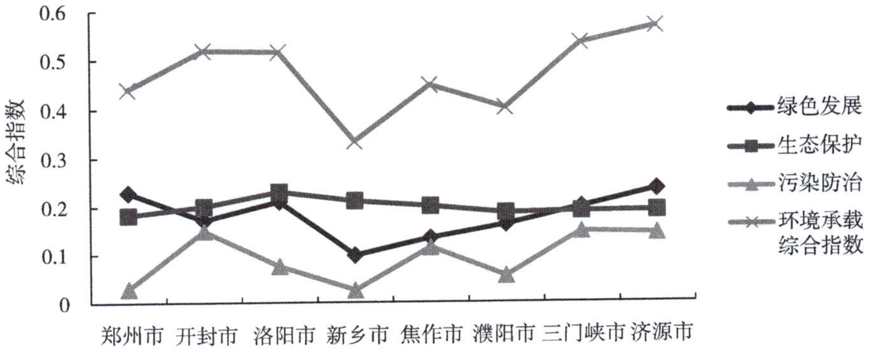

图 4-7　黄河流域 8 地市环境承载综合指数统计

（一）绿色发展维度分析

河南省黄河流域8地市在绿色发展维度上差别较小，大多数处于中等水平。处于较高水平的城市为济源市，处于中等水平的有郑州市、洛阳市和三门峡市，处于较低水平的为新乡市。济源市人均公园绿地面积和污水处理率较高，负向指标综合能源消费量、万元GDP能源消费总量增速、万元GDP用水量较低，使其绿色发展水平在8地市中最高。

（二）生态保护维度分析

河南省黄河流域8地市在生态保护维度上差别不大，指数为0.182~0.230，处于较高水平的为洛阳市和新乡市，中等水平的为开封市、焦作市、三门峡市和济源市，较低水平的为郑州市和濮阳市。

（三）污染防治维度分析

河南省黄河流域8地市在污染防治方面差别不大，总体水平不高。较高的为郑州市和新乡市，中等的有开封市、焦作市、济源市、三门峡市，较低的为洛阳市和濮阳市。

二、河南省淮河流域环境承载系统评价

河南省淮河流域7地市环境承载综合指数差别较大，较高的为许昌市、商丘市、驻马店市，中等的有平顶山市和漯河市，较低的有信阳市和周口市（见表4-11）。进一步通过对比7地市环境承载综合指数在4个维度的值，可以探究各地市二级指标对整体环境承载的贡献力度（见图4-8）。

表4-11　河南省淮河流域河环境承载系统评价综合指数

地市	绿色发展	生态保护	污染防治	环境承载综合指数
平顶山市	0.109	0.219	0.125	0.453
许昌市	0.054	0.320	0.131	0.505
漯河市	0.138	0.170	0.087	0.395
商丘市	0.143	0.381	0.096	0.620
信阳市	0.128	0.164	0.034	0.326
周口市	0.075	0.169	0.011	0.255
驻马店市	0.085	0.261	0.129	0.475

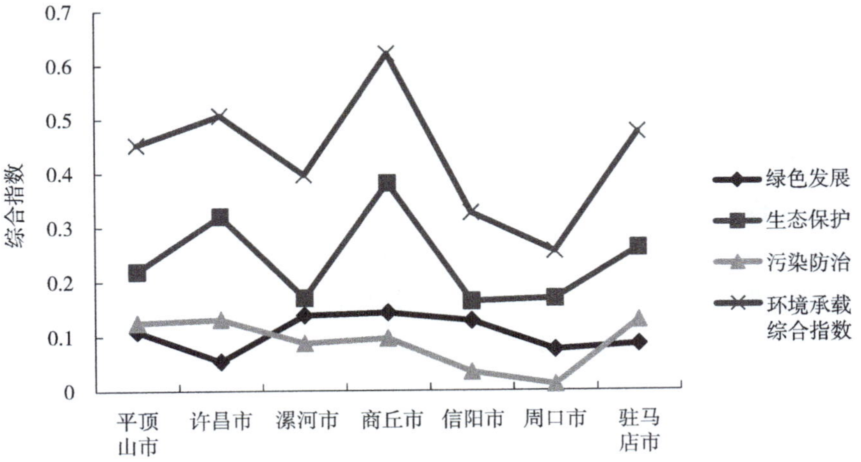

图 4-8　河南省淮河流域环境承载系统评价综合指数统计

（一）绿色发展维度分析

河南省淮河流域 7 地市在绿色发展维度上差别较小，大多数处于中等水平。从高到低依次为商丘市、漯河市、信阳市、平顶山市、驻马店市、周口市、许昌市。

（二）生态保护维度分析

河南省淮河流域 7 地市在生态保护维度上差别不大，指数为 0.164~0.381，较高的为商丘市、许昌市、驻马店市，中等的为平顶山市、漯河市，较低的为周口市、信阳市。

（三）污染防治维度分析

河南省淮河流域 7 地市在污染防治方面差别不大，较高的为许昌市、驻马店市、平顶山市，中等的为商丘市、漯河市，较低的为信阳市和周口市。

三、河南省海河流域环境承载系统评价

河南省海河流域中安阳市和鹤壁市环境承载综合指数差别较大。鹤壁市的环境承载力较高，为 0.550；安阳较低，为 0.338（见表 4-12）。进一步通过对比 2 地市环境承载综合指数在 4 个维度的值，可以探究 2 地市二级指标对整体环境承载的贡献力度。

表 4-12 河南省海河流域环境承载系统评价综合指数

地市	绿色发展	生态保护	污染防治	环境承载综合指数
安阳市	0.071	0.195	0.072	0.338
鹤壁市	0.224	0.185	0.141	0.550

（一）绿色发展维度分析

鹤壁市的绿色发展水平明显高于安阳市。其中，万元 GDP 能源消费总量增速两地市差别较小，而鹤壁市的人均公园绿地面积、污水处理率、综合能源消费量和万元 GDP 用水量均明显高于安阳市。

（二）生态保护维度分析

河南省海河流域 2 地市生态保护水平均不高，相对持平。其中，安阳市略高于鹤壁市，安阳市生态保护指数为 0.195，鹤壁市生态保护指数为 0.185。

（三）污染防治维度分析

两地市污染防治水平均较低，而且略有差异，鹤壁市略高于安阳市。因为鹤壁市单位耕地面积农药施用量低于安阳市。

四、河南省长江流域环境承载系统评价

南阳市绿色发展指数为 0.16，生态保护指数为 0.149，污染防治指数为 0.14，环境承载综合指数为 0.449。近年来，南阳市以创建国家生态文明建设示范区为抓手，突出绿色崛起、美丽富民，全面推进生态环境治理体系和治理能力现代化，加快产业绿色转型，促进产业发展与生态保护深度融合、经济效益与生态效益同步提升，南阳市环境承载水平在全省处于中等水平。

五、河南省四大流域环境承载系统评价

通过对河南省黄河流域、淮河流域、海河流域、长江流域的 11 项环境承载系统指标进行评价，求取绿色发展、生态保护、污染防治 3 个维度上的指数及环境承载综合指数。

河南省四大流域间环境承载综合指数差别不大，其中淮河流域最高，其指数为 0.503；其次为海河流域，其指数为 0.488；再次为黄河流域，其指数为 0.452；最低为长江流域，其指数为 0.428（见表 4-13）。进一步通过对比河南省四大流域环境承载指数在绿色发展、生态保护、污染防治 3 个维度的差异，可以探究河南省四大流域 3 个维度对整体环境承载系统的贡献力度（见图 4-9）。

表 4-13　河南省四大流域环境承载系统综合指数

流域	绿色发展	生态保护	污染防治	环境承载综合指数
黄河流域	0.190	0.221	0.041	0.452
海河流域	0.199	0.196	0.093	0.488
淮河流域	0.148	0.341	0.014	0.503
长江流域	0.160	0.112	0.156	0.428

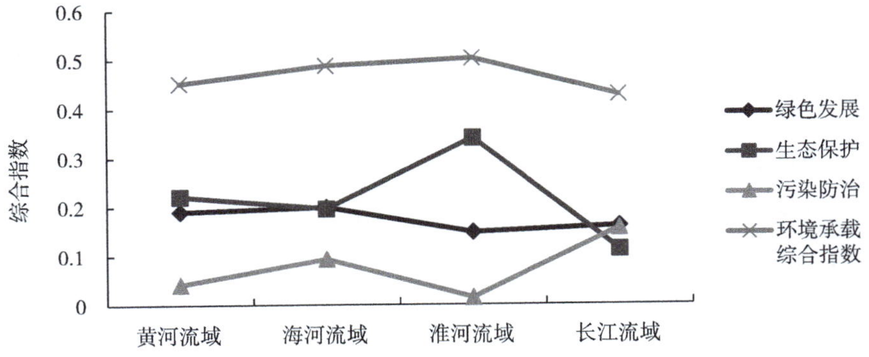

图 4-9　河南省四大流域环境承载综合指数统计

（一）绿色发展维度分析

河南省四大流域在绿色发展维度上差别较小，绿色发展综合指数较低，大多处于较低水平。海河流域因为万元 GDP 用水量在四大流域中值最低，使其绿色发展综合指数排第一，为 0.199；黄河流域因其人均公园绿地面积较高、万元 GDP 能源消费总量增速和万元 GDP 用水量较低，使其绿色发展综合指数排第二，为 0.190；长江流域综合能源消费量较高，但因其万元 GDP 能源消费总量增速和万元 GDP 用水量较高，使其绿色发展综合指数排第三，为 0.160；淮河流域人均公园绿地面积和污水处理率都最低，综合能源消费量和万元 GDP 能源消费总量增速最高，使其绿色发展综合指数排第四，为 0.148。

（二）生态保护维度分析

河南省四大流域生态保护水平差别较大，从高到低依次为淮河流域、黄河流域、海河流域、长江流域。因为淮河流域的林草地面积、水源涵养重要性最高，水土流失脆弱性最低，其生态保护综合指数最高，为 0.341；而长江流域的林草地面积、水源涵养重要性最低，水土流失脆弱性最高，使其生态保护综合指数最低，为 0.112。

（三）污染防治维度分析

河南省四大流域在污染防治方面差别不大，污染防治综合指数均较低。污染防治水平最高的为长江流域，其综合指数为0.156；其次为海河流域，其综合指数为0.093；再次为黄河流域，指数为0.041；最低为淮河流域，指数为0.014。长江流域单位耕地面积化肥施用量在四大流域中最少，单位耕地面积农药施用量也较少，使其污染防治水平为最高。其他三大流域要减少单位耕地面积化肥施用量与农药施用量，以提高其污染防治水平。

第六节　河南省四大流域高质量发展综合水平评价

一、河南省黄河流域高质量发展综合水平评价

根据计算出的经济社会发展、资源承载、环境承载三大系统的综合指数，采用熵值法和变异系数法计算三大系统的权重，求取河南省黄河流域 8 地市高质量发展综合指数（见表 4-14、图 4-10）。

表 4-14　河南省黄河流域高质量发展综合指数

地市	经济社会发展指数	资源承载综合指数	环境承载综合指数	高质量发展综合指数
郑州市	0.972	0.480	0.440	0.785
开封市	0.216	0.336	0.519	0.293
洛阳市	0.363	0.292	0.515	0.375
新乡市	0.300	0.390	0.333	0.323
焦作市	0.211	0.423	0.446	0.292
濮阳市	0.136	0.399	0.401	0.232
三门峡市	0.186	0.348	0.533	0.276
济源市	0.096	0.343	0.566	0.225

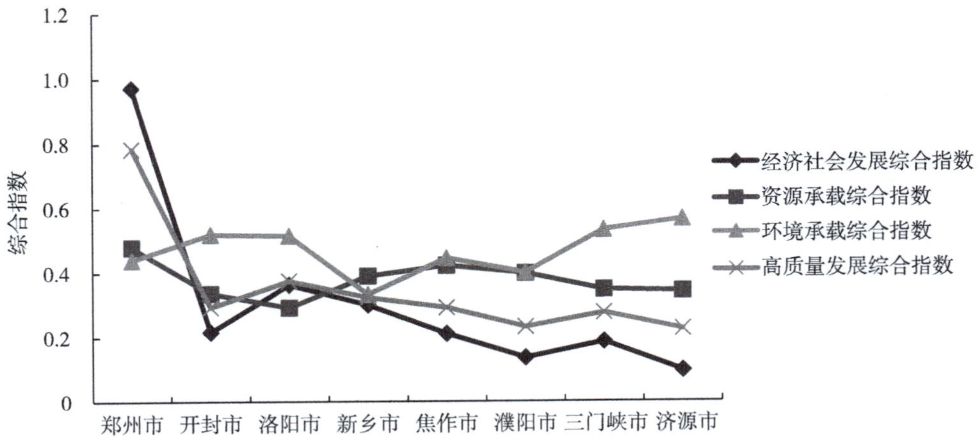

图 4-10　河南省黄河流域高质量发展综合指数统计

从空间分布来看，河南省黄河流域 8 地市高质量发展水平差异较大，从高到低排序为郑州市、洛阳市、新乡市、开封市、焦作市、三门峡市、濮阳市、济源市。形成了以中部郑州市、洛阳市为龙头，距离郑州市、洛阳市较远的豫北、豫西地区高质量发展水平较低的格局。其中，郑州市高质量发展水平最高，指数达到 0.785。郑州市的创新发展、协调发展、开放发展、共享发展有效提升了经济社会发展质量，要使其高质量发展保持持续性，环境承载能力与资源承载能力还有待提高。洛阳市高质量发展水平排第二，指数达到 0.375，经济社会发展水平虽然位于第二，但与郑州市还有较大差距，因此要提高其高质量发展水平，应该重点提高经济社会发展与资源开发利用水平。其他地市也应根据自身经济发展水平、环境承载能力与资源承载能力评价结果，制定相应的政策，提高其高质量发展水平。

二、河南省淮河流域高质量发展综合水平评价

根据计算出的经济社会发展系统、环境承载系统、资源承载系统三大系统的综合指数，采用熵值法和变异系数法计算三大系统的权重，求取河南省淮河流域 7 地市高质量发展综合指数，评价各地市高质量发展水平（见表 4-15、图 4-11）。

表 4-15 河南省淮河流域各地市高质量发展综合指数

地市	经济社会发展综合指数	资源承载综合指数	环境承载综合指数	高质量发展综合指数
平顶山市	0.206	0.349	0.453	0.288
许昌市	0.204	0.450	0.505	0.331
漯河市	0.171	0.457	0.395	0.277
商丘市	0.228	0.380	0.620	0.336
信阳市	0.175	0.388	0.326	0.251
周口市	0.182	0.366	0.253	0.243
驻马店市	0.172	0.480	0.475	0.307

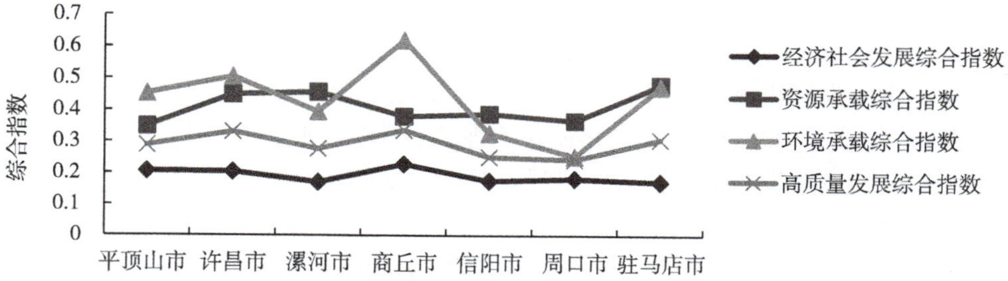

图 4-11 河南省淮河流域各地市高质量发展综合指数统计

河南省淮河流域 7 地市的高质量发展水平均不高，而且区域间的差别也不大。从高到低依次为商丘市、许昌市、驻马店市、平顶山市、漯河市、信阳市、周口市。商丘市经济社会发展水平及环境承载水平最高，使其高质量发展水平最高，其综合指数为 0.336。周口市环境承载水平最低，使其高质量发展水平最低，其综合指数为 0.243。

三、河南省海河流域高质量发展综合水平评价

根据计算出的经济社会发展系统、环境承载系统、资源承载系统三大系统的综合指数，采用熵值法和变异系数法计算三大系统的权重，求取河南省海河流域 2 地市高质量发展综合指数（见表 4-16）。

表 4-16　河南省海河流域高质量发展综合指数

地市	经济社会发展指数	资源承载综合指数	环境承载综合指数	高质量发展综合指数
安阳市	0.225	0.332	0.338	0.265
鹤壁市	0.153	0.441	0.550	0.277

河南省海河流域 2 地市高质量发展水平均不高，基本持平。鹤壁市比安阳市稍高一点，安阳市高质量发展综合指数为 0.265，鹤壁市为 0.277。虽然安阳市的经济社会发展水平比鹤壁市略高，但环境承载水平与资源承载水平均比鹤壁市低，使其高质量发展水平较鹤壁市低。

四、河南省长江流域高质量发展综合水平评价

对南阳市经济发展系统、环境承载系统、资源承载系统三大系统集成，得到河南省长江流域高质量发展综合指数为 0.330，在全省处于中等水平。南阳市未来在保护环境与提高资源有效利用的前提下，保障经济高质量增长，提升其创新发展、协调发展、开放发展、共享发展的综合水平。

五、河南省四大流域高质量发展综合水平评价

根据计算出的河南省四大流域经济社会发展系统、环境承载系统、资源承载系统三大系统的综合指数，采用熵值法和变异系数法计算三大系统的权重，经济社会发展系统的权重为 0.634、环境承载系统的权重为 0.193、资源承载系统的权重为 0.173。通过权重大小可知，河南省四大流域高质量发展与经济社会发展系统关联度最大，其次为环境承载系统，最后为资源承载系统。采用加权叠加法计算河南省四大流域高质量发展综合指数，以此来评价河南省四大流域的高质量发展情况（见表 4-17、图 4-12）。

表 4-17　河南省四大流域高质量发展综合指数

流域	经济社会发展综合指数	环境承载综合指数	资源承载综合指数	高质量发展综合指数
黄河流域	0.920	0.452	0.521	0.760
海河流域	0.128	0.488	0.561	0.273
淮河流域	0.373	0.503	0.418	0.406
长江流域	0.118	0.429	0.511	0.246

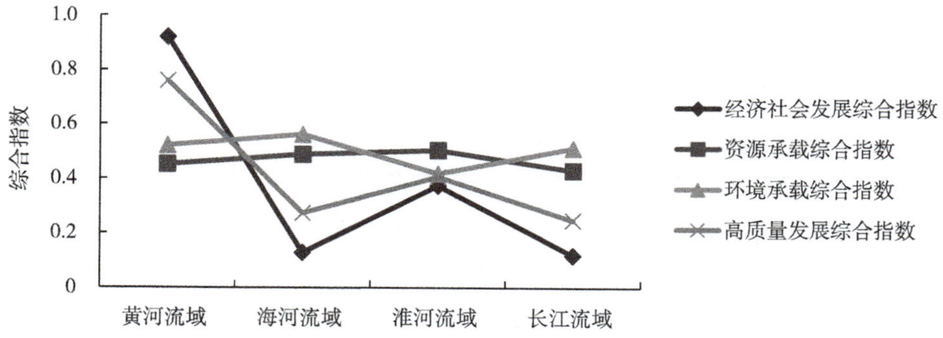

图 4-12　河南省四大流域高质量发展综合指数统计

河南省四大流域高质量发展水平差异较大，从高到低依次为黄河流域、淮河流域、海河流域、长江流域。黄河流域高质量发展综合指数为 0.760，因为其经济社会发展综合指数比海河流域、淮河流域、长江流域都高出较多，直接导致其在高质量发展水平综合评价最高。这也与实施黄河流域生态保护和高质量发展重大国家战略有很大关系，战略实施后，黄河流域坚持生态优先、绿色发展，着力加强生态保护治理、保障黄河长治久安、促进全流域高质量发展。淮河流域高质量发展综合指数为 0.406，与黄河流域差别较大。虽然其环境承载水平最高，但其经济社会发展综合指数与资源承载综合指数与黄河流域差别较大，使其高质量发展综合水平排在第二。海河流域与长江流域高质量发展水平均较低，并且差别不大。

六、评价结论与建议

流域经济作为特殊的区域经济，具有整体性强、关联度高的特点。党的十八大以来，推动长江经济带发展、黄河流域生态保护和高质量发展上升为国家战略，《长江经济带发展规划纲要》《黄河流域生态保护和高质量发展规划纲要》《淮河生态经济带发展规划》及其配套政策相继出台，国家对流域发展越来越重视，流域对促进区域协调发展和推动高质量发展的支撑作用也将持续提升。

（1）通过对高质量发展评价研究进展进行研究，明确以流域为单元并兼顾资源环境的约束条件进行高质量发展评价，发现不同流域间高质量发展水平的差异，可发挥各流域的比较优势，挖掘发展潜力、推动产业转型升级、拓展发展新空间，推动形成优势互补、高质量发展流域经济布局，对推进河南省经济发展具有重要的作用。

（2）通过构建流域高质量发展指标体系，可有效监测和评价河南省四大流域及流域内各地市的发展现状、发展进程和发展绩效，破解不同区域发展进程中的突出问题。通过贯穿新发展理念，深化对经济社会发展规律的认识，分经济社会发展系统、环境承载系统、资源承载系统，构建包括创新发展、协调发展、开放发展、共享发展、绿色发展等10个维度38项流域高质量发展指标体系。

（3）通过对河南省四大流域高质量发展进行评价，研究发现，河南省四大流域高质量发展水平差异较大，从高到低依次为黄河流域、淮河流域、海河流域、长江流域。通过对河南省四大流域内各地市高质量发展评价，发现河南省黄河流域8地市高质量水平差异较大，从高到低排序为郑州市、洛阳市、新乡市、开封市、焦作市、三门峡市、濮阳市、济源市。从空间分布来看，河南省黄河流域高质量发展形成了以中部郑州市、洛阳市为龙头，距离郑州市、洛阳市较远的豫北地区高质量发展水平较低的格局；河南省淮河流域7地市的高质量发展水平均不高，而且区域间的差别也不大，从高到低依次为商丘市、许昌市、驻马店市、平顶山市、信阳市、漯河市、周口市；河南省长江流域的南阳市高质量发展水平处于全省中等水平。

根据评价结果，为使河南省四大流域高质量发展更加协调，并稳步提升，特提出以下建议：

（1）流域内各地市应结合自身区域发展特点，因地制宜地协调发展，明确全流域范围内各地市的职能分工，形成区域间优势互补、分工协调发展。在提高经济快速发展的同时，要尊重区域资源特点，强化区域在生态保护与资源利用、产业布局等方面的协同，加强基础配套设施建设，实现人民对美好幸福生活的向往。

（2）分类实施，提高精准性。河南省是中国唯一横跨四大流域的省份，四大流域间存在着地形、地貌及水系等自然环境和相应自然资源的差异，导致不同流域间经济社会发展水平差别较大，生态功能类型较多。因此，为实现高质量发展，特别是精准高质量发展，必须针对不同区域资源特点、经济社会发展水平、环境承载能力等方面进行分类实施，精准提升。

（3）对于流域内或流域间人类活动干扰强度较大的地区，当地资源环境面临着经济社会发展与生态建设的双重压力与协同愿景，因此在保护管理上应该避免“一刀切”，合理开展兼顾生态效益的人类活动是未来流域高质量发展的重点。

第五章 水资源与经济社会耦合协调分析

水资源作为流域经济的核心要素和人类生产生活不可缺少的自然资源，其有限性、不可替代性使其成为影响经济社会发展最重要的影响因素。专家学者对水资源利用开展了广泛而深入的研究，主要集中在水资源承载能力评价、水资源利用效率评估、水资源优化配置、水资源安全预警、水资源可持续利用等方面；对水资源利用和经济社会发展相互作用关系的研究则集中于分析某一流域的发展，或者从区域视角进行探讨，或者是水资源利用对经济社会发展某一方面如经济增长、城镇化、产业结构、粮食安全等重点问题的探讨，而从流域视角以整体性、综合性、系统性开展区域水资源与社会经济发展的协调性分析以及不同流域水资源利用和经济社会的耦合协调差异化研究尚不多见。

我国水资源供需矛盾比较突出，部分地区缺水严重，资源短缺与浪费并存，国民经济布局与水资源分布不相适应，制约着国民经济的可持续发展。新时期习近平总书记指出，要坚持以水定城、以水定地、以水定人、以水定产，把水资源作为最大的刚性约束，合理规划人口、城市和产业发展。因此，围绕水资源这一核心和关键要素，开展水资源与经济社会发展的互动耦合研究成为当今流域经济发展研究的重要方向。

近年来，河南省经济社会发展迅速，但随之而来的工业用水量、农业用水量及生活用水量急剧增加，河流水体的污染也越来越严重，水资源逐渐成为制约全省发展的一个重要因素，并且省域内不同流域在区域发展、生态保护和资源开发利用方面具有明显的差异性。因此，新时期全面贯彻落实“四水四定”，以水资源为切入点，针对全省不同流域在水资源开发利用方面的差异，开展系统性、整体性和协同性的评价，对各流域水资源环境和经济社会高质量发展耦合协调过程、影响因素和空间分异规律进行分析，精准识别经济社会和水资源环境之间的矛盾焦点和存在问题，本着流域差异化分区施策原则，精准提出各流域发展模式、发展战略和发展路径，对全省经济社会的高质量发展和流域安全有着重要的战略意义。

第一节　水资源对流域高质量发展的影响分析

一、水资源供需矛盾与流域发展

水资源是人类生产和生活不可缺少的自然资源，是具有政治和经济意义的战略性资源，是国家综合国力的组成部分之一。水资源具有有限性和稀缺性，尤其是对人类生存具有重要作用的淡水资源在全球呈现出短缺局面，自1972年联合国第一次人类环境会议发出“水将导致严重的社会危机”的呼吁以来，水资源问题不但没有得到根本解决，而且越来越严重。用水量的迅速增加使水危机在世界许多国家产生，进入20世纪80年代，世界上有43个国家用水告急，至20世纪90年代末，在发展中国家还有20亿人使用不到符合卫生标准的水。我国水资源人均占有量仅为世界平均值的1/4左右，近30年来，我国经济社会发展迅速，人类活动影响加重，出现了河道断流、水体污染、生态退化，加剧了水资源短缺和供需之间的矛盾，而且经济社会越发展，对水资源的依赖性就越强，水资源成为当今经济社会发展最大的刚性约束，尤其是水资源的自然分布与经济社会发展的空间布局不相匹配，水资源短缺和供需矛盾日益尖锐，成为我国经济社会发展面临的重要瓶颈因素。因此，“坚持以水定城、以水定地、以水定人、以水定产，把水资源作为最大的刚性约束，合理规划人口、城市和产业发展”成为我国经济社会发展的最基本遵循。

流域是水循环和人类开发利用水资源的完整系统，具有层次结构和整体功能的复合系统，也是重要的管理单元。流域水循环不仅构成了经济社会发展的资源基础，还是生态环境的控制因素，也是解决水资源供需矛盾和其他有关水环境等问题的有效途径。因此，以流域为单元对水资源及其他自然资源进行综合管理与规划顺应了水资源的自然运移规律和经济社会特性，可以使流域的整体功能得到更充分的发挥，也是政府推进区域性资源与空间治理的有效手段。同时，通过流域经济的发展又能促进水资源更合理地开发利用，积极探索将水资源最大刚性约束的有关制度从流域整体层面予以研究和制定，对科学合理提出区域水资源开发利用的方向、规模和速度具有重要意义，同时通过凝聚流域不同区域、部门、领域和人群等多元生态主体的协同参与合力，通过探索流域绿色发展模式、优化流域系统产业布局、转变流域生产消费结构，从区域和流域层面对经济社会发展涉及的人口、经济、耕地、能源基地等指标与水资源的匹配状况进行分析，找出各层各区各点的突出矛盾和薄弱环节，提出与经济社会发展布局相适应的水生产力布局。

二、水资源调配通道建设与流域发展

水资源是生态与环境的重要控制性要素，是基础性的自然资源，同时水的承载空间决定了经济社会的发展空间。不同时期、不同地区的水资源对经济社会发展的促进作用和方式是有差异的。农耕文明时代，水资源对经济社会发展的促进作用主要体现在生活的补给和天然江水，水利工程的引蓄调水作用并不明显。在工业文明时代，水利工程、水资源利用方式等对农业灌溉、工业化的发展等同样起到非常重要的作用。随着科学技术的不断进步，人类对水利工程进行了现代化改造，并且形成了庞大的结构以控制和调节河流的流量等要素，以达到对河流的调节与控制的目的。目前，水资源短缺已逐渐成为全球普遍现象，无论是发达国家还是发展中国家，都面临着用水需求日益增长、各行各业用水竞争加剧的状况。为了满足缺水地区的水资源需求，世界各国开展了跨流域调水研究和实践，全球大城市超过 10% 的用水来自跨流域调水，跨流域调水工程成为解决缺水问题的重要工程措施。早期调水工程建设目标较为单一，随着大型跨流域调水工程的兴建，项目开始从单一目标转向工农业供水、城市饮用水、生态环境修复、地下水回补、航运和休闲娱乐等多目标。同时随着调水形式多样化，跨流域调水工程由于调水距离较长，从计划到完工时间跨度大，对流域的社会、经济和环境带来重大影响。

流域是整体性极强、关联度很高的区域，流域内不仅各种自然要素之间联系极为密切，而且上中下游、干支流及各地区间的相互制约、相互影响也很显著，流域系统内各区域、各要素息息相关，牵一发而动全身。人们通过水资源调配通道建设对水资源进行开发利用从中获得社会效益、经济效益和生态效益的同时，也可能产生一定的负面影响。例如，在河道上建坝，改变了地表径流和地下径流的天然状态，产生淹没和浸没，进而影响土地利用、生态环境和产业布局与结构，尤其是水利工程规划设计不当时，产生的不利影响将是十分广泛、深刻和持久的。因此，现代的水资源调配通道建设尤其是跨流域的调水工程，必须以系统性、整体性思维从流域视角和区域一体化视角，坚持区域和流域深度协同发展，在全面保障流域内河湖基本生态用水需求，同时也要协调好流域内生活、生产和生态用水的基础上，加强不同流域间的合作，搭建水资源调配系统框架，注重发挥流域生态系统的整体性，发挥水资源的叠加功能，注重区域协作、共享共生、互动互补。

三、现代化水网体系建设与流域发展

现代化水网体系以建设河流水库、水网、城乡一体化，配套设施完备的多层次供水网络为主体，并进行水库和地下水源的协调管理，为现代化水网城市和环状水网提供三级供水网络体系。三网合一的现代化水网管理的理念既为各级行政区域水资源的优化配置留出了空间，又为大水道的水资源统一管理留出了空间。现代化水网的理念实现了水资源的优化配置，通过对各部分水网进行优化，使流域管理与区域管理紧密结合。

流域是一个多层次的网络系统，由多级干支流组成，流域内各自然要素、经济要素关联度大、整体性强，现代化水网体系建设通过确定流域内及流域间水资源开发的方针、方案、重点、程序及工程兴建运行时期等重大问题，进而统筹水资源的开发利用。在进行现代化水网体系建设时要遵循流域的层次性和网络性特征，以调水工程为抓手，强化流域间与区域间的河湖水网连通，持续建设和完善大中小微协调配套、省市县级水网充分衔接、蓄引提供泄排生态功能完备的水网体系，统筹解决水资源短缺、水生态损害、水环境污染的交织问题，科学合理地实施水资源调度方案和调度计划。加强流域水资源战略储备和应急备用水源工程建设，加强灌溉供水网络的升级改造和城乡饮用水管网的延伸连通工作，既畅通“干支动脉”，又畅通“毛细血管”。

四、现代水循环利用技术与流域发展

水循环是解决水资源相关问题的基础，受人类活动的影响，水循环系统表现出“自然－人工”二元特性。在没有人类之前，地球上水循环的主要形式为自然水循环模式；有了人类以后，温室气体排放、下垫面改变和人工取用排水使得水循环过程逐渐演变为“自然－社会”二元水循环模式。自然水循环的四大过程（大气过程、地表过程、土壤过程和地下过程）和社会水循环的六大过程（取水、输水、用水、排水、污水处理和再生回用）共同组成了完整的流域水循环过程。自然水循环随着现代科技进步的路径和特性被改变，在自然水循环的大框架下形成并发展为“取水－输水－用水－排水－回用”五个基本环节，并使天然状态下地表径流和地下径流量逐步减少，社会水循环通过取用水、排水与自然水循环相联系，这两个方面相互矛盾、相互依存、相互影响，构成了二元水循环系统。其中，自然水循环的主要通道是河流水系，社会水循环的主要通道是城市管网和农田灌排系统。

流域作为陆地水循环的基本单元，其在生态保护修复中的地位和作用越来越得到重视。随着人类活动影响的加剧，流域水循环逐步演变为“自然－社会”二元模式，流域生态系统也在结构和功能上逐步转化为自然－社会复合结构和功能。因此，流域开发和建设中要重视这种结构的复合性，从自然和社会两个层面进行流域水资源循环的管控，其中对自然水循环的管控保持水资源的可再生性，即尽可能地保持产水量稳定而不衰减。对社会水循环的管控则一方面是节水和高效利用，尽可能减少从自然水循环的取用水量，把更多的水留给生态；另一方面是社会水循环用水后要尽可能少地向自然水循环排污。同时，随着现代水循环利用技术的应用，流域对水资源的管理应从五个基本环节进行全过程管理，协调各地区、各部门之间的用水矛盾，提高水资源的利用效率，使有限的水资源实现最大的综合效益。

五、水文化挖掘传承与流域发展

人们在长期的治水实践中，不仅创造了巨大的物质财富，也创造了宝贵的精神财富，形成了独特而丰富的水文化。水文化是指人类在与水密不可分的生产、生活活动中所创造的与水有关的各种物质文化和精神文化的总和。在流域治理、开发与保护过程中，人们兴建了大量水工程，作为人类改造自然的产物，这些水工程无不凝结着不同时代人们的知识、智慧，属于典型的流域物质层面的水文化；在创造物质财富的同时，人们在流域开发中也建立了一系列处理人与人、人与水之间关系的准则和制度，用以规范约束人的水事行为，协调人水关系，促进人水和谐，这些在长期治水实践中探索出的管理制度，体现了流域管理的现实要求和促进人水和谐的理念，成为流域制度形态层面的水文化；另外，与流域有关的水文化还体现在精神形态层面，在流域治理、开发和保护过程中形成的有关水的价值观念、治水思想、文化心理等意识形态，体现了不同时代人们的精神世界和价值追求，成为博大精深、内容丰富的中国水文化的重要组成部分。

水文化是体现人水关系的文化，人水和谐是水文化的核心价值。新时期水文化的挖掘传承更应从流域层面进行整合和提炼，人们在流域开发、治理的过程中，水文化的内涵得到不断的丰富，不同流域环境下的治水理念、工程技术以及人们对水的感情倾注、哲学思考和审美情趣，无不体现着人类社会发展过程中人与水之间关系的演进。同时，通过以流域为载体对水文化进行挖掘、传承和建设，在流域内和流域间以水文化为纽带，在人与水之间找到一个结合点和支撑点，用文化的力量，提高全社会对水的认识，为水资源的可持续利用、实现人水和谐营造良好的社会氛围，并通过不断调整公众生产生活方式与水资源水环境承载力的适应性，最终协调好人与水的关系，促进流域经济的可持续发展。

第二节　河南省四大流域经济社会发展的水支撑情况分析

一、河南省黄河流域

（一）水资源短缺问题严重

河南省黄河流域面积 100 km^2 以上的河流有 106 条，占全省的 18.93%，主要有黄河、洛河、沁河、伊河、金堤河等。1956~2016 年，河南省黄河流域多年平均年降水量 634.9 mm，为全省平均水平的 82.62%；多年平均水资源总量 55.06 亿 m^3，占全省的 14.15%；人均水资源量 307.82 m^3，比全省平均水平少 85.99 m^3。河南省黄河流域拥有全省 35% 的地域面积和 41% 的人口，但水资源总量仅占全省的 14.15%，水资源开发利用率高达 80%，远超 40% 的生态警戒线。据有关部门测算，综合考虑城市布局、人口增长、经济发展、外调水量、水资源利用效率等因素，2025 年、2035 年河南省黄河流域分别缺水 8.82 亿 m^3、10.66 亿 m^3，缺水率分别为 6.8%、7.4%，在河南省四大流域中缺水率最高。流域水资源紧缺，有限的水资源除要满足防洪、发电、灌溉、城市工业和生活用水等方面外，还要满足流域生态用水，供需矛盾非常突出，对经济社会高质量发展形成紧约束。虽然经过长期综合治理，黄河干流实现了连续 20 多年不断流，但水资源总量紧缺的局面没有得到根本扭转。同时，水资源利用粗放，产业结构不合理，耗水型工业比例大，水资源利用率不高，远期缺水率较高。

（二）防汛压力大

黄河是世界上输沙量最大、含沙量最高的河流，水少沙多、水沙关系不协调是黄河复杂难治的症结所在。黄河河南段“豆腐腰”和“地上悬河”问题突出，黄河下游河床高于两岸城市、农田，其中新乡市河段比地面高 20 m。黄河河南段河势游荡多变，河道最宽处达 20 km，黄河滩区总面积 2 000 多 km^2，约有 60 万居民生活在黄河滩区，防洪短板较多，洪水预见期短，滩区居民和经济社会发展仍受到洪水危胁。

（三）水环境受工矿企业影响较大

河南省黄河流域大量化工、有色等重工业企业沿河分布，水环境受工矿企业影响较大。全省 405 座尾矿库的 74.1% 集中分布在三门峡市和洛阳市，存在较大风险隐患。2020 年，全省黄河流域 41 个省控断面中，水质Ⅳ类、Ⅴ类级别占比 19.5%，涧河、金堤河等处于轻度污染或中度污染级别。

（四）水生态保护任务重

黄河流域生态保护和高质量发展战略对水生态保护提出了更高要求，但黄河流域严重缺水，黄河干支流生态相对脆弱，长期超出承载能力，生态保护修复难度大、投资高、任务艰巨。据《河南省地下水超采区评价报告（2014年）》，河南省黄河流域地下水超采现象突出，超采面积1.75万 km^2，超采量5.11亿 m^3，超采区面积、超采量占全省的39.3%、45.9%。温县—孟州、安阳—鹤壁—濮阳、新乡小冀等较大浅层地下水漏斗区均位于河南省黄河流域，地下水过量开采引发水位下降和地面沉降，地下水漏斗区面积呈上升趋势。

（五）水文化旅游资源开发利用潜力大

黄河含沙量大，河势游荡多变，目前不具备航运条件，但拥有很多自然人文景观，水文化旅游资源丰富，如黄河中下游分界线、黄河故道、隋唐大运河遗址、京杭大运河遗址、黄河下游第一座引黄灌溉工程人民胜利渠等，亟待加大开发力度，发挥更大效益。

二、河南省淮河流域

（一）水资源比较丰富

河南省淮河流域面积100 km^2 以上的河流有294条，占全省的52.5%，主要有淮河、沙颍河、洪汝河、涡河、史河、北汝河、贾鲁河等。1956~2016年，河南省淮河流域多年平均年降水量838.9 mm，为全省平均水平的109.16%；多年平均水资源总量236.3亿 m^3，占全省的60.73%；人均水资源量406.64 m^3，比全省平均水平多12.83 m^3。但考虑到农业耗水多、城镇化发展等因素，据有关部门测算，2025年、2035年河南省淮河流域分别缺水5.51亿 m^3、4.35亿 m^3，缺水率分别为4.6%、3.4%，仍存在不小缺口。

（二）水资源利用结构不合理

截至2020年底，河南省淮河流域尚有24个县（市）将地下水作为居民生活用水唯一水源；部分城市供用水结构严重失衡，2016~2020年周口地下水供水占比高达80.31%，商丘、周口生态环境用水占比不足5%。

（三）防洪压力较大

淮河流域西部高、东部低，落差大，汛期水量集中，淮河、沙颍河等主要防洪河道具有上宽下窄、不利于排洪泄水的特性，加之东部平原洼地多，人口密集，因此极易造成水灾害多发，危害严重。“75·8”特大洪水、2000年暴雨洪水和2018年“8.18”特大暴雨洪水损失惨重。目前，河南省淮河流域防洪标准不高，沙颍河防洪体系不完善，大逍遥等蓄滞洪区建设不到位，平顶山、漯河、信阳、周口、驻马店等城市防洪不达标。

（四）发展航运条件较好

淮河干支流水资源相对充沛，内河航运条件较好，淮河干流息县以下、沙颍河漯河以下具备常年通航千吨级单船、万吨级拖轮能力，截至2021年底，在河南省建成的7个港口中，淮河流域占5个，全省通航的583 km Ⅳ级航道中淮河流域有365 km，周口港成为全国内河主要港口之一，2021年货物吞吐量为2 915 t，占全省的85%以上。

（五）农业和居民生活对水环境影响较大

河南省淮河流域属于典型的农业生态系统，自然生态空间小、森林覆盖率低，农村污水治理设施建设滞后，畜禽养殖等面源污染防治任务艰巨，农田排水设施不完善，2020年淮河干支流Ⅳ类水质占75.67%。

三、河南省海河流域

（一）水资源总量少

河南省海河流域面积100 km^{2}以上的河流有63条，占全省的11.25%，主要有卫河、漳河等。1956~2016年，河南省海河流域多年平均年降水量607.6 mm，为全省平均水平的79.06%；多年平均水资源总量25.88亿m^3，占全省的6.65%；人均水资源量196.69 m^3，比全省平均水平少197.12 m^3，为全省人均水资源量的1/3，在河南省四大流域中最少，属于极度缺水地区。农业用水占比61.8%，高于全省平均水平9.8个百分点。多数河流季节性干枯断流，目前暂不具备发展航运的自然条件。据有关部门测算，2025年、2035年河南省海河流域缺水率分别为2.2%、2.4%。

（二）水灾害频繁、危害大

河南省海河流域地处山地平原过渡地带，由山丘向平原过渡急促，支流分散、源短流急，洪峰高、历时短、突发性强，新中国成立后曾先后发生过“63·8”卫河特大洪水、1996年暴雨山洪灾害、2000年暴雨洪水、2016年大洪水、2021年特大暴雨洪涝灾害，主要河道卫河、共产主义渠防洪标准不足20年一遇，尚有143 km河道防洪不达标，流域内9处蓄滞洪区自1960年建成投用以来基本没有进行系统治理，安阳、鹤壁、浚县、淇县等城市防洪不达标，水灾害防控还存在不少短板弱项。

（三）地下水超采严重

河南省海河流域地下水供水占比达58%，在河南省四个流域中占比最高，地下水超采现象严重，安阳—鹤壁平原区浅层地下水漏斗区有面积扩大、中心埋深下降的趋势，发生地面沉降等环境地质问题风险大。

（四）水环境不容乐观

在河南省四大流域中，海河流域人口密度最大、城镇化水平高、老工业基地较多，整体水质不高，2020 年水质级别为轻度污染，20 个省控断面中，Ⅳ类水质占比高达 45%，汤河、卫河、大沙河水质级别为轻度污染。2020 年，河南省海河干支流整体水质级别为轻度污染，主要污染因子为化学需氧量、氨氮和挥发酚。

四、长江流域

（一）水资源较丰富

河南省长江流域面积 100 km^2 以上的河流有 97 条，占全省的 17.32%，主要有唐白河、丹江等。1956~2016 年，河南省长江流域多年平均年降水量 812.6 mm，为全省平均水平的 105.74%；多年平均水资源总量 71.97 亿 m^3，占全省的 18.50%；人均水资源量 743.80 m^3，比全省平均水平多 349.99 m^3，在河南省四大流域中最多。水资源汇聚、开发利用基础好、潜力大。地表水资源量远大于地下水资源量，南水北调中线工程年均调水 95 亿 m^3，为全省水资源供需平衡做出重要贡献。据有关部门测算，2025 年、2035 年河南省长江流域保持供需平衡、不缺水。

（二）用水效率不高

2020 年，河南省长江流域人均综合用水量高于全省平均水平 22 个百分点，万元 GDP 用水量高于全省平均水平 82 个百分点，农田灌溉亩均用水量高于全省平均水平 32 个百分点，节水潜力较大。

（三）航运基础较好

河南省长江流域水系庞大，是河南省境内河网密度最大的流域，具备较好通航基础，目前主要通航水域集中在丹江（含库区）水域，有Ⅳ级航道 218 km。

（四）水生态保护压力大

丹江口水库肩负着“一泓清水永续北送”和华北地区水生态安全保障的重任。河南省长江流域仍存在石漠化、土地退化、农业面源污染等问题，南阳市有 3 400 km^2 水土流失尚未得到有效治理，水源区内遗留矿山及尾矿库治理水平有待提高。

第三节　河南省四大流域水资源利用与经济社会水平综合评价

近年来，随着河南省经济的持续增长，水资源供需矛盾突出，河南省四大流域水资源分布不均、用水结构不合理、水资源开发利用效率不高等问题成为制约全省经济发展的主要因素。本书从水资源约束下的经济社会高质量发展的内涵与要求出发，基于统计数据和水资源利用数据，从2000年、2010年及2020年三个时间节点出发，以20年长时间序列的系统评价为目标，进行水资源开发利用系统和经济社会高质量发展系统评价，运用层次分析、变异系数、熵值法、主成分分析法等对河南省四大流域水资源开发利用情况和经济社会发展时空特征做出综合评价，并构建耦合协调模型，分析河南省四大流域经济社会发展与水资源耦合协调程度及时空分异特征，对全省不同流域水资源管理利用实践提出相关建议，以期解决水资源约束下的省域经济社会可持续发展问题，实现区域经济协调发展。

一、评价方法与评价系统构建

（一）构建水资源利用和经济社会发展评价系统

一是从水资源条件、水资源开发程度、水环境3个维度分别选取人均水资源量、供水总量、产水系数、人均用水量、农田灌溉亩均用水量、用水普及率、排水管道密度、城市污水排放量、万元GDP耗水量等9个指标构建河南省四大流域水资源开发利用评价系统。

二是贯彻习近平总书记提出的坚持“以水定城、以水定地、以水定人、以水定产”的原则，从水资源约束下的河南省四大流域的城市、产业、人口和用地等方面进行考虑，选取城镇化率、人均GDP、二三产业产值占比、社会消费品零售总额、居民家庭人均可支配收入、社会从业人数、一般公共预算收入等7个指标构建经济社会发展评价系统。

河南省四大流域水资源利用和经济社会发展评价指标体系见表5-1。

表5-1　河南省四大流域水资源利用和经济社会发展评价指标体系

系统层	评价子系统	评价指标	权重
水资源利用系统（W）	水资源条件（W_1）	人均水资源量（W_{11}）	0.264
		供水总量（W_{12}）	0.103
		产水系数（W_{13}）	0.270
	水资源开发程度（W_2）	人均用水量（W_{21}）	0.057
		农田灌溉亩均用水量（W_{22}）	0.038
		用水普及率（W_{23}）	0.075
		排水管道密度（W_{24}）	0.094
	水环境（W_3）	城市污水排放量（W_{31}）	0.069
		万元GDP耗水量（W_{32}）	0.030

续表 5-1

系统层	评价子系统	评价指标	权重
经济社会发展系统（E）		城镇化率（E_1）	0.097
		人均 GDP（E_2）	0.161
		二三产业产值占比（E_3）	0.116
		社会消费品零售总额（E_4）	0.156
		居民家庭人均可支配收入（E_5）	0.092
		社会从业人数（E_6）	0.094
		一般公共预算收入（E_7）	0.284

（二）研究方法

1. 数据来源及处理

该研究使用的相关数据主要有三个类型，其中基础地理数据使用的是 1：5万标准地形图数据；经济、人口等数据来源于 2000~2020 年河南省统计年鉴和地市有关统计公报等；水资源数据来源于 2000~2020 年河南省水资源公报。

水资源开发利用与经济社会综合发展的评价指标存在量纲和数量级差异，且不同指标正负取向不同，为了消除上述影响采用极差标准化对原始数据进行归一化处理。正向属性数值越高越好，进行正向计算处理；逆向属性数值越低越好，进行逆向计算处理。

具体公式如下：

正向指标：
$$x'_{ij}=\frac{x_{ij}-\min_i(x_{ij})}{\max_i(x_{ij})-\min_i(x_{ij})} \tag{5-1}$$

负向指标：
$$x'_{ij}=\frac{\max_i(x_{ij})-x_{ij}}{\max_i(x_{ij})-\min_i(x_{ij})} \tag{5-2}$$

2. 指标权重确定

计算权重的方法有很多，总体上可以分为主观赋权法和客观赋权法，也可将两种方法结合使用。主观赋权法难以避免会受到来自主观方面较大的影响，客观性比较差，本书采用客观赋权法中的熵值法与变异系数法来确定相关指标的权重。具体做法为：先用熵值法与变异系数法分别确定两个评价体系中指标各自的权重，再求取权重的平均值作为指标的最终权重。

熵值法是一种依据各指标值所包含的信息量多少来确定指标权重的客观赋权法，根据信息论的基本原理，信息是系统有序程度的一个度量；而熵是系统无序程度的一个度量。某个指标因子的熵越小，说明该指标值的变异程度越大，则提供的信息量越多，在综合指标评价中起的作用就越大，则该指标的权重也应越大；反之，指标的权重就越小。利用熵值法确定指标权重的步骤如下：

（1）构造原始数据矩阵 。

$$\boldsymbol{R}=\left(r_{ij}\right)_{m\times n}=\begin{pmatrix} r_{11} & r_{12} & \cdots & r_{1n} \\ r_{21} & r_{22} & \cdots & r_{2n} \\ \vdots & \vdots & & \vdots \\ r_{m1} & r_{m2} & \cdots & r_{mn} \end{pmatrix}_{m\times n} \tag{5-3}$$

式中：m 为区域的数量；n 为指标的个数；r_{ij} 为第 j 个指标下第 i 个指标的评价值。

（2）计算第 j 个指标下第 i 个区域的因子值的比重 p_{ij}。

$$p_{ij}=\frac{r_{ij}}{\sum_{i=1}^{m} r_{ij}} \tag{5-4}$$

计算第 j 个指标的熵值 e_j：

$$e_j=-k\sum_{i=1}^{m} p_{ij}\cdot \ln p_{ij} \tag{5-5}$$

其中 $$k=\frac{1}{\ln m}$$

计算第 j 个影响因子的熵权 ω_j：

$$\omega_j=\frac{1-e_j}{\sum_{j=1}^{n}(1-e_j)} \tag{5-6}$$

熵权越大，该影响因子代表的信息量越大，表示该影响因子的作用越大。

利用变异系数法求取指标权重的步骤如下：

（1）求取各指标的变异系数。

$$V_i=\frac{\sigma_i}{\bar{x}_i}\quad (i=1,2,\cdots,n) \tag{5-7}$$

式中：V_i 为第 i 项指标的变异系数，也称标准差系数；σ_i 为第 i 项指标的标准差；$\bar{x}_i$ 为第 i 项指标的平均数；n 为指标的个数。

（2）求取各指标的权重。

$$\omega_i = \frac{V_i}{\sum_{i=1}^{n} V_i} \quad (i = 1,2,\cdots, n) \tag{5-8}$$

式中：ω_i 为第 i 项指标的权重。

3. 综合指数及相对发展度评价

通过求取的权重，采用综合指数法对水资源利用情况和经济社会发展综合水平进行评价，把每个指标的作用分层进行叠加，分别建立水资源开发利用及经济社会发展综合评价模型，通过对2000~2020年水资源开发利用及经济社会发展水平进行评价，发现在同一年份不同区域的水资源开发利用水平及经济社会发展水平间的差异和不同年份水资源开发利用水平及经济社会发展水平的时空演化特征。根据水资源利用和经济社会发展综合评价指标之间的关系，确定两者之间相对发展度，揭示两大系统之间交互作用的机制。

$$F(1,2) = \sum_{i=0}^{n} \omega_i p_i \tag{5-9}$$

$$F = \frac{F_1}{F_2} \tag{5-10}$$

式中：F_1 为水资源利用综合评价指数；F_2 为经济社会发展综合评价指数；ω_i 为第 i 个指标因子的权重；p_i 为市域单元对应的第 i 个指标因子分值；n 为指标因子总数；F 为相对发展度。

二、经济社会水平综合评价

2000~2020年河南省四大流域经济社会发展系统评价整体呈现不断上升趋势，但河南省四大流域经济社会发展水平差异较大（见图5-1）。到2020年，河南省黄河流域经济社会发展综合指数(0.943)远高于河南省淮河流域(0.669)、河南省海河流域（0.499）和河南省长江流域（0.419）。同时，经济发展综合指数的年均值相差较大，河南省黄河流域（0.531）>河南省淮河流域（0.357）>河南省海河流域（0.282）>河南省长江流域（0.216）（见表5-2），尤其是在2012年后，河南省黄河流域的经济社会发展指数增加幅度较大，其他三个流域和河南省黄河流域经济社会发展的差距越来越大。河南省黄河流域作为全省人口活动和经济发展的重要区域，经济规模总量、发展水平和发展速度较高，2020年以全省1/3的国土面积创造了全省一半以上的地区生产总值，人均生产总值高于全省平均水平约1/4，经济、人口和产业集聚效应十分明显。河南省淮河流域和河南省长江流域作为全省传统农业的主体区域，经济社会发展水平、产业结构层次和城镇化水平较低，如2020年河南省淮河流域第一产业占比高于全省 4.3 个百分点，河南省长江流域高于全省 6.9 个百分点；城镇化率河南省淮河流域低于全省约 8 个百分点，河南省长江流域低于全省约 4.8 个百分点。河南省海河流域工业基础较好，但经济体量较小，2020 年 GDP 占全省的 5.97%，人均 GDP 为全省平均水平的 84.2%，第三产业占比低于全省 6 个百分点，经济效益水平和经济社会发展质量有待提高。

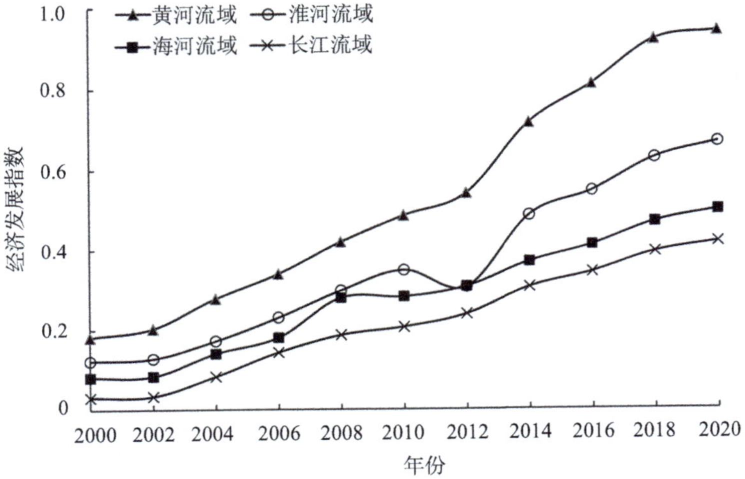

图 5-1　河南省四大流域 2000~2020 年经济社会发展综合评价指数

表 5-2　河南省四大流域 2000~2020 年经济社会发展综合评价指数

流域	2000年	2002年	2004年	2006年	2008年	2010年	2012年	2014年	2016年	2018年	2020年	年均值
黄河流域	0.182	0.203	0.277	0.339	0.420	0.486	0.541	0.717	0.812	0.922	0.943	0.531
淮河流域	0.122	0.128	0.172	0.229	0.297	0.348	0.306	0.486	0.547	0.629	0.669	0.357
海河流域	0.081	0.083	0.140	0.180	0.279	0.281	0.307	0.369	0.411	0.469	0.499	0.282
长江流域	0.030	0.033	0.082	0.143	0.186	0.206	0.237	0.305	0.342	0.393	0.419	0.216

三、水资源利用情况综合评价

河南省四大流域 2000~2020 年水资源利用指数呈波动变化，且差异逐渐减小（见图 5-2）。2000~2020 年河南省淮河流域和河南省长江流域水资源利用指数呈现下降趋势，其中河南省长江流域水资源利用指数波动幅度最大；河南省海河流域和河南省黄河流域水资源利用综合评价指数呈现上升趋势，河南省四大流域水资源利用的差异逐渐减小。从表 5-3 可以看出，至 2020 年，河南省淮河流域水资源利用指数（0.628）最高，高于河南省长江流域（0.503）、河南省海河流域（0.450）和河南省黄河流域（0.443）。河南省淮河流域和河南省长江流域水资源条件和水资源的利用情况较好，人均水资源占有量均高于全省平均水平，分别为全省平均水平的 1.5 倍和 1.4 倍。河南省海河流域整体水资源总量少，人均水资源占有量仅为全省平均水平的 1/3，同时，该流域老工业基地较多，人口密度大，地下水漏斗、水生态环境问题较为严重，水资源整体利用指数低于河南省淮河流域和河南省长江流域。河南省黄河流域的水资源利用指数最低，该流域水资源总量仅占全省的 17.5%，人均水资源占有量不到全省平均水平的一半，水资源开发利用率高，出现较为严重的水资源短缺现象，同时水环境水生态问题也较为突出。

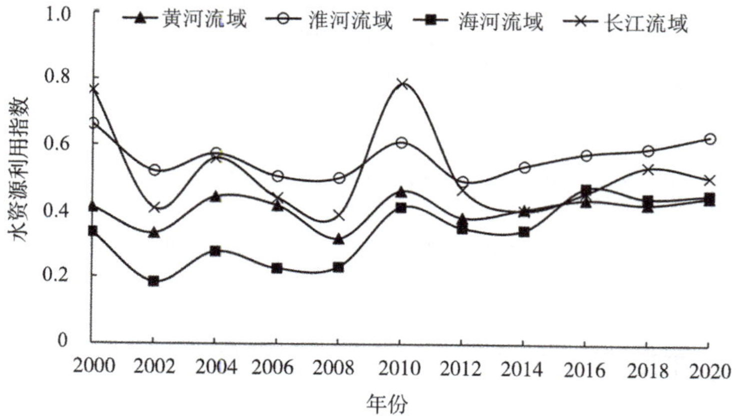

图 5-2 河南省四大流域 2000~2020 年水资源利用综合评价指数

表 5-3 河南省四大流域 2000~2020 年水资源利用综合评价指数

流域	2000 年	2002 年	2004 年	2006 年	2008 年	2010 年	2012 年	2014 年	2016 年	2018 年	2020 年	年均值
黄河流域	0.411	0.333	0.443	0.416	0.317	0.460	0.381	0.406	0.435	0.422	0.443	0.410
淮河流域	0.662	0.520	0.573	0.504	0.499	0.608	0.491	0.537	0.574	0.590	0.628	0.562
海河流域	0.335	0.184	0.276	0.225	0.230	0.412	0.349	0.343	0.471	0.440	0.450	0.338
长江流域	0.767	0.408	0.559	0.439	0.388	0.787	0.466	0.402	0.456	0.534	0.503	0.519

四、水资源利用与经济社会交互机制分析

（一）相对发展度变化趋势分析

河南省四大流域水资源利用和经济社会相对发展度呈现明显差异。河南省四大流域两大系统之间的相对发展度（F值）变化趋势见表5-4、图5-3，$F > 1.2$属于经济发展滞后型，$0.8 \leqslant F \leqslant 1.2$属于水资源利用和经济社会同步型，$F < 0.8$属于水资源利用滞后型。黄河流域随着经济社会快速发展，水资源对经济发展的刚性制约作用越来越显著；淮河流域在2012年前经济社会发展水平滞后于水资源利用，2012年以来水资源对经济社会发展的支撑作用越来越强；海河流域2000~2020年经济发展和水资源相互作用一直处于高度磨合状态；长江流域2000~2020年呈现出经济滞后型的特征，水资源条件较好，经济社会发展尚有较大潜力。具体来讲：

表5-4　河南省四大流域2000~2020年水资源利用和经济社会相对发展度（F值）

流域	2000年	2002年	2004年	2006年	2008年	2010年	2012年	2014年	2016年	2018年	2020年
黄河流域	2.3	1.6	1.6	1.2	0.8	0.9	0.7	0.6	0.5	0.5	0.5
淮河流域	5.4	4.1	3.3	2.2	1.7	1.7	1.6	1.1	1	0.9	0.9
海河流域	4.1	2.2	2	1.3	0.8	1.5	1.1	0.9	1.1	0.9	0.9
长江流域	25.6	12.4	6.8	3.1	2.1	3.8	2	1.3	1.3	1.4	1.2

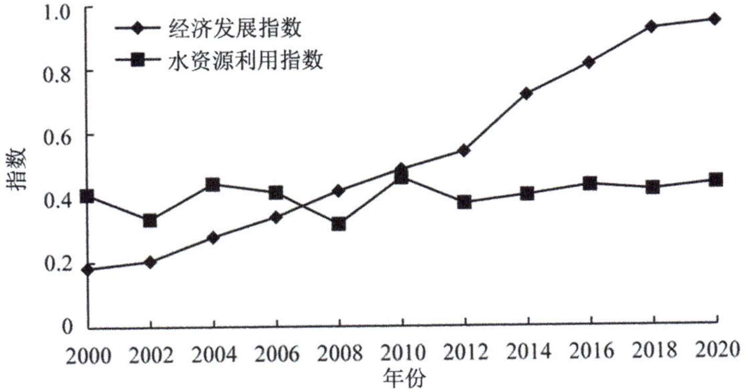

(a)黄河流域

图5-3　河南省四大流域经济发展指数与水资源利用指数变化关系

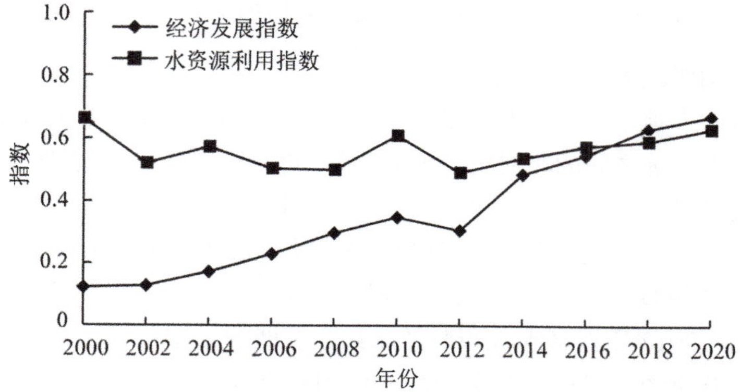

(b)淮河流域

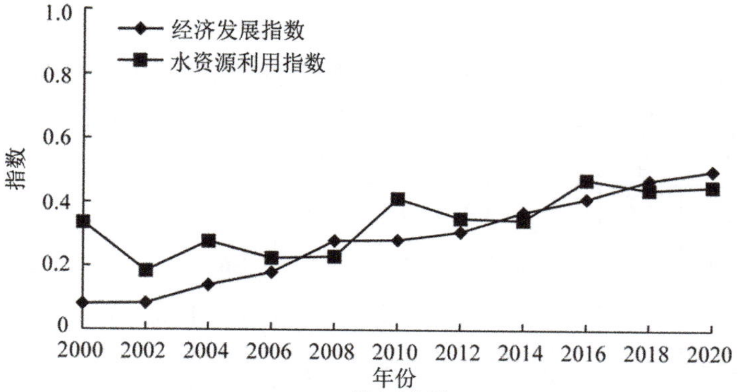

(c)海河流域

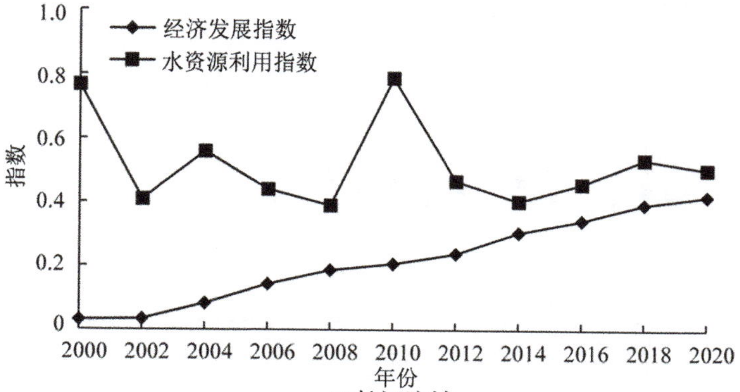

(d)长江流域

续图 5-3

2000~2020年，黄河流域两大系统交互作用呈现出经济社会滞后、水资源和经济社会同步、水资源滞后的特征。2008年前，水资源利用指数大于经济社会发展指数，相对发展度大于1.2，说明该流域经济社会发展水平较低，水资源利用有较大潜力；2008~2010年，水资源利用和经济社会同步发展；2010年后，随着黄河流域经济社会快速发展，水资源的相对发展度越来越低，表明水资源对经济社会发展的刚性制约作用越来越显著。

2000~2020年，淮河流域呈现出经济社会滞后、水资源和经济社会同步的特征。2012年前，水资源利用指数一直高于经济社会发展指数，二者的相对发展度大于1.2，说明该流域经济社会发展水平滞后于水资源利用；2012年以来，相对发展度位于0.9~1.1，水资源对经济社会发展的支撑作用越来越强，二者呈现出同步发展的特征。

2000~2020年，海河流域呈现出经济滞后型、水资源和经济社会同步互相波动的特征，水资源利用指数和经济社会发展指数的差值最小，该流域经济发展和水资源相互作用一直处于高度磨合状态。

2000~2020年，长江流域呈现出经济滞后型的特征，水资源利用指数一直大于经济社会发展指数，相对发展度均大于或等于1.2，但二者的差值逐渐减小，表明长江流域水资源条件较好，经济社会发展尚有较大潜力，水资源对经济社会的支撑作用越来越大。

（二）关联度分析

1. 灰色关联度模型构建

灰色关联分析通过确定原始序列和预测序列的几何形状的相似程度来判断其紧密程度，从而对原始序列动态发展态势进行量化比较分析，其中邓氏关联度主要源于20世纪80年代，是华中理工大学邓聚龙基于数学理论提出的一门系统工程学科，是一种研究少量数据、较少信息不确定性问题的新方法。其提出的灰色系统理论可以用来研究两个系统之间的因素随着时间变化关联性的大小情况。

鉴于经济发展与水资源环境之间关系的交互性和不确定性，同时考虑两个系统的时序性和关联性，为了更加客观地反映影响水资源环境和经济发展两者耦合协调的主要因素，本书运用灰色关联度模型来定量评价两者的关系。通过邓氏灰色管理理论来分析2000~2020年河南省四大流域及18地市的水资源开发利用与经济社会发展的协调相关度，目的是通过对比分析，深入了解水资源开发利用指标体系中影响经济社会发展的主要因素，从水资源开发利用、水污染、水治理出发，提出如何改善和提升河南省四大流域经济社会发展的建议，为河南省经济社会可持续发展提供参考。

邓氏关联度的计算步骤是将解释变量序列与被解释变量序列进行无量纲化处理，然后计算关联系数，最后求出邓氏关联度。

设 $X_0=[x_0(1), x_0(2), \cdots, x_0(n)]$，$X_1=[x_1(1), x_1(2), \cdots, x_1(n)]$，…，$X_m=[x_m(1), x_m(2), \cdots, x_m(n)]$，其中 X_0 为母序列、X_i 为子序列（$i=1, 2, \cdots, m$）。

令

$$\gamma[x_0(k), x_i(k)] = \frac{\min_i \min_k |x_0(k)-x_i(k)| + \S \max_i \max_k |x_0(k)-x_i(k)|}{|x_0(k)-x_i(k)| + \S \max_i \max_k |x_0(k)-x_i(k)|} \tag{5-11}$$

式中：$\gamma[x_0(k), x_i(k)]$ 为 k 时刻的关联系数；$x_0(k)$ 为经济社会发展系统指标标准化值；$x_i(k)$ 为水资源环境系统指标标准化值；$\S$ 为分辨率，一般取 0.5。

计算关联度：

$$\gamma(X_0, X_i) = \frac{1}{n}\sum_{k=1}^{n} \gamma[x_0(k), x_i(k)] \tag{5-12}$$

式中：k 为样本数，即经济社会发展系统（或水资源环境系统）指标数量；$\gamma(X_0, X_i)$ 为关联度，值越大（越接近 1），代表影响程度越大，表明相关性越好，若 $\gamma(X_0, X_i)=0$，则为无关联，若 $\gamma(X_0, X_i)=1$，则为完全关联。

关联度判别标准如表 5-5 所示。

表 5-5 关联度判别标准

关联度	(0, 0.35]	(0.35,0.65]	(0.65,0.85]	(0.85,1]
关联水平	低关联	中等关联	较强关联	强关联

2. 水资源利用系统与经济社会发展关联性分析

利用灰色关联度模型，计算得到河南省四大流域经济社会发展与水资源环境指标间的关联度矩阵，可得出影响 2000~2020 年经济社会发展与水资源环境耦合的主要因素（见表 5-6）。

表 5-6　河南省四大流域经济社会发展系统与水资源子系统的关联度

流域	水资源条件子系统	水资源开发利用子系统	水环境治理子系统	水资源综合系统
黄河流域	0.574 3	0.599 7	0.711 4	0.589 0
淮河流域	0.580 0	0.627 1	0.707 2	0.602 3
海河流域	0.572 0	0.612 1	0.642 8	0.586 9
长江流域	0.563 0	0.605 0	0.598 8	0.582 4

结果显示，河南省四大流域经济指标与水资源子系统及综合系统各指标间的灰色关联度均在 0.56 以上，关联性较大，反映了经济社会发展系统与水资源环境系统各要素之间的联系较为紧密，存在较强的耦合关联特性。其中，在河南省黄河流域、淮河流域和海河流域，水环境治理子系统与经济系统关联性最大，分别为 0.711 4、0.707 2 和 0.642 8，高于水资源条件和水资源开发利用子系统，说明在这三个流域中，水环境和水治理对经济社会发展的影响较为明显；在河南省长江流域，水资源开发利用子系统与经济系统关联性最大，达到 0.605，高于水环境治理和水资源条件子系统，水资源的开发利用效率对经济社会发展的影响较为显著。

利用灰色关联度模型，进一步对 18 个地市经济社会发展与水资源环境指标间的关联度进行分析，可以看出三门峡、济源、鹤壁、洛阳、焦作等市水资源综合利用情况对经济发展的关联度相对较高，南阳、信阳、商丘等市水资源对经济发展的关联度相对较低（见表 5-7）。

表 5-7　河南省各地市经济发展系统与水资源子系统的关联度

地市	水资源条件子系统	水资源开发利用子系统	水环境治理子系统	水资源综合系统
三门峡市	0.634	0.701	0.773	0.695
济源市	0.641	0.638	0.759	0.672
鹤壁市	0.542	0.683	0.758	0.661
洛阳市	0.550	0.680	0.725	0.656
焦作市	0.666	0.604	0.799	0.647
驻马店市	0.548	0.706	0.801	0.633

续表 5-7

地市	水资源条件子系统	水资源开发利用子系统	水环境治理子系统	水资源综合系统
许昌市	0.514	0.648	0.740	0.621
郑州市	0.589	0.624	0.659	0.619
新乡市	0.548	0.622	0.840	0.616
周口市	0.549	0.626	0.746	0.614
濮阳市	0.541	0.590	0.860	0.602
平顶山市	0.482	0.686	0.780	0.582
开封市	0.529	0.568	0.822	0.581
漯河市	0.467	0.633	0.786	0.580
安阳市	0.564	0.536	0.834	0.567
商丘市	0.517	0.553	0.794	0.564
信阳市	0.508	0.589	0.786	0.553
南阳市	0.499	0.592	0.737	0.552

第四节　河南省四大流域水资源利用与经济社会耦合协调分析

一、耦合协调度模型构建

耦合度反映系统由无序向有序发展的规律，定义域区间为 $C\in(0,1)$，但耦合度不能完全反映两个系统之间协同发展的程度，因此就要借助耦合协调度模型。耦合协调度是指两系统之间相互作用的良性耦合程度，可以表征各系统之间是在高水平上相互促进还是在低水平上相互制约。耦合度及耦合协调度模型表示为

$$C=z\left(\frac{U_1U_2\cdots U_z}{U_1+U_2+\cdots+U_z}\right)^{\frac{1}{z}} \tag{5-13}$$

$$T=\alpha_1U_1+\alpha_2U_2+\cdots+\alpha_zU_z \tag{5-14}$$

$$D=\sqrt{C\cdot T} \tag{5-15}$$

式中：z 为系统个数；U 为每个系统的综合评价指数，取 0~1；C 为水资源各个系统与经济社会发展水平之间的耦合度，取 0~1，C 越接近于 1，说明耦合状况越好；T 为水资源利用率和经济高质量发展的综合评价指数，反映区域水资源与经济发展水平整体效益；α 为每个系统的权重；D 为耦合协调度。

分别计算出水资源开发利用水平及经济社会发展水平耦合度、协调指数和耦合协调度，确定每年的耦合协调度所属的等级及阶段。

二、耦合协调阶段划分

根据河南省水资源开发利用与经济社会发展的耦合特征，将耦合协调度分为五个阶段（见表 5-8）。

表 5-8　水资源利用与经济社会耦合协调发展评价标准

耦合协调度	耦合协调发展阶段	耦合协调发展特征
（0，0.2]	极不耦合阶段	经济社会发展水平低、水资源开发利用潜力大
（0.2，0.4]	拮抗阶段	经济社会发展水平提高、水资源开发利用潜力减少
（0.4，0.6]	磨合阶段	水资源开发利用与经济社会发展相互影响不断磨合
（0.6，0.8]	低水平耦合协调阶段	水资源开发利用与经济社会发展相互促进
（0.8，1.0]	高水平耦合协调阶段	水资源开发利用与经济社会协调发展

第一个阶段为水资源开发利用和经济社会发展极不耦合阶段，两大系统的耦合协调度小于或等于 0.2，以经济社会发展水平低、水资源开发利用潜力大为特征。

第二个阶段为水资源开发利用和经济社会发展拮抗阶段，两大系统的耦合协调度大于 0.2 小于或等于 0.4，以经济社会发展水平提高、水资源开发利用潜力减少为特征。

第三个阶段为水资源开发利用和经济社会发展磨合阶段，两大系统的耦合协调度大于 0.4 小于或等于 0.6，以水资源开发利用与经济社会发展相互影响不断磨合为特征。

第四个阶段为水资源开发利用和经济社会发展低水平耦合协调阶段，两大系统的耦合协调度大于 0.6 小于或等于 0.8，以水资源开发利用与经济社会发展相互促进为特征。

第五个阶段为水资源开发利用和经济社会发展高水平耦合协调阶段，两大系统的耦合协调度大于 0.8 小于或等于 1.0，以水资源开发利用与经济社会协调发展为特征。

三、耦合协调度分析

2000~2020 年，河南省黄河流域耦合协调指数由 0.37 增加到 0.568，河南省淮河流域由 0.377 增加到 0.569，河南省海河流域由 0.287 增加到 0.487，河南省长江流域由 0.276 增加到 0.479（见图 5-4），河南省四大流域水资源与经济社会耦合协调度均呈现波动上升趋势，耦合协调水平向良性发展。值得关注的是，河南省四大流域耦合协调指数均在 2012 年呈现出明显的拐点，在 2012 年后基本呈现不断增长的态势。原因主要是：2012 年之前，河南省经济增长方式较为粗放，水资源利用和经济社会发展在低水平上相互制约；党的十八大以来，全省注重转变经济发展方式，更加注重节能环保等战略性新兴产业发展，更加注重水资源的节约高效利用，各流域水资源保障能力得到提升，水资源利用和经济社会呈现良性协调发展的态势。

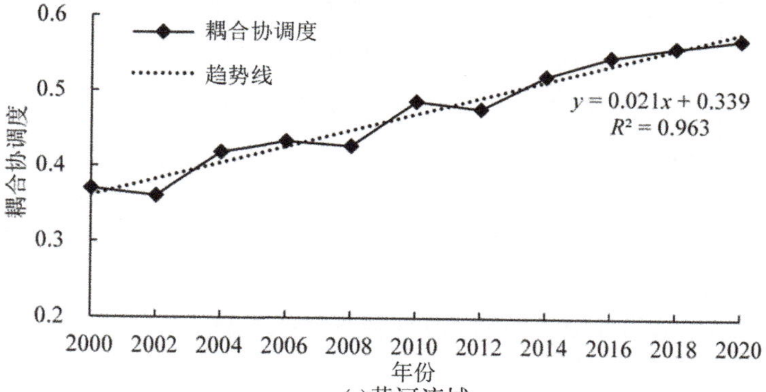

(a)黄河流域

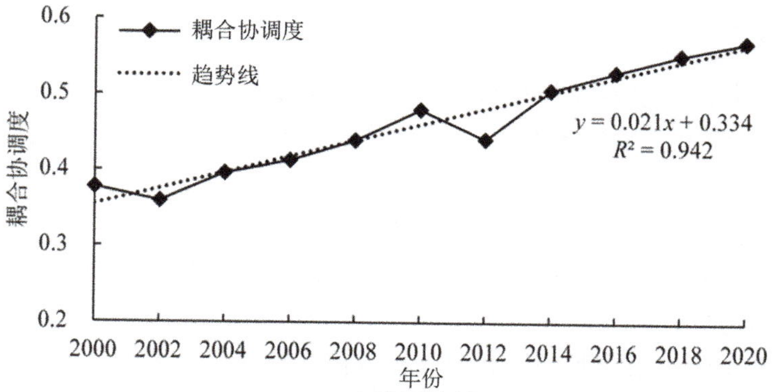

(b)淮河流域

图 5-4　2000~2020 年河南省四大流域水资源和经济社会发展耦合协调度对比

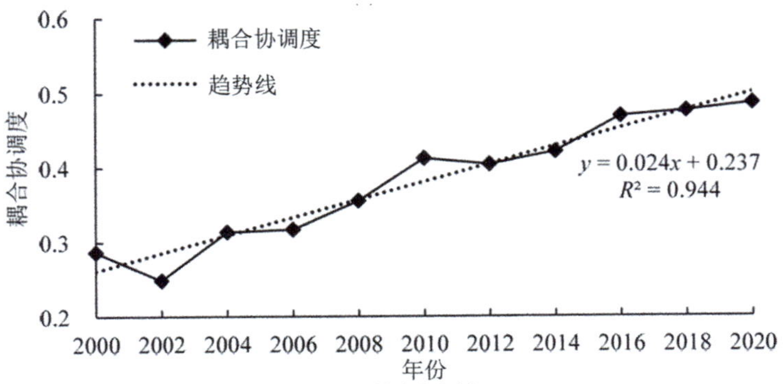

(c)海河流域

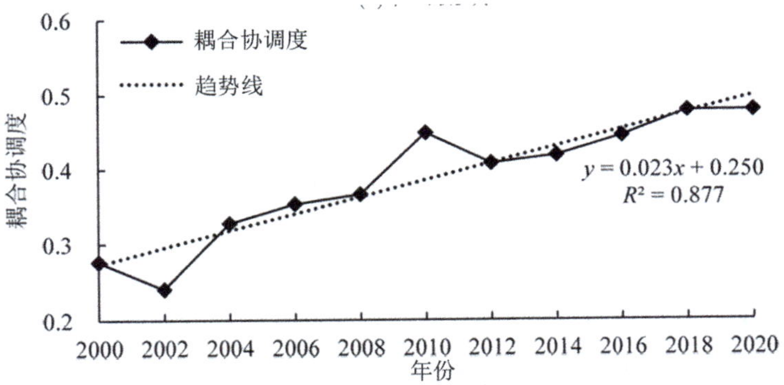

(d)长江流域

续图 5-4

四、耦合协调度预测

（一）GM（1,1）灰色预测模型构建

GM（1,1）模型是对原始数据系列进行一阶累加生成的，建立一阶线性微分方程模型，求得拟合曲线，从而对系统进行预测。

设 $X(0)$ 为原始数据系列，对 $X(0)$ 进行一次累加生成，得到一个生成序列 $X(1)$，由此可以建立白化形式的微分方程：

$$\mathrm{d}X(1)/\mathrm{d}t + aX(1) = u \tag{5-16}$$

用最小二乘法拟合得到参数 a 和 u：

$$\begin{bmatrix} a \\ u \end{bmatrix}=(B^{\mathrm{r}}B)^{-1}B^{\mathrm{r}}Y_M \tag{5-17}$$

$$B=\begin{vmatrix} -\frac{1}{2}\left[X^{(1)}(1)+X^{(1)}(2)\right] & 1 \\ -\frac{1}{2}\left[X^{(1)}(2)+X^{(1)}(3)\right] & 1 \\ \vdots & \vdots \\ -\frac{1}{2}\left[X^{(1)}(n-1)+X^{(1)}(n)\right] & 1 \end{vmatrix} \tag{5-18}$$

$$Y_M=\begin{bmatrix} X^{(1)}(2) \\ X^{(1)}(3) \\ \vdots \\ X^{(1)}(n) \end{bmatrix}^{\mathrm{r}} \tag{5-19}$$

微分方程式所对应的时间响应函数即为此次数列预测的基础公式：

$$x^{(1)}(k+1)=\left[x^{(0)}(1)-\frac{u}{a}\right]\mathrm{e}^{-ak}+\frac{u}{a} \tag{5-20}$$

为提高 GM（1,1）模型预测值的可靠度，采用后验差检验方法进行模型精度检验，后验差比值 C 和小误差概率 P 定义为

$$C=S_2/S_1 \tag{5-21}$$

$$P=P\left[\left|\varepsilon(k)-\bar{\varepsilon}\right|<0.674\,5S_1\right] \tag{5-22}$$

式中：S_1 为原始数据标准差；S_2 为预测数据标准差；ε 为预测数据误差；$\bar{\varepsilon}$ 为预测误差的均值。

C 的大小表明模型预测值和实际值之差的离散程度，C 越小，表示原始数据离散性越大，预测误差离散性越小，则预测精度越高；P 越大，即小误差的概率越大，表示拟合精度高。

（二）耦合协调度预测

基于灰色 GM（1,1）预测模型，以 2000~2020 年河南省四大流域水资源利用与经济社会发展耦合协调度为基础，对 2022~2035 年河南省四大流域水资源利用与经济高质量发展的耦合协调度进行了预测。预测结果显示：2022~2035 年河南省四大流域水资源和经济社会的耦合协调度将延续 2000~2020 年的发展趋势，仍保持增长状态，河南省黄河流域、河南省淮河流域 2022 年耦合协调度率先提高到 0.6 以上，进入低水平的耦合协调状态，河南省海河流域和河南

省长江流域预计在 2026 年和 2028 年左右耦合协调度达到 0.6 以上。至 2035 年，河南省黄河流域、河南省淮河流域和河南省海河流域的耦合协调度均将升至 0.8 以上，水资源利用系统和经济社会发展系统达到高水平耦合协调状态，河南省长江流域耦合协调度达到 0.76，也接近良好协调水平（见图 5-5）。因此可以判断，未来 15 年河南省四大流域水资源利用系统和经济社会发展系统继续向着协调有序的方向前进，但达到高水平耦合协调仍需较长时间，同时流域间两大系统相互作用的差异仍将存在。

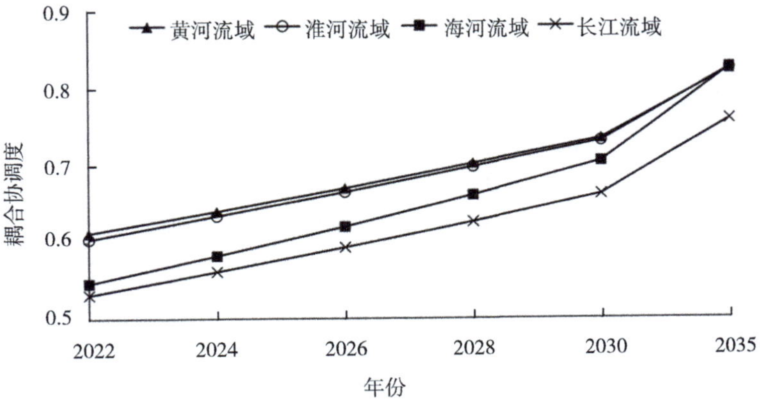

图 5-5　河南省四大流域水资源利用系统与经济社会发展系统耦合协调度发展预测

第六章 土地资源与经济社会耦合协调分析

土地作为人类赖以生存以及社会发展的物质基础，为人类的经济社会活动提供了空间载体，土地资源的有限性与稀缺性客观地要求人们选取合理的土地利用方式以实现土地的集约、高效与可持续利用。土地利用指人们主要依据土地资源的自然特点，以经济社会发展为目的，通过生物、技术和政策等手段改变人类经济社会活动方式，以实现对土地的治理与管理。随着人口的快速增长与向城镇集聚，经济社会得到不断的发展，城市化、工业化进程得到快速推进，城市范围不断扩张、产业结构不断调整，人类对非建设用地的占用也越来越显著，加上城市盲目的“摊大饼”式扩张以及工业用地的不合理开发，带来了一系列低效利用土地、粮食生产安全和环境污染等社会问题。有限、稀缺的土地资源难以提供长期维持高速经济社会发展的综合保障，人地矛盾日益凸显。

土地利用转型作为土地利用覆被变化（LUCC）综合研究的新途径，开展相关研究不仅能够适时反映在某一时期所处经济社会发展水平下土地数量、结构、比例和空间结构的演变过程，还可以从不同经济社会驱动因素出发探寻其对土地空间形态发生转变程度的差异性。对土地利用转型进行研究是关系国家/区域对土地资源进行科学管理适时提升土地利用转型的合理性，以促进国家/区域经济社会可持续发展的重要性基础工作。城市化发展能在一定程度上反映一个地区经济发展和社会进步水平，对区域特定时期的城市化水平进行综合评价可以刻画“人口—经济—社会”综合方面的变化过程，即可以对人口城镇化水平、城镇规模、经济水平、产业结构以及社会生活方式等方面的综合变化过程进行分析。

当前，在城市化、工业化进程的快速推进中，土地利用转型与经济社会发展之间的相互影响不断加强，人类经济社会活动日益频繁改变了土地的利用方式、结构以及空间分布特征，同时土地利用的转型又反作用于人类经济社会活动，改变人类的生存发展环境。但由于我国建设用地的急剧扩张速度已远远超出经济社会发展的需求，传统的开发型、粗放型用地模式已经难以为继。因此，开展对土地利用转型与经济社会发展之间关系的研究，有助于提升土地利用潜力与效率，促进城乡统筹、经济稳健以及可持续发展。随着黄河流域生态保护和高质量发展国家重大战略、新型城镇化、一带一路等系列国家战略的推进，河南省将会成为承接我国人口、产业转移的重要区域。如何协调国家 / 区域经济社会发展的同时，对土地利用方式进行合理布局，构建土地利用转型与经济社会发展双向互动机制研究亟待开展。

第一节　土地利用与经济发展之间的关系分析

一、土地节约集约利用与经济增长之间的关系

（一）土地节约集约利用程度与经济增长质量之间的关系

土地利用程度和水平要靠土地承载力和效益来体现，由于土地资源的有限性，在经济技术一定的前提下，可以通过合理地增加特定土地面积的物质投入强度来提高利用水平。这可以通过提高容积率、建筑高度和密度等途径予以实现，合理的用地结构可以推动区域经济增长，提高经济发展质量。反之，如果一味扩大用地规模，对土地进行盲目利用，其所带来的后果将让城市经济的增长衰退或是停滞不前。同时，应当注意到，在城市扩张的过程中，耕地一定会大量地减少。

（二）经济增长方式和土地集约利用关系分析

我国人口多，经济发展水平不高，长期以来困扰我国经济社会发展最为突出的问题和矛盾便是人地矛盾。而作为经济增长载体的土地，是一切经济发展项目的物质基础，实现经济增长是离不开土地资源支撑的。可以通过调整土地利用结构和布局来提高土地利用的经济效益，从而实现更好的经济增长，即经济增长方式实现由过去的粗放型向集约型转变，实现土地利用效益的提高。

（三）土地节约集约利用与经济发展聚集效应之间的关系

土地特别是城市土地的节约集约利用，可以让更多的企业在信息通畅、交通便利、基础设施完善的城市内经营，这样能让企业享受低成本的聚集生产，进而产生更大的聚集生产效益。城市的聚集效应可以快速、高效地展现经济效益，从而可以促进土地的节约集约利用水平得到提升。企业数量的增加必然会派生出大量的对土地特别是工业用地的需求，这会使土地变得更加稀缺，从而抬高土地价格，为了节约经营成本，各企业必然会做出节约集约利用土地的决策，以追求更大的利润空间。从中我们可以得到启示：在新型城镇化的过程中，

政府切不可总热衷于增量土地的开发利用而忽视了存量土地的挖潜。对土地资源的开发要事先进行合理的规划和设计，通过规划的实施让土地的利用达到效益最大化。

二、产业结构调整和土地集约利用的关系

凭借优化结构实现土地的有序、高效和可持续利用，从而让土地的使用价值达到最大化是实现土地节约集约利用的有效途径。优化土地利用结构和改善经济产业结构两者间存在着非常密切的关联。土地利用结构优化会提升经济发展的速度和效益。土地是发展的基础，其用地结构的优化和调整将会带来产业结构的变化。相应的，不同的产业对区位的要求和选择也会有所不同。当前，可以看到我国的大城市尤其是一线城市都在通过增加第三产业特别是高新技术产业的用地供给，大幅减少甚至拒批过剩产能产业的用地来调整优化本地的产业结构，提升经济发展质量。

三、土地集约利用与城镇化

城镇化以农村许多以农业为生的人们通过进城务工转化为非农业人口，并且每年转化的数量都在增加为主要表现，而城镇规模和数量的不断扩张带来了建设用地规模的不断膨胀。从长远来看，土地的这种无序扩张必然会造成土地资源的不可持续利用问题。要解决这种城镇化进程中的人地矛盾，主要措施还是要不断配套相关政策，加强管理和控制，加大城镇土地节约集约利用的水平和强度，为经济社会的科学发展、跨越发展提供有力保障。城镇土地的节约集约利用在一定程度上也依赖于城镇化的合理发展，随着城镇化的迅速发展和科学技术的进步，用地单位或者土地使用权人不得不在土地上增加投入，这样城镇土地的节约集约利用水平就会有较大幅度的提高。因此，合理有序的城镇化对土地利用的节约集约利用起到激励和促进作用。同时，科学合理的土地资源配置和高效集约的土地利用对推动城镇化可持续科学发展也起到积极作用。

四、经济发展对土地需求的影响

随着工业化的加速发展，农业用地和农业劳动力不断向二、三产业转移，对土地的需求越来越大，原有农地数量将会逐渐减少，而城镇、工业和交通等用地将会不断扩大。经济发展中占比最多的是建设用地，建设用地具有三种基本功能，一是人们住所的载体，二是人们非农生产的载体，三是市场交易的载体。随着经济社会的发展，建设用地对经济社会的贡献越来越突出，农业用地所提

供的经济份额相对下降。二、三产业的经济载体是各类建设用地，一是建设用地本身能“衍生”经济产值，如建设用地的增量及内部改造，凝聚大量资金的注入：二是建设用地是工业、服务业等行业的运营场所，建设用地的内部结构对经济总量的贡献有影响。因此，建设用地与二、三产业的发展具有天然的联系，两者相互作用，建设用地的优化能促进二、三产业经济的增长，反之，二、三产业经济发展能提高建设用地的效率。

第二节　河南省四大流域土地利用时空演变特征

从土地利用转型的内涵来看，它是一个复杂的时空耦合过程，可以对其土地利用形态在时间上和空间上的变化进行测度。在时间上，通过土地利用转移矩阵分析不同土地利用类型的来源与去向，并通过转型速度和幅度分析不同土地利用类型的转型特征；在空间上，以流域、市域为研究单元对土地利用转型数量、速度和幅度的空间分异进行研究。

一、数据来源与处理

该研究数据主要包括 2000 年、2020 年 2 期土地利用数据，土地利用数据来源于中国科学院资源环境科学数据中心。2000 年土地利用数据基于 Landsat-TM/ETM 遥感解译，2020 年利用 Landsat8 OLI 影像数据进行解译，空间分辨率为 30 m，综合评价精度达到 93% 以上。土地利用类型分为耕地、林地、草地、水域、建设用地和未利用土地 6 种类型（见表 6-1）。

表 6-1　土地利用数据分类系统

一级类型	二级类型	含义
耕地	水田	指有水源保证和灌溉设施，在一般年景能正常灌溉，用以种植水稻、莲藕等水生农作物的耕地，包括实行水稻和旱地作物轮种的耕地
	旱地	指无灌溉水源及设施，靠天然降水生长作物的耕地；有水源和浇灌设施，在一般年景下能正常灌溉的旱作耕地；以种菜为主的耕地；正常轮作的休闲地和轮歇地

续表 6-1

一级类型	二级类型	含义
林地	有林地	指郁闭度 >30% 的天然林和人工林。包括用材林、经济林、防护林等成片林地
	灌木林地	指郁闭度 >40%、高度在 2 m 以下的矮林地和灌丛林地
	疏林地	指林木郁闭度为 10%~30% 的林地
	其他林地	指未成林造林地、迹地、苗圃及各类园地（果园、桑园、茶园、热作林园等）
草地	高覆盖度草地	指覆盖 >50% 的天然草地、改良草地和割草地，此类草地一般水分条件较好，草被生长茂密
	中覆盖度草地	指覆盖度在 20%~50% 的天然草地和改良草地，此类草地一般水分不足，草被较稀疏
	低覆盖度草地	指覆盖度在 5%~20% 的天然草地，此类草地水分缺乏，草被稀疏，牧业利用条件差
水域	河渠	指天然形成或人工开挖的河流及主干常年水位以下的土地
	湖泊	指天然形成的积水区常年水位以下的土地
	水库坑塘	指人工修建的蓄水区常年水位以下的土地
	永久性冰川雪地	指常年被冰川和积雪所覆盖的土地
	滩涂	指沿海大潮高潮位与低潮位之间的潮浸地带
	滩地	指河、湖水域平水期水位与洪水期水位之间的土地
建设用地	城镇用地	指大、中、小城市及县镇以上建成区用地
	农村居民用地	指独立于城镇以外的农村居民点
	其他建设用地	指厂矿、大型工业区、油田、盐场、采石场等用地以及交通道路、机场及特殊用地
未利用土地	沙地	指地表被沙覆盖，植被覆盖度在 5% 以下的土地，包括沙漠，不包括水系中的沙漠
	盐碱地	指地表盐碱聚集，植被稀少，只能生长强耐盐碱植物的土地
	沼泽地	指地势平坦低洼，排水不畅，长期潮湿，季节性积水或常年积水，表层生长湿生植物的土地
	裸土地	指地表土质覆盖，植被覆盖度在 5% 以下的土地
	裸岩石质地	指地表为岩石或石砾，其覆盖面积 >5% 的土地
	其他	指其他未利用土地，包括高寒荒漠、苔原等

二、研究方法

（一）土地利用转移矩阵

转移矩阵通过分析土地利用类型结构特征量的变化以及不同土地利用类型间的转移方向，可以定量表达特定时期内土地利用 / 土地覆被类型之间的相互转化过程，公式如下：

$$\boldsymbol{S}_{tt'}=\begin{pmatrix} S_{11} & S_{12} & \cdots & S_{1n} \\ S_{21} & S_{22} & \cdots & S_{2n} \\ \vdots & \vdots & & \vdots \\ S_{n1} & S_{n2} & \cdots & S_{nn} \end{pmatrix} \tag{6-1}$$

式中：S_{nn} 为面积；n 为土地利用的类型数；t、t' 分别为研究初期与末期的土地利用类型。

该研究基于 ArcGIS10.4 软件的 Tabulate Area 功能建立不同时期土地利用转移矩阵，实现不同土地利用类型转移方向分析。

（二）土地利用动态度

土地利用动态度可以反映出区域各土地利用类型变化速度、强度以及在土地利用变化中的类型差异，可以客观表达区域土地利用 / 土地覆盖变化剧烈程度。

$$\mathrm{LC}=\frac{\sum_{i=1}^{n}\Delta \mathrm{LA}_{i-j}}{2\sum_{i=1}^{n}A_{ai}}\times\frac{1}{T_2-T_1}\times 100\% \tag{6-2}$$

式中：LC 为综合土地利用动态度；A_{ai} 为第 i 类土地研究初期面积；$\Delta \mathrm{LA}_{i-j}$ 为研究期内第 i 类土地转移到其他土地利用类型面积的绝对值。

三、土地利用空间分布特征

地表覆盖分类信息反映地表自然营造和人工建造物的自然属性及状况，与侧重土地社会属性的土地利用不同。本章采用中国多时期土地利用 / 土地覆盖遥感监测数据分类系统二级分类系统，一级分为 6 类，主要根据土地资源及其利用属性，分为耕地、林地、草地、水域、建设用地和未利用土地，二级主要根据土地资源的自然属性分为 20 个类型。该分类系统从土地覆被遥感监测实用操作性出发，紧密结合全国县级土地利用现状分类系统，便于土地覆被遥感监测成果与地面常规土地利用调查成果的联系及数据追加处理，在适用性方面具有重要的现实意义。

耕地是指种植农作物的土地，包括熟耕地、新开荒地、休闲地、轮歇地、草田轮作物地；以种植农作物为主的农果、农桑、农林用地；耕种3年以上的滩地和海涂。具体包括水田和旱地2个二级地类。水田指有水源保证和灌溉设施，在一般年景能正常灌溉，用以种植水稻、莲藕等水生农作物的耕地，包括实行水稻和旱地作物轮种的耕地。旱地指无灌溉水源及设施，靠天然降水生长作物的耕地；有水源和浇灌设施，在一般年景下能正常灌溉的旱作耕地；以种菜为主的耕地；正常轮作的休闲地和轮歇地。

林地指生长乔木、灌木、竹类以及沿海红树林地等林业用地，具体包括有林地、灌木林地、疏林地和其他林地。有林地指郁闭度>30%的天然林和人工林，包括用材林、经济林、防护林等成片林地。灌木林指郁闭度>40%、高度在2 m以下的矮林地和灌丛林地。疏林地指林木郁闭度为10%~30%的林地。其他林地指未成林造林地、迹地、苗圃及各类园地（果园、桑园、茶园、热作林园等）。

草地指以生长草本植物为主，覆盖度在5%以上的各类草地，包括以牧为主的灌丛草地和郁闭度在10%以下的疏林草地，具体包括高覆盖度草地、中覆盖度草地和低覆盖度草地。高覆盖度草地指覆盖度>50%的天然草地、改良草地和割草地，此类草地一般水分条件较好，草被生长茂密。中覆盖度草地指覆盖度为20%~50%的天然草地和改良草地，此类草地一般水分不足，草被较稀疏。低覆盖度草地指覆盖度为5%~20%的天然草地，此类草地水分缺乏，草被稀疏，牧业利用条件差。

水域指天然陆地水域和水利设施用地，具体包括河渠、湖泊、水库坑塘、永久性冰川雪地、滩涂和滩地。河渠指天然形成或人工开挖的河流及主干常年水位以下的土地。湖泊指天然形成的积水区常年水位以下的土地。水库坑塘指人工修建的蓄水区常年水位以下的土地。永久性冰川雪地指常年被冰川和积雪所覆盖的土地。滩涂指沿海大潮高潮位与低潮位之间的潮浸地带。滩地指河、湖水域平水期水位与洪水期水位之间的土地。

城乡、工矿、居民用地指城乡居民点及其以外的工矿、交通等用地，具体包括城镇用地、农村居民点和其他建设用地。城镇用地指大、中、小城市及县镇以上建成区用地。农村居民点指独立于城镇以外的农村居民点。其他建设用地指厂矿、大型工业区、油田、盐场、采石场等用地以及交通道路、机场及特殊用地。

未利用土地指目前还未利用的土地，包括难利用的土地，具体包括沙地、戈壁、盐碱地、沼泽地、裸土地、裸岩石质地和其他。沙地指地表被沙覆盖，植被覆盖度在5%以下的土地，包括沙漠，不包括水系中的沙漠。戈壁指地表以碎砾石为主，植被覆盖度在 5% 以下的土地。盐碱地指地表盐碱聚集，植被稀少，只能生长强耐盐碱植物的土地。沼泽地指地势平坦低洼，排水不畅，长期潮湿，季节性积水或常年积水，表层生长湿生植物的土地。裸土地指地表土质覆盖，植被覆盖度在 5% 以下的土地。裸岩石质地指地表为岩石或石砾，其覆盖面积 >5% 的土地。其他指其他未利用土地，包括高寒荒漠、苔原等。

（一）河南省黄河流域地表覆盖的构成及空间分布

2000 年河南省黄河流域耕地面积为 20 180.32 km^2，占流域土地总面积的 55.80%；2020 年河南省黄河流域耕地面积为 19 720.12 km^2，占流域土地总面积的 54.53%。2000~2020 年，河南省黄河流域耕地面积占比从 55.80% 降低到 54.53%，净减少了 460.20 km^2。

2000 年河南省黄河流域的林地面积为 8 293.38 km^2，占流域土地总面积的 22.93%；2020 年河南省黄河流域的林地面积为 8 273.97 km^2，占流域土地总面积的 22.88%。河南省黄河流域林地总面积 2000~2020 年减少了 19.41 km^2。

2000 年河南省黄河流域的草地面积为 3 907.70 km^2，占流域土地总面积的 10.81%；2020 年河南省黄河流域的草地面积为 3 500.84 km^2，占流域土地总面积的 9.68%。河南省黄河流域草地面积 2000~2020 年减少了 406.86 km^2。

2000 年河南省黄河流域的水域面积为 924.74 km^2，占流域土地总面积的 2.56%；2020 年河南省黄河流域的水域面积为 882.91 km^2，占流域土地总面积的 2.44%。河南省黄河流域水域面积 2000~2020 年减少了 41.83 km^2。

2000 年河南省黄河流域的城乡、工矿、居民用地面积为 2 802.31 km^2，占流域土地总面积的 7.75%；2020 年河南省黄河流域的城乡、工矿、居民用地面积为 3 773.25 km^2，占流域土地总面积的 10.43%。2000~2020 年，河南省黄河流域城乡、工矿、居民用地面积占比从 7.75% 升高到 10.43%，净增加了 970.94 km^2。

2000年河南省黄河流域的未利用土地面积为55.42 km^2，占流域土地总面积的0.15%；2020年河南省黄河流域的未利用土地面积为12.78 km^2，占流域土地总面积的0.04%。2000~2020年，河南省黄河流域未利用土地面积占比从0.15%降低到0.04%，净减少了42.64 km^2（见图6-1、表6-2）。

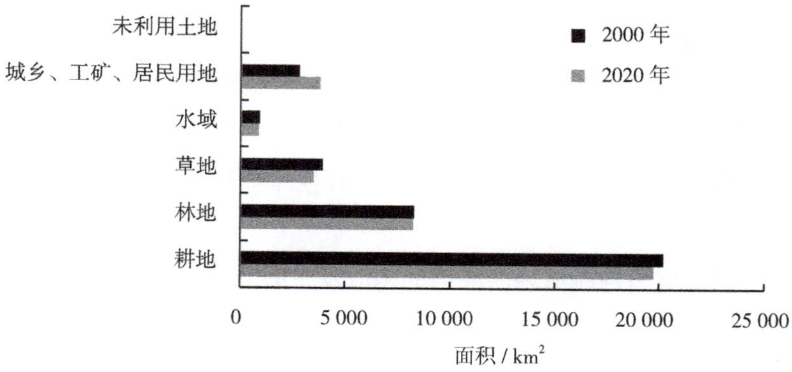

图 6-1　2000 年、2020 年河南省黄河流域地表覆盖类型的绝对面积对比

表 6-2　2000 年、2020 年河南省黄河流域地表覆盖类型面积和比例统计

分类	2000 年		2020 年		面积变化 / km²
	面积 / km²	占比 / %	面积 / km²	占比 / %	
耕地	20 180.32	55.80	19 720.12	54.53	-460.20
林地	8 293.38	22.93	8 273.97	22.88	-19.41
草地	3 907.70	10.81	3 500.84	9.68	-406.86
水域	924.74	2.56	882.91	2.44	-41.83
城乡、工矿、居民用地	2 802.31	7.75	3 773.25	10.43	970.94
未利用土地	55.42	0.15	12.78	0.04	-42.64

总体来看，河南省黄河流域2000~2020年不同地表覆盖类型面积变化较为剧烈，由图6-2可以看出，耕地、林地、草地、水域和未利用土地的绝对面积都存在不同程度的减少，其中耕地和草地的减少程度最为剧烈。城乡、工矿、居民等建设用地的面积有所增加，且增加较为剧烈，耕地、林地、草地、水域和未利用土地都转化为了城乡、工矿、居民用地，反映了河南省黄河流域快速推进的城市化进程。

（二）河南省淮河流域地表覆盖的构成及空间分布

2000 年河南省淮河流域的耕地面积为 62 891.62 km²，占淮河流域土地总面积的 72.74%；2020 年河南省淮河流域耕地面积为 60 378.66 km^2，占流域土地总面积的 69.83%。2000~2020 年，河南省淮河流域耕地面积占比从 72.74% 降低到 69.83%，净减少了 2 512.96 km^2。

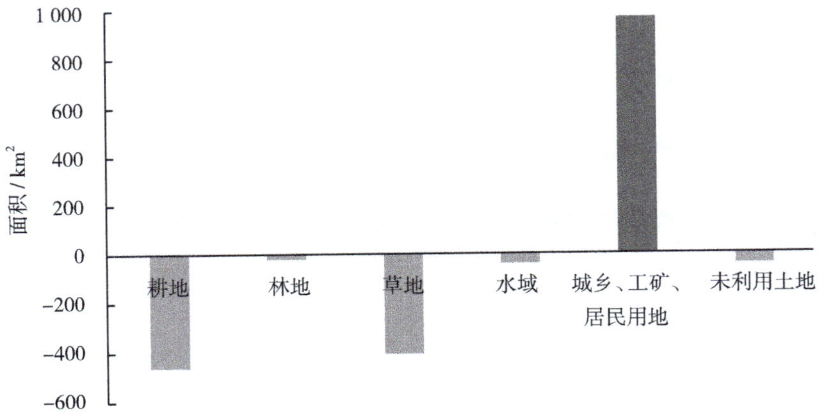

图 6-2　2000 年、2020 年河南省黄河流域地表覆盖类型的绝对面积变化情况

2000 年河南省淮河流域林地面积为 8 913.95 km^2，占流域土地总面积的 10.31%；2020 年河南省淮河流域林地面积为 9 024.96 km^2，占流域土地总面积的 10.44%。河南省淮河流域林地总面积 2000~2020 年增加了 111.01 km^2。

2000 年河南省淮河流域的草地面积为 1 910.56 km^2，占流域土地总面积的 2.21%；2020 年河南省淮河流域草地面积为 1 683.38 km^2，占流域土地总面积的 1.95%。河南省淮河流域草地面积 2000~2020 年减少了 227.18 km^2。

2000 年河南省淮河流域的水域面积为 1 831.48 km^2，占流域土地总面积的 2.12%；2020 年河南省淮河流域水域面积为 1 997.78 km^2，占流域土地总面积的 2.31%。河南省淮河流域水域面积 2000~2020 年增加了 166.30 km^2。

2000 年河南省淮河流域的城乡、工矿、居民用地面积为 10 908.00 km^2，占流域土地总面积的 12.61%；2020 年河南省淮河流域城乡、工矿、居民用地面积为 13 373.25 km^2，占流域土地总面积的 15.47%。2000~2020 年，河南省淮河流域城乡、工矿、居民用地面积占比从 12.61% 升高到 15.47%，净增加了 2 465.25 km^2。

2000 年河南省淮河流域的未利用土地面积为 5.95 km^2，占流域土地总面积的 0.01%；2020 年河南省淮河流域未利用土地总面积为 3.53 km^2。2000~2020 年，河南省淮河流域未利用土地总面积减少了 2.42 km^2（见图 6-3、表 6-3）。

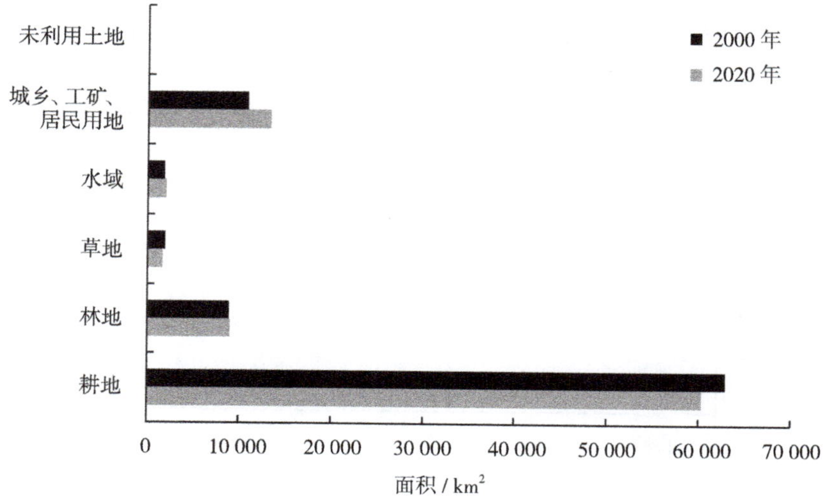

图 6-3　2000 年、2020 年河南省淮河流域地表覆盖类型的绝对面积对比

表 6-3　2000 年、2020 年河南省淮河流域地表覆盖类型面积和比例统计

分类	2000 年		2020 年		面积变化 / km²
	面积 / km²	占比 / %	面积 / km²	占比 / %	
耕地	62 891.62	72.74	60 378.66	69.83	−2 512.96
林地	8 913.95	10.31	9 024.96	10.44	111.01
草地	1 910.56	2.21	1 683.38	1.95	−227.18
水域	1 831.48	2.12	1 997.78	2.31	166.30
城乡、工矿、居民用地	10 908.00	12.61	13 373.25	15.47	2 465.25
未利用土地	5.95	0.01	3.53	0	−2.42

总体来看，2000~2020 年这一时期，河南省淮河流域耕地、草地和未利用土地的绝对面积都存在不同程度的减少，其中耕地的减少程度最为剧烈。此外，城乡、工矿、居民用地，水域和林地的面积有所增加，且城乡、工矿、居民用地的增加较为剧烈（见图 6-4）。

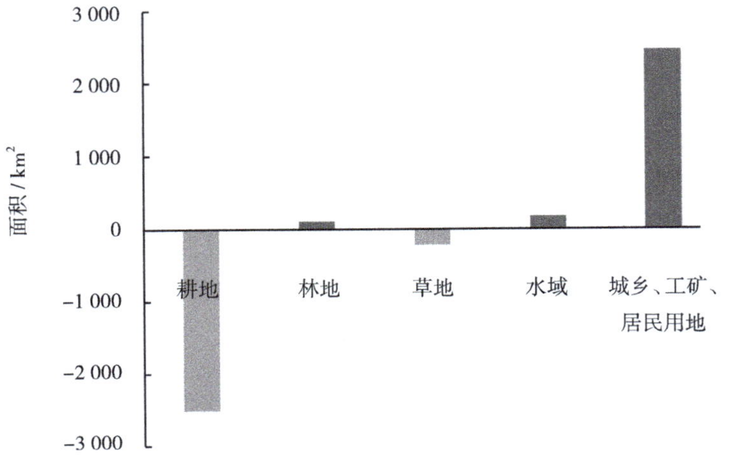

图 6-4 2000 年、2020 年河南省淮河流域地表覆盖类型的绝对面积变化情况

（三）长江流域地表覆盖的构成及空间分布

2000 年河南省长江流域耕地面积为 14 865.23 km^2，占流域土地总面积的 53.94%；2020 年河南省长江流域耕地面积为 14 287.44 km^2，占流域土地总面积的 51.84%。2000~2020 年，河南省长江流域耕地面积占比从 53.94% 降低到 51.84%，净减少了 577.79 km^2。

2000 年河南省长江流域的林地面积为 8 514.09 km^2，占流域土地总面积的 30.89%；2020 年河南省长江流域林地面积为 8 443.59 km^2，占流域土地总面积的 30.64%。河南省长江流域林地面积 2000~2020 年减少了 70.50 km^2。

2000 年河南省长江流域的草地面积为 1 696.23 km^2，占流域土地总面积的 6.15%；2020 年河南省长江流域草地面积为 1 869.21 km^2，占流域土地总面积的 6.78%。河南省长江流域草地面积 2000~2020 年增加了 172.98 km^2。

2000 年河南省长江流域的水域面积为 656.37 km^2，占流域土地总面积的 2.38%；2020 年河南省长江流域水域面积为 905.69 km^2，占流域土地总面积的 3.29%。河南省长江流域水域面积 2000~2020 年增加了 249.32 km^2。

2000 年河南省长江流域的城乡、工矿、居民用地面积为 1 826.20 km^2，占流域土地总面积的 6.63%；2020 年河南省长江流域城乡、工矿、居民用地面积为 2 051.44 km^2，占流域土地总面积的 7.44%。2000~2020 年，河南省长江流域耕地面积占比从 6.63% 升高到 7.44%，净增加了 225.24 km^2。

2000 年河南省长江流域的未利用土地面积为 3.14 km^2，占流域土地总面积的 0.01%；2020 年河南省长江流域未利用土地面积为 3.88 km²。2000~2020 年，河南省长江流域未利用土地总面积增加了 0.74 km²（见图 6-5、表 6-4）。

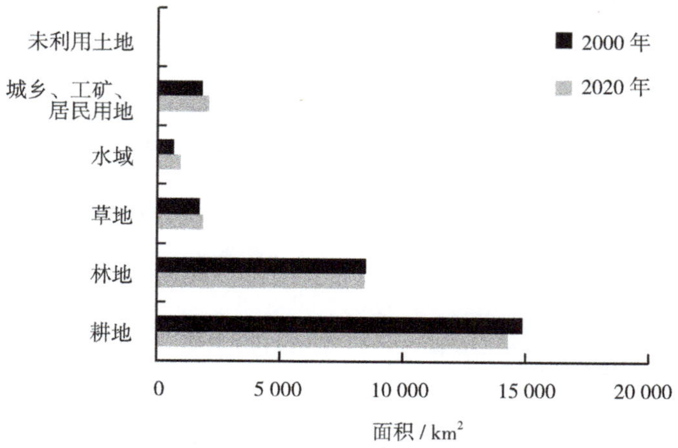

图 6-5　2000 年、2020 年河南省长江流域地表覆盖类型的绝对面积对比

表 6-4　2000 年、2020 年河南省长江流域地表覆盖类型面积和比例统计

分类	2000 年		2020 年		面积变化 / km²
	面积 / km²	占比 / %	面积 / km²	占比 / %	
耕地	14 865.23	53.94	14 287.44	51.84	−577.79
林地	8 514.09	30.89	8 443.59	30.64	−70.50
草地	1 696.23	6.15	1 869.21	6.78	172.98
水域	656.37	2.38	905.69	3.29	249.32
城乡、工矿、居民用地	1 826.20	6.63	2 051.44	7.44	225.24
未利用土地	3.14	0.01	3.88	0.01	0.74

总体来看，2000~2020 年这一时期，河南省长江流域耕地、林地的绝对面积都存在不同程度的减少，其中耕地的减少程度最为剧烈。此外，水域，城乡、工矿、居民用地和草地的面积有所增加，且增加均较为剧烈（见图 6-6）。

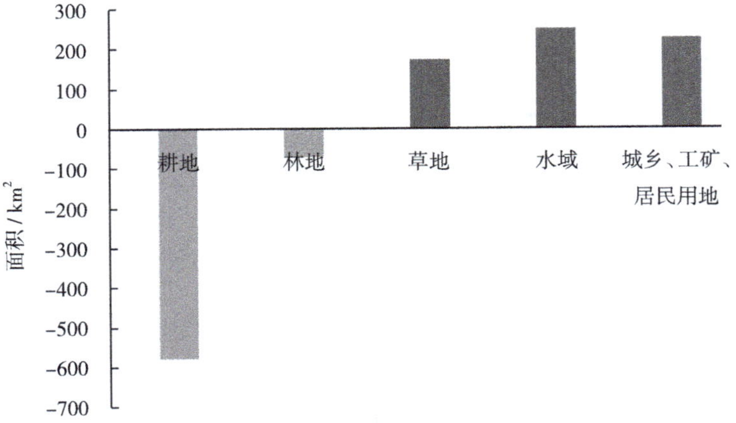

图 6-6　2000 年、2020 年河南省长江流域地表覆盖类型的绝对面积变化情况

（四）海河流域地表覆盖的构成及空间分布

2000 年河南省海河流域的耕地面积为 9 830.50 km^2，占流域土地总面积的 64.77%；2020 年河南省海河流域耕地面积为 10 710.57 km^2，占流域土地总面积的 70.57%。2000~2020 年，河南省海河流域耕地面积占比从 64.77% 升高到 70.57%，净增加了 880.07 km^2。

2000 年河南省海河流域的林地面积为 1 311.47 km^2，占流域土地总面积的 8.64%；2020 年河南省海河流域林地面积为 1 266.85 km^2，占流域土地总面积的 8.35%。河南省海河流域林地面积 2000~2020 年减少了 44.62 km^2。

2000 年河南省海河流域的草地面积为 1 923.81 km^2，占流域土地总面积的 12.68%；2020 年河南省海河流域草地面积为 1 871.95 km^2，占流域土地总面积的 12.33%。河南省海河流域草地面积 2000~2020 年减少了 51.86 km^2。

2000 年河南省海河流域的水域面积为 134.92 km^2，占流域土地总面积的 0.89%；2020 年河南省海河流域水域面积为 129.81 km^2，占流域土地总面积的 0.86%。河南省海河流域水域面积 2000~2020 年减少了 5.11 km^2。

2000 年河南省海河流域的城乡、工矿、居民用地面积为 1 955.36 km^2，占流域土地总面积的 12.88%；2020 年河南省海河流域城乡、工矿、居民用地面积为 1 195.75 km^2，占流域土地总面积的 7.88%。2000~2020 年，河南省海河流域城乡、工矿、居民用地面积占比从 12.88% 降低至 7.88%，净减少了 759.61 km^2。

2000 年河南省海河流域的未利用土地面积为 20.68 km^2，占流域土地总面积的 0.14%；2020 年河南省海河流域未利用土地面积为 1.81 km^2。2000~2020 年，河南省海河流域未利用土地面积减少了 18.87 km^2（见图 6-7、表 6-5）。

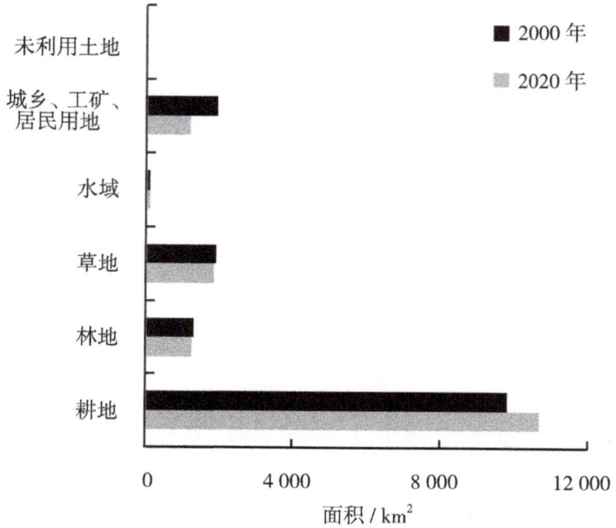

图 6-7　2000 年、2020 年河南省海河流域地表覆盖类型的绝对面积对比

表 6-5　2000 年、2020 年河南省海河流域地表覆盖类型面积和比例统计

分类	2000 年		2020 年		面积变化 / km²
	面积 / km²	占比 / %	面积 / km²	占比 / %	
耕地	9 830.50	64.77	10 710.57	70.57	880.07
林地	1 311.47	8.64	1 266.85	8.35	–44.62
草地	1 923.81	12.68	1 871.95	12.33	–51.86
水域	134.92	0.89	129.81	0.86	–5.11
城乡、工矿、居民用地	1 955.36	12.88	1 195.75	7.88	–759.61
未利用土地	20.68	0.14	1.81	0.01	–18.87

总体来看，2000~2020 年这一时期，河南省海河流域林地，草地，水域，城乡、工矿、居民用地和未利用土地的绝对面积都存在不同程度的减少，其中城乡、工矿、居民用地的减少程度最为剧烈。耕地面积增加较为剧烈（见图 6-8）。

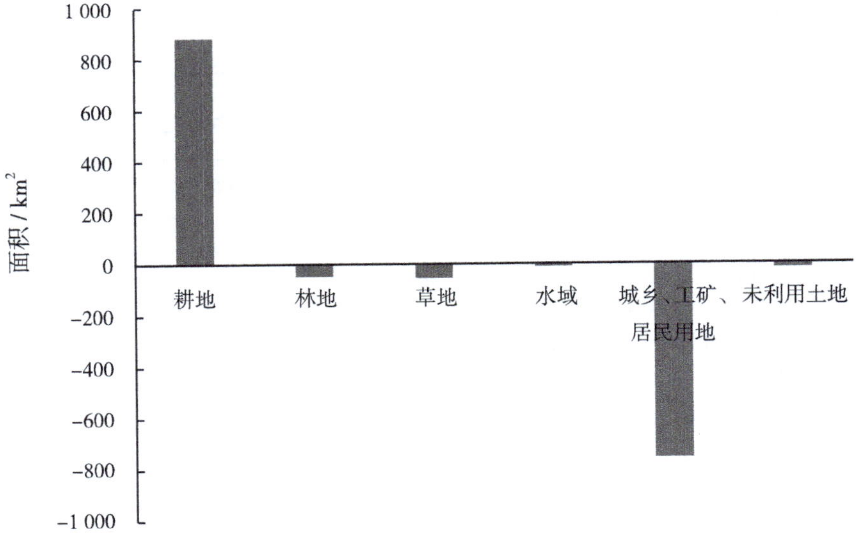

图 6-8　2000 年、2020 年河南省海河流域地表覆盖类型的绝对面积变化情况

四、土地利用动态变化分析

前文分析河南省四大流域整体的地表覆盖类型发现：总体上，2020 年河南省黄河流域的耕地、林地、草地、水域和未利用土地相较于 2000 年减少；与之相对应的是河南省黄河流域城乡、工矿、居民用地在这一时期持续增加。2020 年河南省淮河流域耕地、草地和未利用土地相较于 2000 年减少；与之相对应的是河南省淮河流域城乡、工矿、居民用地，水域和林地在这一时期持续增加。2020 年河南省长江流域耕地、林地相较于 2000 年减少；与之相对应的是河南省长江流域水域，城乡、工矿、居民用地和草地在这一时期持续增加。2020 年河南省海河流域林地，草地，水域，城乡、工矿、居民用地和未利用土地相较于 2000 年减少；与之相对应的是河南省海河流域耕地在这一时期持续增加。为了更详细地研究不同区域的地表覆盖变化情况，对河南省四大流域各地表覆盖类型的变化进行了研究，统计 2000~2020 年河南省四大流域不同地表覆盖类型间的转化情况及动态变化度，以便更好地了解分析该地区的地表覆盖类型变化情况。

（一）一级地类动态变化分析

1. 河南省黄河流域

由表 6-6 可知，2020 年河南省黄河流域的耕地面积主要由城乡、工矿、居民用地，草地和水域转入，总转入面积 1 304.36 km²；2020 年相较于 2000 年耕地面积主要转出为城乡、工矿、居民用地，各地类总转出的面积为 1 764.56 km²；在 2000~2020 年这一时期，耕地面积净减少 460.20 km²。

表 6-6 2000~2020 年河南省黄河流域一级地类地表覆盖转移矩阵 单位：km²

地类	耕地	林地	草地	水域	城乡、工矿、居民用地	未利用土地
耕地	18 415.76	61.93	83.48	238.58	1 372.79	7.78
林地	90.82	8 137.21	13.73	9.70	41.91	0
草地	337.03	61.35	3 396.79	11.52	98.09	2.93
水域	294.54	5.84	3.67	594.30	26.39	0
城乡、工矿、居民用地	545.13	4.77	3.17	15.77	2 233.48	0
未利用土地	36.84	2.87	0	13.05	0.59	2.07

2020 年的林地面积主要由耕地和草地转入，总转入面积 136.76 km²；2020 年相较于 2000 年林地面积主要转出为耕地和城乡、工矿、居民用地，总转出的面积为 156.17 km²；在 2000~2020 年这一时期，林地面积净减少 19.41 km²。

2020 年的草地覆盖主要由耕地、林地转入，主要转出为耕地，2020 年的草地面积相较于 2000 年，各地类总计转入面积 104.05 km²、转出面积 510.91 km²，面积净减少 406.86 km²。

2020 年的水域面积主要由耕地等转入，总转入面积 288.62 km²；2020 年相较于 2000 年水域面积主要转出为耕地，各地类总转出的面积为 330.44 km²；在 2000~2020 年这一时期，水域面积净减少 41.83 km²。

2020 年河南省黄河流域的城乡、工矿、居民用地面积主要由耕地转入，各地类总转入面积 1 539.77 km²；2020 年相较于 2000 年城乡、工矿、居民用地面积主要转出为耕地等，总转出的面积为 568.83 km²；在 2000~2020 年这一时期，城乡、工矿、居民用地面积净增加 970.94 km²。

2020 年的未利用土地主要由耕地和水域转入，主要转出为耕地和水域，2020 年的未利用土地面积相较于 2000 年，各地类总计转入面积 10.71 km²、转出面积 53.35 km²，面积净减少 42.64 km²。

2. 河南省淮河流域

由表6-7可知，2020年河南省淮河流域的耕地面积主要由城乡、工矿、居民用地，林地，草地和水域转入，总转入面积3 091.68 km^2；2020年相较于2000年耕地面积主要转出为城乡、工矿、居民用地，林地和水域，总转出的面积为5 604.64 km^2；在2000~2020年这一时期，耕地面积净减少2512.96 km^2。

表6-7　2000~2020年河南省淮河流域一级地类地表覆盖转移矩阵　单位：km^2

地类	耕地	林地	草地	水域	城乡、工矿、居民用地	未利用土地
耕地	57 286.98	707.65	58.80	330.66	4 506.23	1.30
林地	436.69	8 254.61	35.54	31.98	153.29	1.85
草地	185.58	26.35	1 575.42	19.62	103.57	0.03
水域	167.13	15.82	7.23	1 586.82	54.48	0
城乡、工矿、居民用地	2 299.34	18.78	6.40	28.69	8 554.80	0
未利用土地	2.94	1.75	0	0.01	0.89	0.35

2020年的林地面积主要由耕地转入，各地类总转入面积770.35 km^2；2020年相较于2000年林地面积主要转出为耕地和城乡、工矿、居民用地，总转出的面积为659.34 km^2；在2000~2020年这一时期，林地面积净增加111.01 km^2。

2020年的草地覆盖主要由耕地、林地转入，主要转出为耕地和城乡、工矿、居民用地，2020年的草地面积相较于2000年，各地类总计转入面积107.97 km^2、转出面积335.15 km^2，面积净减少227.18 km^2。

2020年的水域面积主要由耕地转入，各地类总转入面积410.96 km^2；2020年相较于2000年水域面积主要转出为耕地和城乡、工矿、居民用地，总转出的面积为244.66 km^2；在2000~2020年这一时期，水域面积净增加166.30 km^2。

2020年河南省淮河流域的城乡、工矿、居民用地面积主要由耕地转入，总转入面积4 818.46 km^2；2020年相较于2000年城乡、工矿、居民用地面积主要转出为耕地，总转出的面积为2 353.21 km^2；在2000~2020年这一时期，城乡、工矿、居民用地面积净增加 2 465.25 km²。

2020 年的未利用土地主要由林地、耕地转入，主要转出为耕地、林地，2020 年的未利用土地面积相较于 2000 年，各地类总计转入面积 3.18 km²，转出面积 5.60 km²，面积净减少 2.42 km²。

3. 河南省长江流域

由表 6-8 可知，2020 年河南省长江流域的耕地面积主要由城乡、工矿、居民用地转入，总转入面积 569.35 km²；2020 年相较于 2000 年耕地面积主要转出为城乡、工矿、居民用地和水域，总转出面积为 1 147.14 km²；在 2000~2020 年这一时期，耕地面积净减少 577.79 km²。

表 6-8　2000~2020 年河南省长江流域一级地类地表覆盖转移矩阵　单位：km²

地类	耕地	林地	草地	水域	城乡、工矿、居民用地	未利用土地
耕地	13 718.09	82.44	90.65	237.97	736.07	0
林地	17.82	8 355.56	124.50	6.18	9.30	0.74
草地	9.96	1.33	1 653.05	13.32	18.58	0
水域	9.79	0.21	0.36	644.49	1.52	0
城乡、工矿、居民用地	531.78	4.05	0.66	3.74	1 285.97	0
未利用土地	0	0	0	0	0	3.14

2020 年的林地面积主要由耕地转入，总转入面积 88.03 km²；2020 年相较于 2000 年林地面积主要转出为草地，总转出面积为 158.53 km²；在 2000~2020 年这一时期，林地面积净减少 70.50 km²。

2020 年的草地覆盖主要由林地、耕地转入，主要转出为城乡、工矿、居民用地，水域和耕地，2020 年的草地面积相较于 2000 年，各地类总计转入面积 216.17 km²、转出面积 43.19 km²，面积净增加 172.98 km²。

2020 年的水域面积主要由耕地转入，总转入面积 261.20 km²；2020 年相较于 2000 年水域面积主要转出为耕地，总转出面积为 11.88 km²；在 2000~2020 年这一时期，水域面积净增加 249.32 km²。

2020 年河南省长江流域的城乡、工矿、居民用地面积主要由耕地转入，总转入面积 765.47 km²；2020 年相较于 2000 年城乡、工矿、居民用地面积主要转出为耕地，总转出的面积为 540.23 km²；在 2000~2020 年这一时期，城乡、工矿、居民用地面积净增加 225.24 km²。

2020 年的未利用土地主要由林地转入，转入面积 0.74 km²。

4. 河南省海河流域

由表 6-9 可知，2020 年河南省海河流域的耕地面积主要由城乡、工矿、居民用地等转入，总转入面积 1 483.01 km²；2020 年相较于 2000 年耕地面积主要转出为城乡、工矿、居民用地，各地类总转出的面积为 602.94 km²；在 2000~2020 年这一时期，耕地面积净增加 880.07 km²。

表 6-9　2000~2020 年河南省海河流域一级地类地表覆盖转移矩阵 单位：km²

地类	耕地	林地	草地	水域	城乡、工矿、居民用地	未利用土地
耕地	9 227.56	20.98	8.86	19.13	553.96	0.01
林地	74.20	1 227.45	2.38	1.14	6.30	0
草地	44.12	0.68	1 850.64	3.43	24.48	0.47
水域	22.48	0.52	0.59	104.37	6.96	0
城乡、工矿、居民用地	1 338.31	4.05	7.67	1.74	603.60	0
未利用土地	3.90	13.18	1.82	0	0.45	1.33

2020 年的林地面积主要由耕地和未利用土地转入，各地类总转入面积 39.41 km²；2020 年相较于 2000 年林地面积主要转出为耕地等，总转出的面积为 84.02 km²；在 2000~2020 年这一时期，林地面积净减少 44.61 km²。

2020 年的草地覆盖主要由耕地和城乡、工矿、居民用地转入，主要转出为耕地和城乡、工矿、居民用地，2020 年的草地面积相较于 2000 年，各地类总计转入面积 21.32 km²、转出面积 73.18 km²，面积净减少 51.86 km²。

2020 年的水域面积主要由耕地等转入，总转入面积 25.44 km²；2020 年相较于 2000 年水域面积主要转出为耕地和城乡、工矿、居民用地，总转出面积为 30.55 km²；在 2000 ~ 2020 年这一时期，水域面积净减少 5.11 km²。

2020 年河南省海河流域的城乡、工矿、居民用地面积主要由耕地等转入，总转入面积 592.15 km^2；2020 年相较于 2000 年城乡、工矿、居民用地面积主要转出为耕地，各地类总转出的面积为 1 351.77 km^2；在 2000~2020 年这一时期，城乡、工矿、居民用地面积净减少 759.62 km^2。

2020 年的未利用土地主要由草地转入，主要转出为林地、耕地和草地，2020 年的未利用土地面积相较于 2000 年，各地类总计转入面积 0.48 km^2、转出面积 19.35 km^2，面积净减少 18.87 km^2。

（二）二级地类动态变化分析

1. 河南省黄河流域

由表 6-10 可知，河南省黄河流域的水田在 2000~2020 年主要转出为旱地、城镇用地、农村居民点和其他建设用地等，在这一时期，水田主要由农村居民点和旱地转入，各地类总计转出面积 477.79 km^2、转入面积 40.51 km^2，该区域水田面积减少了 437.28 km^2；旱地主要转出为农村居民点、城镇用地、其他建设用地和河渠等，主要由农村居民点、水田和高覆盖度草地等转入，总计转出面积 1 678.25 km^2、转入面积 1 327.51 km^2，旱地面积减少了 350.74 km^2。

有林地主要转出为旱地、农村居民点、高覆盖度草地和其他建设用地等，主要由高覆盖度草地、旱地和灌木林地等转入，总计转出面积 36.77 km^2、转入面积 90.74 km^2，面积增加了 53.97 km^2；灌木林地主要转出为有林地和旱地等，主要由旱地和高覆盖度草地转入，总计转出面积 47.93 km^2、转入面积 26.69 km^2，灌木林地面积减少了 21.24 km^2；疏林地主要转出为旱地和有林地等，主要由高覆盖度草地和旱地转入，总计转出面积 35.99 km^2、转入面积 21.58 km^2，面积减少了 14.41 km^2；其他林地主要转出为旱地、农村居民点和其他建设用地，主要由旱地等转入，各地类总计转出面积 67.19 km^2、转入面积 29.45 km^2，该区域其他林地面积减少了 37.74 km^2。

高覆盖度草地主要转出为旱地、中覆盖度草地和农村居民点等，主要由旱地和中覆盖度草地转入，各地类总计转出面积 474.25 km^2、转入面积 144.23 km^2，该区域高覆盖度草地面积减少了 330.02 km^2；中覆盖度草地主要转出为高覆盖度草地、旱地和农村居民点等，主要由高覆盖度草地、旱地、疏林地和灌木林地等转入，各地类总计转出面积 162.38 km^2、转入面积 65.11 km^2，该区域中覆盖度草地面积减少了 97.27 km^2；低覆盖度草地主要转出为其他建设用地、旱地和农村居民点等，主要由高覆盖度草地和旱地转入，各地类总计转出面积 7.62 km^2、转入面积 28.04 km^2，该区域低覆盖度草地面积增加了 20.42 km^2。

河渠主要转出为滩地、旱地、水库坑塘和城镇用地等，主要由滩地和旱地转入，各地类总计转出面积 132.59 km^2、转入面积 398.02 km^2，该区域河

表 6-10　2000~2020 年河南省黄河流域二级地类地表覆盖转移矩阵

单位：km^2

分类	水田	旱地	有林地	灌木林地	疏林地	其他林地	高覆盖度草地	中覆盖度草地	低覆盖度草地	河渠	水库坑塘	滩地	城镇用地	农村居民点	其他建设用地	沙地	沼泽地	裸土地	裸岩石质地
水田	585.19	267.98	0.75	0.05	0	0.12	0.80	0	0	7.31	10.68	5.45	86.84	58.66	39.12	0	0	0.04	0
旱地	6.54	17 429.62	23.53	11.01	5.83	20.61	67.84	9.33	5.51	153.89	115.54	71.93	270.30	685.48	230.83	0	0	0.09	0
有林地	0	10.06	4 979.41	0.05	0.55	1.41	5.42	0.32	0	2.56	3.54	0.98	0.56	5.90	5.41	0	0	0	0
灌木林地	0	9.99	19.02	923.00	0.08	0	1.82	2.47	0	3.67	3.35	1.46	0	2.42	3.66	0	0	0	0
疏林地	0	10.15	8.51	0.01	2 144.69	0	0.31	3.29	0	0.24	5.35	0.01	0	5.64	2.48	0	0	0	0
其他林地	0.13	47.46	2.08	0	0	58.41	0.09	0	0	0.80	0.79	0	3.12	7.94	4.77	0	0	0	0
高覆盖度草地	0.01	267.03	28.38	10.67	13.21	0.25	2 770.62	48.80	20.82	5.30	23.96	2.11	0.54	31.43	18.81	0	0	2.93	0
中覆盖度草地	0	40.94	4.17	2.77	1.37	0.53	62.92	447.80	0.66	0.53	2.25	3.22	0.94	32.94	9.14	0	0	0	0
低覆盖度草地	0	2.18	0	0	0	0	0	0.13	45.03	0.35	0.67	0	0.16	1.12	3.02	0	0	0	0
河渠	0.56	39.33	0.04	0	0	0.52	0.05	0	0	251.21	25.52	55.89	9.89	0.58	0.21	0	0	0	0
水库坑塘	2.28	26.28	0	0.09	0.10	0.14	0.19	0.04	0	1.43	99.31	6.51	6.60	0.96	2.62	0	0	0	0
滩地	1.37	77.45	2.36	1.93	0.02	0.63	2.47	0.03	0.89	200.60	22.44	78.65	2.44	1.77	1.31	0	0	0	0
城镇用地	0	7.62	0.12	0	0	0	0	0.15	0	0	0.03	0	338.25	0.37	0.89	0	0	0	0
农村居民点	29.26	453.77	0.81	0.03	0.41	2.41	1.60	0.54	0.16	2.04	4.04	0.43	105.08	1 673.09	21.60	0	0	0	0
其他建设用地	0.16	37.94	0.91	0.07	0	0	0.71	0.01	0	11.09	12.31	2.21	34.45	16.93	42.80	0	0	0	0
沙地	0	18.52	0	0	0	0.77	0	0	0	8.22	2.29	1.78	0	0.13	0.19	0.93	0	0	0
盐碱地	0	1.97	0	0	0	0	0	0	0	0	0.37	0	0	0	0	0	0	0	0
沼泽地	0.19	8.65	0.04	0	0	2.05	0	0	0	0	4.86	3.05	0	0.24	0.03	0	1.14	0	0
裸土地	0	0.21	0	0	0	0	0	0	0	0	0	0	0	0	1.55	0	0	2.26	0
裸岩石质地	0	0	0.04	0	0	0	0	0	0	0	0	0	0	0	0.01	0	0	0	5.40

渠面积增加了 265.43 km^2；水库坑塘主要转出为旱地、城镇用地和滩地等，主要由旱地、河渠、高覆盖度草地和滩地等转入，各地类总计转出面积 47.25km^2、转入面积 237.97 km^2，该区域水库坑塘面积增加了 190.72 km^2；滩地主要转出为河渠和旱地等，主要由旱地和河渠等转入，各地类总计转出面积 315.72km^2、转入面积 155.03 km^2，该区域滩地面积减少了 160.69 km^2。

城镇用地主要转出为旱地，主要由旱地、农村居民点和水田等转入，各地类总计转出面积 9.19 km^2、转入面积 520.93 km^2，该区域城镇用地面积增加了 511.74 km^2；农村居民点主要转出为旱地和城镇用地等，主要由旱地、水田、中覆盖度草地和高覆盖度草地等转入，各地类总计转出面积 622.19 km^2、转入面积 852.52 km^2，该区域农村居民点面积增加了 230.33 km^2；其他建设用地主要转出为旱地和城镇用地等，主要由旱地、水田和农村居民点等转入，各地类总计转出面积 116.79 km^2、转入面积 345.66 km^2，该区域其他建设用地面积增加了 228.87 km^2。

沙地主要转出为旱地，总计转出面积 31.90 km^2；盐碱地主要转出为旱地和水库坑塘，总计转出面积 2.34 km^2；沼泽地主要转出为旱地、水库坑塘和滩地等，各地类总计转出面积 19.11 km^2；裸土地主要转出为其他建设用地，主要由高覆盖度草地转入，各地类总计转出面积 1.77 km^2、转入面积 3.05 km^2，该区域裸土地面积增加了 1.28 km^2；裸岩石质地主要转出为有林地，转出面积为 0.05 km^2。

2. 河南省淮河流域

由表 6-11 可知，河南省淮河流域的水田在 2000~2020 年主要转出为旱地、城镇用地、农村居民点、水库坑塘和其他建设用地等，在这一时期，水田主要由旱地和农村居民点转入，各地类总计转出面积 995.66 km^2、转入面积 4 215.27 km^2，该区域水田面积增加了 3 219.61 km^2；旱地主要转出为水田、农村居民点、城镇用地、其他建设用地和有林地等，主要由农村居民点、水田和其他林地等转入，总计转出面积 9 197.88 km^2、转入面积 3 465.32 km^2，旱地面积减少了 5 732.56 km^2。

有林地主要转出为旱地和高覆盖度草地等，主要由旱地和灌木林地等转入，总计转出面积 4 992.92 km^2、转入面积 748.38 km^2，面积减少了 4 244.54 km^2；灌木林地主要转出为旱地、有林地、农村居民点和其他建设用地等，主要由其他林地和旱地等转入，总计转出面积 228.50 km^2、转入面积 100.37 km^2，灌木林地面积减少了 128.13 km^2；疏林地主要转出为旱地和农村居民点，主要由旱地、滩地和高覆盖度草地等转入，总计转出面积 91.43 km^2、转入面积 27.60 km^2，面积减少了 63.83 km^2；其他林地主要转出为旱地、灌木林地、水田和农村居民点等，主要由旱地等转入，各地类总计转出面积 328.31 km^2、转入面积

表 6-11　2000~2020 年河南省淮河流域二级地类地表覆盖转移矩阵

单位：km^2

地类	水田	旱地	有林地	灌木林地	疏林地	其他林地	高覆盖度草地	中覆盖度草地	低覆盖度草地	河渠	湖泊	水库坑塘	滩地	城镇用地	农村居民点	其他建设用地	盐碱地	沼泽地	裸土地	裸岩石质地
水田	5 365.01	666.16	5.57	7.25	3.90	0.27	1.77	0.32	0	3.10	0	67.78	3.81	98.87	86.30	50.55	0	0	0	0
旱地	3 922.74	47 333.06	614.24	33.64	11.89	30.88	21.88	19.06	15.78	83.13	0	145.30	27.53	1 099.79	2 550.45	620.28	0	0.18	1.06	0.06
有林地	24.16	66.25	4 992.92	1.17	0.82	7.90	22.77	1.97	0.19	2.43	0	6.64	0.47	2.60	12.28	14.73	0	0	0.78	0.63
灌木林地	3.36	88.89	81.52	1 409.12	0.21	2.08	0.86	1.12	0.14	0.56	0	7.26	0.97	1.83	28.79	10.48	0	0	0.20	0.24
疏林地	1.84	54.53	4.01	0.12	1 394.29	0.04	0.84	1.07	1.34	0.11	0	3.95	0.78	3.05	16.20	3.55	0	0	0	0
其他林地	28.18	169.48	9.79	46.98	0.05	303.61	5.16	0.08	0	1.42	0	4.64	2.74	19.40	26.99	13.41	0	0	0	0
高覆盖度草地	12.07	71.29	13.20	0.77	0.41	0.82	666.75	2.98	3.06	3.00	0	4.32	2.69	0.21	19.14	13.88	0	0	0	0
中覆盖度草地	0	86.97	3.77	2.82	2.63	1.44	1.01	792.15	0.12	0.87	0	2.00	1.14	3.45	20.17	30.85	0	0	0.03	0
低覆盖度草地	0	15.25	0.33	0.03	0.03	0.12	1.29	0.07	107.99	2.45	0	2.14	1.01	1.68	4.84	9.35	0	0	0	0
河渠	13.74	53.29	0.04	0	0	0.20	0	0	3.78	574.19	0	2.97	0.81	2.72	2.92	0.35	0	0	0	0
湖泊	0	0	0	0	0	0	0	0	0	0	0.14	0.09	0	0	0	0	0	0	0	0
水库坑塘	22.50	27.57	2.80	3.73	0.67	0.81	0.70	0.87	0	20.11	0	525.64	25.98	25.77	6.98	11.07	0	0	0	0
滩地	0.17	49.86	0.71	0.78	6.08	0.01	0.49	0.75	0.64	270.48	0	53.42	112.99	0.70	1.94	2.03	0	0	0	0
城镇用地	3.25	34.04	0.37	0.35	0	0	0.02	0.08	0	0.89	0	0.24	0	1 112.66	8.75	1.48	0	0	0	0
农村居民点	176.63	1 979.85	11.38	1.60	0.93	2.53	2.22	1.23	1.96	5.57	0	14.55	0.29	199.00	7 051.23	44.38	0	0	0	0
其他建设用地	6.16	99.41	0.26	1.13	0	0.23	0.03	0.65	0.21	0.52	0	6.56	0.07	29.11	53.75	54.46	0	0	0	0
沙地	0.47	0.76	0	0	0	0	0	0	0	0	0	0	0	0	0	0.03	0	0	0	0
盐碱地	0	0	0	0	0	0	0	0	0	0	0	0	0	0	0	0	0.10	0	0	0
沼泽地	0	0.97	0	0	0	0	0	0	0	0	0	0.01	0	0	0.11	0.37	0	0	0	0
裸土地	0	0	0	0	0	0	0	0	0	0	0	0	0	0	0	0	0	0	0.26	0
裸岩石质地	0	0.74	0.40	0	0	1.36	0	0	0	0	0	0	0	0	0.06	0.31	0	0	0	0

48.68 km^2，该区域其他林地面积减少了 279.63 km^2。

高覆盖度草地主要转出为旱地、中覆盖度草地和农村居民点等，主要由有林地和旱地等转入，各地类总计转出面积 147.81 km^2、转入面积 59.03 km^2，该区域高覆盖度草地面积减少了 88.78 km^2；中覆盖度草地主要转出为旱地、其他建设用地和农村居民点等，主要由旱地、疏林地等转入，总计转出面积 157.27 km^2、转入面积 30.25 km^2，该区域中覆盖度草地面积减少了 127.02 km^2；低覆盖度草地主要转出为旱地、其他建设用地和农村居民点等，主要由旱地转入，各地类总计转出面积 38.59 km^2、转入面积 27.21 km^2，该区域低覆盖度草地面积减少了 11.38 km^2。

河渠主要转出为旱地和水田等，主要由滩地和旱地等转入，各地类总计转出面积 80.81 km^2、转入面积 394.64 km^2，该区域河渠面积增加了 313.83 km^2；水库坑塘主要转出为旱地、滩地、城镇用地和水田等，主要由旱地、水田和滩地等转入，各地类总计转出面积 149.55 km^2、转入面积 321.88 km^2，该区域水库坑塘面积增加了 172.33 km^2；滩地主要转出为河渠、水库坑塘和旱地等，主要由旱地和水库坑塘等转入，各地类总计转出面积 388.08 km^2、转入面积 68.30 km^2，该区域滩地面积减少了 319.78 km^2。

城镇用地主要转出为旱地和农村居民点等，主要由旱地、农村居民点和水田等转入，各地类总计转出面积 49.47 km^2、转入面积 1 488.17 km^2，该区域城镇用地面积增加了 1 438.70 km^2；农村居民点主要转出为旱地、城镇用地和水田等，主要由旱地等转入，各地类总计转出面积 2 442.11 km^2、转入面积 2 839.65 km^2，该区域农村居民点面积增加了 397.54 km^2；其他建设用地主要转出为旱地、农村居民点和城镇用地等，主要由旱地等转入，各地类总计转出面积 198.08 km^2、转入面积 827.10 km^2，该区域其他建设用地面积增加了 629.02 km^2。

沙地主要转出为旱地和水田，总计转出面积 1.26 km^2；沼泽地主要转出为旱地、其他建设用地和农村居民点等，主要由旱地转入，各地类总计转出面积 1.47 km^2、转入面积 0.18 km^2，该区域沼泽地面积减少了 1.29 km^2；裸土地主要由旱地和有林地转入，总计转入面积为 2.07 km^2；裸岩石质地主要转出为其他林地和旱地，主要由有林地和灌木林地转入，各地类总计转出面积 2.87 km^2、转入面积 0.93 km^2，该区域裸岩石质地面积减少了 1.94 km^2。

3. 河南省长江流域

由表 6-12 可知，河南省长江流域的水田在 2000~2020 年主要转出为旱地，在这一时期，水田主要由旱地转入，各地类总计转出面积 19.49 km^2、转入面积 49.71 km^2，该区域水田面积增加了 30.22 km^2；旱地主要转出为农村居民点、水库坑塘和城镇用地等，主要由农村居民点等转入，总计转出面积 1 194.21 km^2、转入面积 586.20 km^2，旱地面积减少了 608.01 km^2。

有林地主要转出为高覆盖度草地等，主要由旱地等转入，总计转出面积 137.45 km^2、转入面积 67.62 km^2，面积减少了 69.83 km^2；灌木林地主要转出为旱地、城镇用地和水库坑塘等，主要由旱地等转入，总计转出面积 5.75 km^2、转入面积 7.97 km^2，灌木林地面积增加了 2.22 km^2；疏林地主要转出为其他建设用地和旱地等，主要由旱地等转入，总计转出面积 4.97 km^2、转入面积 5.21 km^2，面积增加了 0.24 km^2；其他林地主要转出为旱地和水库坑塘等，主要由旱地等转入，各地类总计转出面积 11.65 km^2、转入面积 8.53 km^2，该区域其他林地面积减少了 3.12 km^2。

高覆盖度草地主要转出为其他建设用地、水库坑塘和旱地等，主要由有林地和旱地等转入，各地类总计转出面积 15.47 km^2、转入面积 144.47 km^2，该区域高覆盖度草地面积增加了 129.00 km^2；中覆盖度草地主要转出为旱地、其他建设用地和农村居民点等，主要由旱地转入，各地类总计转出面积 10.76 km^2、转入面积 71.02 km^2，该区域中覆盖度草地面积增加了 60.26 km^2；低覆盖度草地主要转出为河渠、旱地和滩地等，主要由旱地转入，各地类总计转出面积 17.54 km^2、转入面积 1.28 km^2，该区域低覆盖度草地面积减少了 16.26 km^2。

河渠主要转出为水库坑塘，主要由滩地和旱地等转入，各地类总计转出面积 0.08 km^2、转入面积 284.30 km^2，该区域河渠面积增加了 284.22 km^2；水库坑塘主要转出为旱地和河渠等，主要由旱地和滩地等转入，各地类总计转出面积 11.78 km^2、转入面积 287.01 km^2，该区域水库坑塘面积增加了 275.23 km^2；滩涂主要由其他林地转入，面积为 0.37 km^2；滩地主要转出为河渠和水库坑塘等，主要由旱地和低覆盖度草地等转入，各地类总计转出面积 323.56 km^2、转入面积 13.07 km^2，该区域滩地面积减少了 310.49 km^2。

城镇用地主要转出为旱地和农村居民点等，主要由旱地和农村居民点等转入，各地类总计转出面积 10.16 km^2、转入面积 178.54 km^2，该区域城镇用地面积增加了 168.38 km^2；农村居民点主要转出为旱地、城镇用地和水田等，主要由旱地等转入，总计各地类转出面积 559.68 km^2、转入面积 530.92 km^2，该区域农村居民点面积减少了 28.76 km^2；其他建设用地主要转出为农村居民点、旱地和城镇用地等，主要由旱地等转入，各地类总计转出面积 13.96 km^2、转入面积 99.59 km^2，该区域其他建设用地面积增加了 85.63 km^2。

裸岩石质地主要由灌木林地和有林地转入，总计转入面积为 0.74 km^2。

4. 河南省海河流域

由表 6-13 可知，河南省海河流域的水田在 2000~2020 年主要转出为旱地、

表 6-12　2000~2020 年河南省长江流域二级地类地表覆盖转移矩阵

单位：km^2

地类	水田	旱地	有林地	灌木林地	疏林地	其他林地	高覆盖度草地	中覆盖度草地	低覆盖度草地	河渠	水库坑塘	滩涂	滩地	城镇用地	农村居民点	其他建设用地	裸土地	裸岩石质地
水田	25.58	17.97	0	0.12	0	0	0	0	0	0	0.10	0	0	0	1.11	0.18	0	0
旱地	48.59	13 625.96	63.94	6.59	4.14	7.64	19.63	69.92	1.10	11.03	218.28	0	8.56	142.92	513.18	78.68	0	0
有林地	0.10	6.65	5 438.30	0	0.18	0	123.85	0.01	0	3.22	0.17	0	0.08	0.59	0.63	1.83	0	0.13
灌木林地	0.27	2.68	0	623.34	0	0.20	0	0	0	0	0.69	0	0	0.97	0.16	0.18	0	0.60
疏林地	0	1.15	0.02	0	2 169.24	0	0	0	0.08	0	0.02	0	0	0.29	0.57	2.85	0	0
其他林地	0	6.98	0.17	0.72	0	123.38	0.55	0	0	0	1.52	0.37	0.12	0.03	0.76	0.44	0	0
高覆盖度草地	0	1.86	0	0.13	0	0	1 238.31	0.23	0	0.45	4.16	0	0.32	0.34	1.77	6.21	0	0
中覆盖度草地	0	3.67	0	0.03	0	0	0	306.12	0	0	0.37	0	0.07	0	3.06	3.57	0	0
低覆盖度草地	0	4.42	1.16	0	0	0.01	0	0.36	108.02	5.27	0.41	0	2.26	0.62	1.79	1.23	0	0
河渠	0	0	0	0	0	0	0	0	0	54.19	0.07	0	0	0	0	0	0	0
水库坑塘	0.02	4.72	0.15	0.06	0	0	0	0.24	0.08	4.12	247.95	0	1.65	0.20	0.44	0.09	0	0
滩地	0	5.04	0	0	0	0	0.03	0	0	259.76	57.94	0	18.81	0.33	0.36	0.09	0	0
城镇用地	0	8.55	0	0	0	0	0.01	0	0	0.34	0	0	0	156.43	1.25	0.01	0	0
农村居民点	0.73	519.31	1.44	0.31	0.55	0.22	0.25	0.17	0.01	0.10	2.75	0	0.02	29.60	1 070.66	4.23	0	0
其他建设用地	0	3.19	0.75	0	0.34	0.45	0.15	0.07	0	0	0.53	0	0	2.64	5.84	15.30	0	0
裸土地	0	0	0	0	0	0	0	0	0	0	0	0	0	0	0	0	0.74	0
裸岩石质地	0	0	0	0	0	0	0	0	0	0	0	0	0	0	0	0	0	2.40

农村居民点、其他建设用地和城镇用地等，在这一时期，水田主要由农村居民点转入，各地类总计转出面积 73.09 km^2、转入面积 4.37 km^2，该区域水田面积减少了 68.72 km^2；旱地主要转出为农村居民点、城镇用地和其他建设用地等，主要由农村居民点、其他林地和水田等转入，总计转出面积 972.79 km^2、转入面积 401.61 km^2，旱地面积减少了 571.18 km^2。

有林地主要转出为旱地和其他建设用地等，主要由旱地和农村居民点等转入，总计转出面积 5.87 km^2、转入面积 13.07 km^2，面积增加了 7.2 km^2；灌木林地主要转出为其他建设用地和旱地等，主要由旱地转入，总计转出面积 4.70 km^2、转入面积 4.06 km^2，灌木林地面积减少了 0.64 km^2；疏林地主要转出为其他建设用地和中覆盖度草地等，主要由旱地和其他林地等转入，总计转出面积 2.13 km^2、转入面积 1.67 km^2，面积减少了 0.46 km^2；其他林地主要转出为旱地，主要由盐碱地和旱地转入，各地类总计转出面积 72.51 km^2、转入面积 21.79 km^2，该区域其他林地面积减少了 50.72 km^2。

高覆盖度草地主要转出为旱地、其他建设用地和农村居民点等，主要由旱地、其他建设用地、农村居民点、中覆盖度草地和城镇用地等转入，各地类总计转出面积 37.10 km^2、转入面积 14.94 km^2，该区域高覆盖度草地面积减少了 22.16 km^2；中覆盖度草地主要转出为其他建设用地、旱地和农村居民点等，主要由旱地、其他建设用地、农村居民点和裸岩石质地等转入，各地类总计转出面积 21.06 km^2、转入面积 7.92 km^2，该区域中覆盖度草地面积减少了 13.14 km^2；低覆盖度草地主要转出为旱地、其他建设用地和农村居民点等，主要由中覆盖度草地等转入，各地类总计转出面积 18.63 km^2、转入面积 2.08 km^2，该区域低覆盖度草地面积减少了 16.55 km^2。

河渠主要转出为旱地和城镇用地等，主要由滩地和旱地转入，各地类总计转出面积 11.59 km^2、转入面积 31.40 km^2，该区域河渠面积增加了 19.81 km^2；水库坑塘主要转出为城镇用地和旱地等，主要由旱地和滩地等转入，各地类总计转出面积 4.66 km^2、转入面积 25.04 km^2，该区域水库坑塘面积增加了 20.38 km^2；滩地主要转出为河渠、旱地、水库坑塘和其他建设用地等，主要由旱地等转入，各地类总计转出面积 46.37 km^2、转入面积 1.07 km^2，该区域滩地面积减少了 45.31 km^2。

城镇用地主要转出为旱地，主要由旱地、农村居民点和其他建设用地等转入，各地类总计转出面积 17.36 km^2、转入面积 452.88 km^2，该区域城镇用地面积增加了 435.52 km^2；农村居民点主要转出为旱地和城镇用地等，主要由旱地、其他建设用地和水田等转入，各地类总计转出面积 289.54 km^2、转入面积 422.00 km^2，该区域农村居民点面积增加了 132.46 km^2；其他建设用地主

表 6-13　2000~2020 年河南省海河流域二级地类地表覆盖转移矩阵

单位：km^2

地类	水田	旱地	有林地	灌木林地	疏林地	其他林地	高覆盖度草地	中覆盖度草地	低覆盖度草地	河渠	水库坑塘	滩地	城镇用地	农村居民点	其他建设用地	裸土地	裸岩石质地
水田	106.72	52.84	0	0	0	0	0	0	0	0	0.55	0	3.10	8.60	8.00	0	0
旱地	0.19	8 677.90	9.73	2.72	0.72	7.81	6.81	1.97	0.08	4.67	13.17	0.75	351.89	381.31	190.96	0.01	0
有林地	0	2.80	747.87	0	0	0	0.26	0.32	0	0.50	0.25	0	0	0.62	1.12	0	0
灌木林地	0	1.00	0.18	382.30	0	0	0.58	0.60	0	0.06	0.21	0.01	0	0.43	1.62	0	0
疏林地	0	0.14	0	0	59.36	0	0.01	0.61	0	0	0.06	0	0	0	1.31	0	0
其他林地	0	64.88	0.48	0	0.54	36.73	0	0	0	0	0.05	0	0.74	4.32	1.51	0	0
高覆盖度草地	0	15.67	0.20	0.01	0.15	0	994.50	0.13	0.15	0.19	0.95	0.16	0.20	4.54	14.31	0	0.45
中覆盖度草地	0	4.76	0.02	0.29	0	0	1.15	815.14	1.68	0.29	1.01	0.13	0.11	3.81	7.79	0	0.02
低覆盖度草地	0	14.13	0	0	0	0	0.52	0	37.38	0	0.67	0.02	0.06	1.21	2.01	0	0
河渠	0.78	8.04	0	0	0	0	0.12	0	0	44.35	0.87	0	1.53	0.18	0.07	0	0
水库坑塘	0	1.08	0.10	0	0	0	0.08	0	0	0.79	11.29	0	1.62	0.64	0.35	0	0
滩地	0	11.72	0	0.42	0	0	0.03	0.37	0	24.68	5.73	16.66	0	0.04	3.39	0	0
城镇用地	0.03	13.91	0.05	0	0.09	0	1.05	0	0	0	0.20	0	468.33	1.60	0.43	0	0
农村居民点	3.37	185.81	2.16	0.24	0.16	0.78	1.15	1.09	0.18	0.22	0.45	0	83.42	1 097.98	10.51	0	0
其他建设用地	0	20.93	0	0.38	0	0.18	2.72	1.47	0	0	0.87	0	10.21	14.69	30.71	0	0
沙地	0	1.41	0	0	0	0	0	0.35	0	0	0	0	0	0	0	0	0
盐碱地	0	2.49	0.15	0	0	13.02	0	0	0	0	0	0	0	0.01	0.12	0	0
裸岩石质地	0	0	0	0	0	0	0.46	1.00	0	0	0	0	0	0	0.33	0	1.33

要转出为旱地、农村居民点和城镇用地等，主要由旱地等转入，各地类总计转出面积 51.45 km^2、转入面积 243.83 km^2，该区域其他建设用地面积增加了 192.38 km^2。

沙地主要转出为旱地和中覆盖度草地，总计转出面积 1.76 km^2；盐碱地主要转出为其他林地和旱地等，总计转出面积 15.79 km^2；裸土地由旱地转入，面积为 0.01 km^2；裸岩石质地主要转出为中覆盖度草地、高覆盖度草地和其他建设用地，主要由高覆盖度草地转入，各地类总计转出面积 1.80 km^2、转入面积 0.47 km^2，该区域裸土地面积减少了 1.33 km^2。

第三节 河南省四大流域土地利用功能特征分析

土地利用转型随着自然－社会－经济－生态复杂系统变化而变化，土地利用转型除土地利用类型数量与空间结构的隐性形态变化外，即土地的“量”变还受土地质量、产权、技术、土地投入与产出、经营方式和功能等多重因素的影响，从而改善或者制约土地发生“质”变，表现的是土地利用隐性形态的变化。随着经济社会发展阶段发生转变，隐性转型内涵剖析的是土地的“质”变，区域土地利用隐性转型即可反映经济发展过程中土地类型发生转型的内在原因。由于隐性形态转型受经济社会条件、政策、制度、生态环境等多种因素组合作用，其内涵特征比较丰富，难以用完全定量的方式分析。基于数据的可获取性借助土地利用功能表征区域土地利用隐性转型特征，进而从土地利用功能角度出发构建研究区土地利用隐性形态转型综合评价指标体系，从而测算土地利用功能隐性形态转型时空演变特征。

一、土地利用功能综合评价指标体系构建

目前，土地利用功能指标体系构建尚处于探索阶段，学者龙花楼主要从土地开发利用和产出视角出发，构建土地经济水平、土地污染排放水平和土地开发利用强度三维评价模型探究黄淮海地区土地利用隐性形态变化特征。学者田俊峰认为土地利用功能是区域土地利用隐性形态的核心内容与主要表征。隐性形态转型作用机制复杂，难以用定量方法全面分析其变化特征，借鉴现有学者的研究成果，遵循区域特殊性和数据可获取性等原则，依据统计年鉴数据及土地利用数据，从经济发展功能、社会发展功能、生态基础保障功能 3 个维度出发，选取 9 个指标构建土地利用功能综合评价指标体系。

经济发展功能方面，从农业物质生产与经济发展动力角度出发，选取单位面积粮食产量、土地垦殖率指标表征土地利用农业物质生产功能；选取地均经

济产出、地均财政收入指标表征土地利用的经济发展动力功能。

社会发展功能方面，从居住承载功能和社会稳定保障功能角度出发，选取人均建设用地面积指标表征区域土地的居住承载功能，选取城乡收入平衡指数表征区域土地社会稳定保障功能。

生态基础保障功能方面，选取森林覆盖率、生物丰富度、人均主要生态用地面积反映研究区的生态效应变化情况。

土地利用功能综合评价指标体系见表 6-14。

表 6-14　土地利用功能综合评价指标体系

目标层	准则层	指标层	权重	指标计算方法
土地利用功能	经济发展功能	单位面积粮食产量	0.125	粮食总产量 / 耕地面积
		土地垦殖率	0.075	耕地面积 / 区域土地总面积
		地均经济产出	0.175	GDP/ 区域土地总面积
		地均财政收入	0.125	公共财政收入 / 区域土地总面积
	社会发展功能	人均建设用地面积	0.15	建设用地面积 / 区域总人口
		城乡收入平衡指数	0.1	农村居民人均可支配收入 / 城镇居民人均可支配收入
	生态基础保障功能	森林覆盖率	0.1	林地面积 / 区域土地总面积
		生物丰富度	0.1	（0.36× 林地面积 +0.20× 草地面积 + 0.28× 水域湿地面积 + 0.11× 园地面积 + 0.01× 未利用地面积）/ 区域土地总面积
		人均主要生态用地面积	0.05	（林地面积 + 草地面积 + 水域面积）/ 区域人口

二、土地利用功能分析方法

（一）土地功能转型指数测度

（1）数据标准化。采用极值法对原始数据进行无量纲化处理。标准化处理公式如下：

$$X_{ij}' = \frac{X_{ij} - X_{\min}}{X_{\max} - X_{\min}} \quad （正向指标） \tag{6-3}$$

$$X_{ij}' = \frac{X_{\max} - X_{ij}}{X_{\max} - X_{\min}} \quad （负向指标） \tag{6-4}$$

（2）熵值法确定指标权重。

$$H_j = -k\sum_{i=1}^{n}(f_{ij}\ln f_{ij}) \tag{6-5}$$

其中

$$f_{ij}=\frac{X_{ij}}{\sum_{i}^{n}X_{ij}}$$

$$k=\frac{1}{\ln n}$$

当 $f_{ij}=0$ 时，令 $f_{ij}\ln f_{ij}=0$，则

$$\omega_j = \frac{1 - H_j}{m - \sum_{j=1}^{m} H_j} \tag{6-6}$$

式中：ω_j 为第 j 个指标的熵权；m 为指标个数。

（3）变异系数法求取权重。

$$\overline{X}_{ij} = \frac{1}{R}\sum_{i=1}^{R} X_{ij}' \tag{6-7}$$

$$S_{ij} = \left[\frac{1}{R}\sum_{i=1}^{R}(X_{ij}' - \overline{X}_{ij})^2\right]^{1/2} \tag{6-8}$$

$$C_V = \frac{S_{ij}}{\overline{X}_{ij}} \tag{6-9}$$

式中：$\overline{X}_{ij}$为各指标标准化后所在列数值的均值；S_{ij} 为标准差；C_V 为各项指标的变异系数；R 为评价对象的个数。

（4）综合评价法。

综合指数模型是构建测度的价值函数模型，通过模型的加权运算，得到各评价对象的综合指数。计算公式如下：

$$W_{\mathrm{i}}=\sum_{j=1}^{p} A_{ij}\cdot Q_{j} \qquad (6\text{-}10)$$

式中：W_{i} 为测度对象土地利用功能转型综合指数；i 为评价对象；j 为评价指标；p 为评价指标的个数；A_{ij} 为第 i 个评价对象第 j 个评价指标的标准化值；Q_j 为评价指标的权重值。

（二）土地利用功能分析方法

采用功能变化动态度 d 、功能变化优势度 s 表征土地利用功能指数的变化情况。前者表征不同时期土地利用多种功能的相对变化程度，后者反映区域土地利用功能多样化程度及多种功能变化的差异性。计算公式如下：

$$d=\frac{F_{t+1}-F_{t}}{F_{t}}\times 100\% \qquad (6\text{-}11)$$

$$s=\frac{|d|_{\max}}{\sum |d|} \qquad (6\text{-}12)$$

式中：d 为功能变化动态度；F_t 与 F_{t+1} 分别为 t 与 t+1 时期某土地利用功能值；s 为功能变化优势度，s 最大值为 1，s 值越大，土地利用功能变化间差异越大，区域土地越趋向单一化利用，反之则趋向多元化。

三、土地利用功能指数演变特征分析

（一）土地利用功能指数变化特征

根据前述综合评价法，计算出河南省四大流域 2000 年、2005 年、2010 年、2015 年和 2020 年五个时间节点的土地利用功能综合指数。

由表 6-15 和图 6-9 可知，河南省四大流域土地利用功能指数逐渐上升，其呈现先减小后增加的“U”形阶段性增长趋势。2000~2020 年五个时间点，河南省四大流域土地利用功能指数平均值分别为 0.324、0.280、0.342、0.459 和 0.586，五个时间点的标准差分别为 0.033、0.030、0.066、0.098 和 0.123。土地利用功能指数平均值由 2000 年的 0.324 增至 2020 年的 0.586，年均增长了 4.04%，标准差由 2000 年的 0.033 增至 2020 年的 0.123，表明各流域间土地功能差异逐渐扩大。2010~2020 年土地利用功能指数平均值快速增大，由 2010 年的 0.342 增至 2020 年的 0.586，年均增长了 7.12%，其标准差也进一步增大。

表 6-15　2000~2020 年河南省四大流域土地利用功能演变

年份	黄河流域	淮河流域	长江流域	海河流域	标准差	平均值
2000	0.337	0.341	0.351	0.269	0.033	0.324
2005	0.325	0.278	0.273	0.242	0.030	0.280
2010	0.452	0.286	0.295	0.336	0.066	0.342
2015	0.615	0.385	0.367	0.470	0.098	0.459
2020	0.784	0.512	0.459	0.589	0.123	0.586

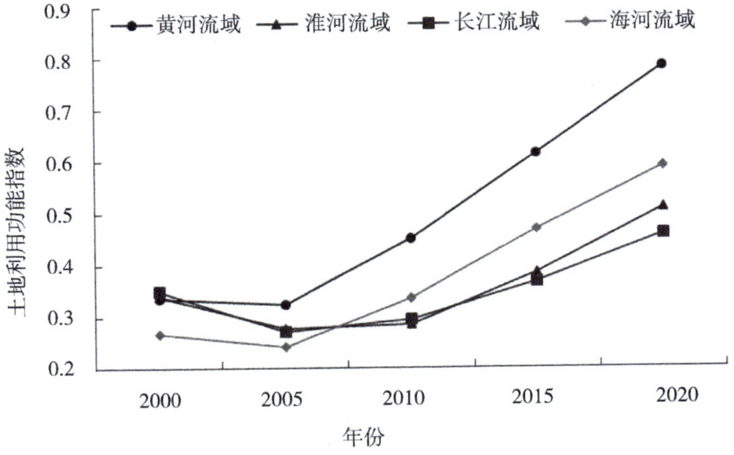

图 6-9　2000~2020 年河南省四大流域土地利用功能演变

2000 年河南省长江流域的土地利用功能指数最高（0.351），河南省海河流域土地利用功能指数最低（0.269）；2020 年土地利用功能指数最高的为河南省黄河流域（0.784），最低的为河南省长江流域（0.459）。2000~2020 年，在河南省四大流域中黄河流域的土地利用功能指数都最高，2010 年以后，海河流域的土地利用功能指数增加较快，位于第二。

河南省黄河流域 2000~2020 年五个时间点土地利用功能指数分别为 0.337、0.325、0.452、0.615 和 0.784，土地利用功能指数由 2000 年的 0.337 增加至 2020 年的 0.784，年均增长 6.63%。2000~2020 年整体呈现增加趋势。河南省淮河流域 2000~2020 年五个时间点土地利用功能指数分别为 0.341、0.278、0.286、

0.385 和 0.512，土地利用功能指数由 2000 年的 0.341 增加至 2020 年的 0.512，年均增长 2.51%。2000~2010 年整体呈现缓慢下降趋势，2010~2020 年呈现显著增加趋势。河南省长江流域 2000~2020 年五个时间点土地利用功能指数分别为 0.351、0.273、0.295、0.367 和 0.459，土地利用功能指数由 2000 年的 0.351 增加至 2020 年的 0.459，年均增长 1.54%，是河南省四大流域中土地利用功能指数年均增长最小的流域。2000~2005 年土地利用功能指数显著降低，2005~2020 年缓慢增加。河南省海河流域 2000~2020 年五个时间点土地利用功能指数分别为 0.269、0.242、0.336、0.470 和 0.589，土地利用功能指数由 2000 年的 0.269 增加至 2020 年的 0.589，年均增长 5.95%。2000~2020 年整体呈现增加趋势，2005 年略有波动（见图 6-10）。

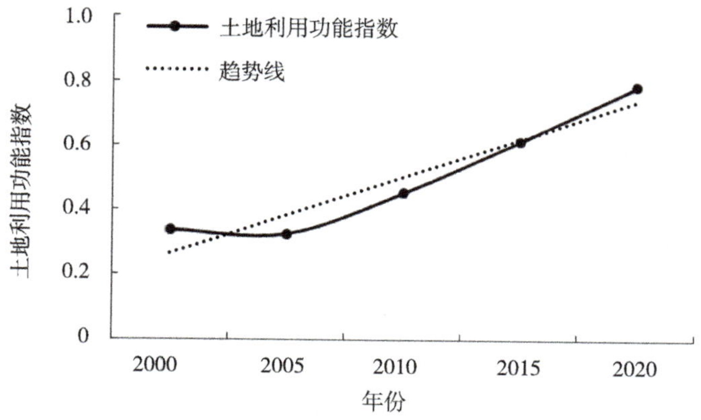

（a）黄河流域

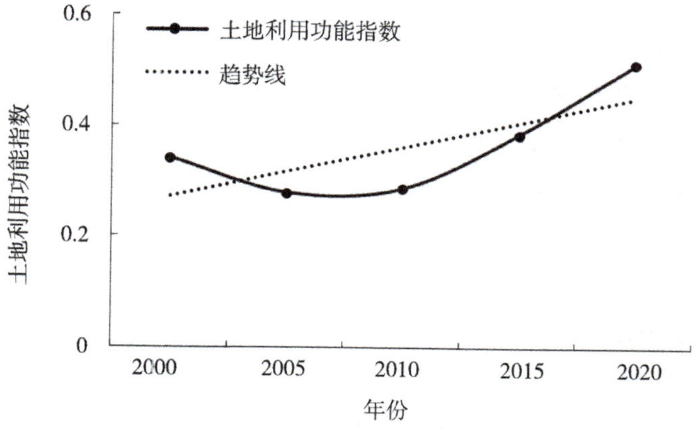

（b）淮河流域

图 6-10 2000~2020 年河南省四大流域土地利用功能演变趋势

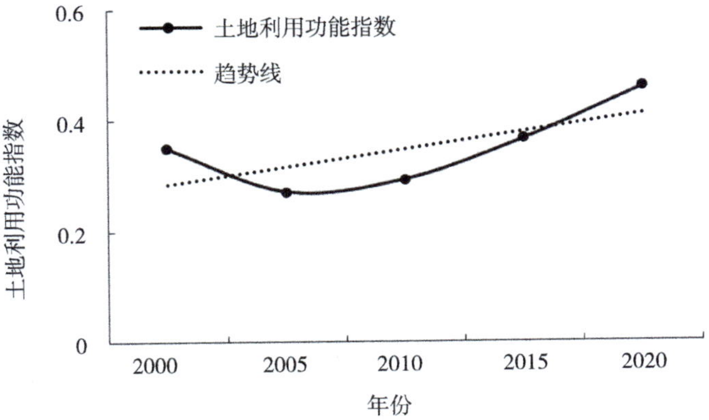

（c）长江流域

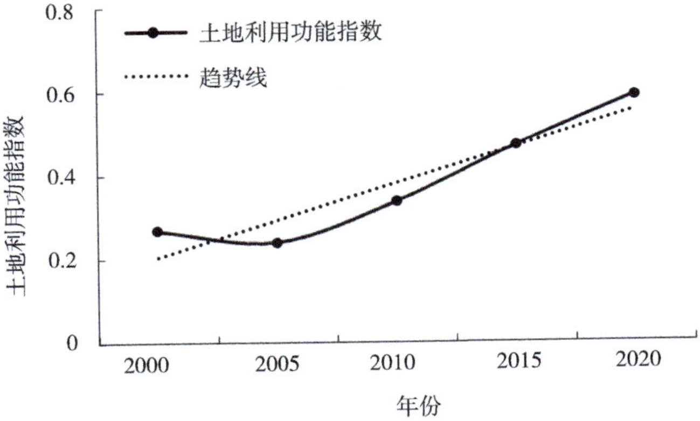

（d）海河流域

续图 6-10

（二）土地利用功能指数变化优势度分析

在分析土地利用功能指数演变及变化程度的基础上，计算出土地利用功能变化优势度，从而探究区域土地利用功能指数过程呈波动性调整的阶梯式演进的原因。

由表 6-16 可知，2000~2020 年河南省四大流域土地利用功能呈多元化发展，重心由社会发展功能转变为经济发展功能。土地利用功能综合转型过程呈波动调整的阶梯式演进，主要受区域土地经济发展和土地社会发展功能的影响。

表 6-16 河南省四大流域土地功能变化优势度

研究时段	流域	功能变化优势度	主导类型
2000~2005 年	黄河流域	0.617	社会发展功能
	淮河流域	0.497	经济发展功能
	长江流域	1	经济发展功能
	海河流域	0.558	生态基础功能
2005~2010 年	黄河流域	0.661	社会发展功能
	淮河流域	0.400	生态基础功能
	长江流域	0.997	社会发展功能
	海河流域	0.353	生态基础功能
2010~2015 年	黄河流域	0.687	经济发展功能
	淮河流域	0.463	社会发展功能
	长江流域	0.950	社会发展功能
	海河流域	0.577	社会发展功能
2015~2020 年	黄河流域	0.736	经济发展功能
	淮河流域	0.576	经济发展功能
	长江流域	0.570	经济发展功能
	海河流域	0.509	经济发展功能

2000~2005 年，河南省黄河流域土地利用功能中变化最大的是社会发展功能，其功能变化动态度为 53.02%，功能变化优势度为 0.617。河南省淮河流域土地利用功能中变化最大的是经济发展功能，其功能变化动态度为 38.24%，功能变化优势度为 0.497。河南省长江流域土地利用功能中变化最大的是经济发展功能，功能变化优势度为 1。河南省海河流域土地利用功能中变化最大的是生态基础功能，其功能变化动态度为 98.81%，功能变化优势度为 0.558。

2005~2010 年，河南省黄河流域土地利用功能中变化最大的是社会发展功能，其功能变化动态度为 207.5%，功能变化优势度为 0.661。河南省淮河流域土地利用功能中变化最大的是生态基础功能，其功能变化动态度为 41.4%，功能变化优势度为 0.400。河南省长江流域土地利用功能中变化最大的是社会发展功能，功能变化优势度为 0.997。河南省海河流域土地利用功能中变化最大的是生态基础功能，其功能变化动态度为 –60.27%，功能变化优势度为 0.353。

2010~2015 年，河南省黄河流域土地利用功能中变化最大的是经济发展功能，其功能变化动态度为 77.91%，功能变化优势度为 0.687。河南省淮河流域土地利用功能中变化最大的是社会发展功能，其功能变化动态度为 46.32%，功能变化优势度为 0.463。河南省长江流域土地利用功能中变化最大的是社会发展功能，功能变化优势度为 0.950。河南省海河流域土地利用功能中变化最大的是社会发展功能，其功能变化动态度为 53.67%，功能变化优势度为 0.577。

2015~2020 年，河南省黄河流域土地利用功能中变化最大的是经济发展功能，其功能变化动态度为 51.43%，功能变化优势度为 0.736。河南省淮河流域土地利用功能中变化最大的是经济发展功能，其功能变化动态度为 45.1%，功能变化优势度为 0.576。河南省长江流域土地利用功能中变化最大的是经济发展功能，其功能变化动态度为 73.72%，功能变化优势度为 0.570。河南省海河流域土地利用功能中变化最大的是经济发展功能，其功能变化动态度为 28.01%，功能变化优势度为 0.509。

第四节　土地利用功能与经济社会耦合协调分析

为进一步分析区域土地利用转型与经济发展的关系，从土地利用显性形态转型动态度与经济发展变化率角度，分析土地利用显性形态与经济发展的关系。运用改进的耦合协调模型、相对发展模型分析土地利用隐性形态与区域经济发展耦合协调的关系，以期为相关部门根据区域土地利用转型与经济发展协调发展阶段适时调整土地管理政策措施提供参考。

一、耦合协调度模型构建

（一）耦合协调模型

耦合协调模型广泛应用于两个或两个以上系统间的相互协调关系，作为分析复杂要素间相互作用关系的重要方法，本书利用耦合协调模型对土地利用功能与经济发展两个系统间的耦合关系进行分析，公式如下：

$$C=2[(U_1\times U_2)/(U_1+U_2)^2]^{1/2} \tag{6-13}$$

$$D=\sqrt{C\cdot T} \tag{6-14}$$

$$T=\alpha U_1+\beta U_2 \tag{6-15}$$

式中：C 为土地利用功能转型与经济发展的耦合度，$C\geqslant 0$，C 越大，两者间的耦合度越高；U_1 为土地利用功能转型；U_2 为经济发展指数；D 为土地利用功能转型与经济发展的协调度；T 为反映土地利用功能转型与经济发展协同效应的综合协调指数；α、β 为待定系数，且 $\alpha+\beta=1$，根据模型计算得出耦合协调度。

（二）相对发展度模型

耦合协调发展度模型可以准确评价土地利用功能与区域经济发展系统的耦合协调发展水平，却难以评价二者的相对发展状况，故以相对发展度模型求取土地利用功能与经济发展的相对发展度系数 E，公式如下：

$$E=U_1/U_2 \tag{6-16}$$

（三）耦合协调阶段划分

根据土地利用功能与经济发展耦合协调度 D，并结合两系统相对发展度系数 E，借鉴李二玲、杨庆媛等关于系统耦合协调的相关类型划分标准，本书将土地利用功能与经济发展耦合协调性划分为三大阶段，即拮抗阶段、磨合阶段与协调阶段。当 $0 \leqslant D \leqslant 0.5$ 时，区域土地利用功能与经济发展的耦合协调发展状态处于拮抗阶段，而这时期土地利用功能与经济发展相互制约，处于失调阶段。土地利用功能与经济发展处于拮抗阶段时，可以理解为在经济社会发展初级阶段，土地利用更多的是体现承载、种植等的自然属性，农业对经济发展推动作用较强，区域市场处于发育阶段，其影响区域土地利用功能转型的资本、技术、劳动力、生产资料等因素还未市场化，导致区域土地利用经济功能较低，制约区域经济发展。当 $0.5 < D \leqslant 0.7$ 时，区域土地利用功能与经济发展的耦合协调发展状态处于磨合阶段，土地利用功能转型与经济发展由失调趋于良好协调的过渡期，此时区域资本、技术、劳动力、管理等要素进一步积累，经济发展水平也快速提升，土地利用经济功能进一步释放，土地利用功能转型与经济发展由拮抗阶段向协调阶段过渡。当 $0.7< D \leqslant 1$ 时，土地利用功能转型与经济发展的耦合协调状态处于协调阶段。随着区域经济社会不断发展，区域土地、资本、技术、劳动力、生产资料等逐步市场化，推动区域经济发展，释放土地利用功能，土地利用功能形态转型与经济发展互动不断向良性发展，土地利用功能转型与经济发展进入协调阶段。

现实区域土地利用功能转型与经济发展是一个具有复杂性、开放性、动态性的系统，其很难达到两者同步优化，而更趋向于一种相对发展关系，因此本书依据研究区实际情况，在耦合协调度系数的基础上，借鉴方创琳相关研究成果将土地利用功能转型与经济发展的耦合协调阶段分为 3 大阶段 7 个类型（见表 6-17），并且引入相对发展度系数判别各耦合协调发展阶段类型特征。

表 6-17　土地利用功能与经济发展系统协调发展类型

耦合协调度	耦合发展阶段	协调类型	相对发展度	耦合协调发展类型特征
[0,0.2]	拮抗阶段	严重失调	$0 < E \leqslant 0.8$	严重失调土地利用功能转型滞后型
			$0.8 < E < 1.2$	严重失调同步型
			$1.2 \leqslant E$	严重失调经济发展滞后型
(0.2,0.4]		中度失调	$0 < E \leqslant 0.8$	中度失调土地利用功能转型滞后型
			$0.8 < E < 1.2$	中度失调同步型
			$1.2 \leqslant E$	中度失调经济发展滞后型
(0.4,0.5]		轻度失调	$0 < E \leqslant 0.8$	轻度失调土地利用功能转型滞后型
			$0.8 < E < 1.2$	轻度失调同步型
			$1.2 \leqslant E$	轻度失调经济发展滞后型
(0.5,0.6]	磨合阶段	勉强协调	$0 < E \leqslant 0.8$	勉强协调土地利用功能转型滞后型
			$0.8 < E < 1.2$	勉强协调同步型
			$1.2 \leqslant E$	勉强协调经济发展滞后型
(0.6,0.7]		中等协调	$0 < E \leqslant 0.8$	中度协调土地利用功能转型滞后型
			$0.8 < E < 1.2$	中度协调同步型
			$1.2 \leqslant E$	中度协调经济发展滞后型
(0.7,0.8]	协调阶段	良好协调	$0 < E \leqslant 0.8$	良好协调土地利用功能转型滞后型
			$0.8 < E < 1.2$	良好协调同步型
			$1.2 \leqslant E$	良好协调经济发展滞后型
(0.8,1.0]		优质协调	$0 < E \leqslant 0.8$	优质协调土地利用功能转型滞后型
			$0.8 < E < 1.2$	优质协调同步型
			$1.2 \leqslant E$	优质协调经济发展滞后型

二、耦合协调度分析

河南省四大流域土地利用功能与经济发展水平的耦合协调度呈现逐步提升的趋势，但整体耦合协调水平不高，仍有较大提升空间。2000~2020 年河南省四大流域土地利用功能转型与经济发展水平耦合协调度数值呈现“持续上升，差异波动，整体改善”的趋势。如表 6-18 所示，2000~2020 年五个时间点河南省四大流域土地利用功能和经济发展水平的耦合协调度平均值分别为 0.337、0.330、0.393、0.532 和 0.684。2010~2015 年，耦合协调度急剧增长，年均增长

7.074%，主要原因是区域经济效益显著提高，区域土地经济发展功能、社会功能也逐步提升，土地利用功能转型与经济发展耦合协调加快提升。2015~2020年耦合协调发展度增长速度有所下降，年均增长5.714%，在经济不断快速发展过程中，土地经济和社会发展功能得以释放，其功能指数提升，但经济发展也会对自然生态环境产生负面影响，从而导致生态基础功能下降，制约区域土地功能以及经济协调发展。

表6-18　河南省四大流域土地功能转型与经济发展耦合协调度平均值、标准差

项目	2000年	2005年	2010年	2015年	2020年	2000~2005年年均变化率/%	2005~2010年年均变化率/%	2010~2015年年均变化率/%	2015~2020年年均变化率/%
平均值	0.337	0.330	0.393	0.532	0.684	−0.415	3.818	7.074	5.714
标准差	0.031	0.041	0.054	0.064	0.070	—	—	—	—

2000~2020年，河南省黄河流域耦合协调度由0.390增加到0.805，河南省淮河流域由0.327增加到0.637，河南省海河流域由0.315增加到0.656，河南省长江流域由0.316增加到0.64（见图6-11），河南省四大流域土地利用功能与经济社会耦合协调度均呈现波动上升趋势，耦合协调水平向良性发展。值得关注的是，河南省四大流域耦合协调度除黄河流域外，其他流域均在2005年呈现出明显的拐点，在2005年后基本呈现不断增长的态势。

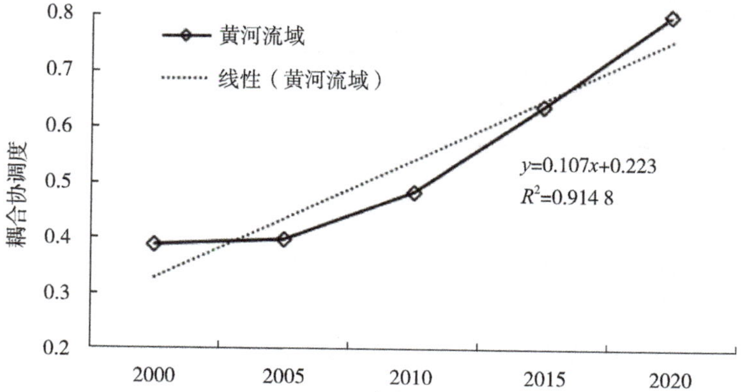

（a）

图6-11　2000~2020年河南省四大流域土地利用功能和经济发展耦合协调度对比

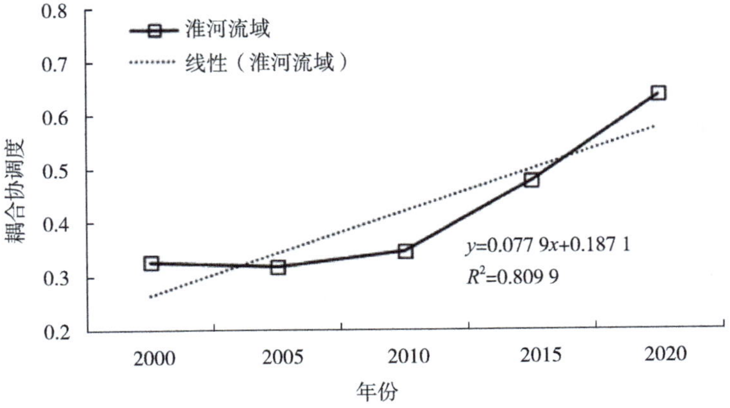
淮河流域
线性（淮河流域）
y=0.077 9x+0.187 1
R^2=0.809 9
耦合协调度
0.8
0.7
0.6
0.5
0.4
0.3
0.2
2000
2005
2010
2015
2020
年份

（b）

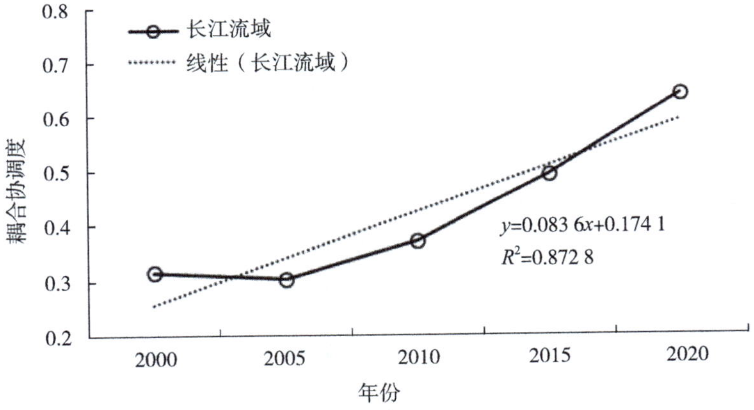
长江流域
线性（长江流域）
y=0.083 6x+0.174 1
R^2=0.872 8
耦合协调度
0.8
0.7
0.6
0.5
0.4
0.3
0.2
2000
2005
2010
2015
2020
年份

（c）

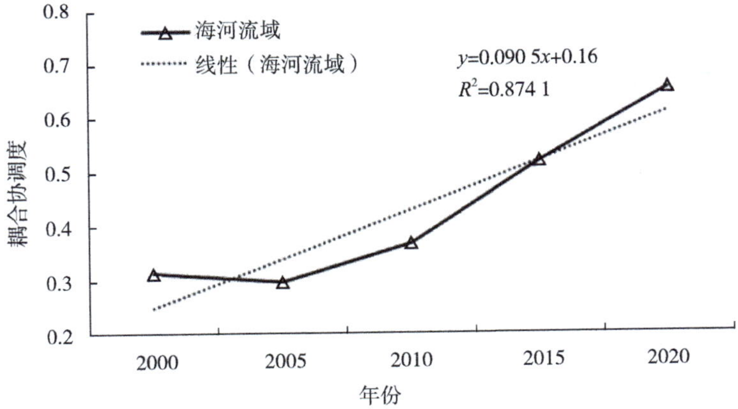
海河流域
线性（海河流域）
y=0.090 5x+0.16
R^2=0.874 1
耦合协调度
0.8
0.7
0.6
0.5
0.4
0.3
0.2
2000
2005
2010
2015
2020
年份

（d）

续图 6-11

三、耦合协调发展的时序特征分析

土地利用功能与经济发展系统耦合协调度反映两系统间的耦合协调发展趋势，并依据耦合协调分类判别标准对结果进行分类，土地利用功能转型与经济发展水平的耦合协调类型分拮抗阶段（0, 0.5]、磨合阶段(0.5, 0.7]、协调阶段(0.7, 1.0] 三大阶段以及严重失调(0，0.2]、中度失调(0.2, 0.4]、轻度失调(0.4, 0.5]、勉强协调(0.5，0.6]、中等协调(0.6，0.7]、良好协调(0.7，0.8]、优质协调(0.8，1.0] 类型，数值越大，说明土地利用功能转型与经济发展水平耦合协调程度越好，反之越差。

表 6-19 显示，2000 年，河南省四大流域协调类型均属于中度失调，且按照相对发展度的划分标准，相对发展类型属于经济发展滞后型。2010 年，河南省四大流域耦合协调度较 2000 年有小幅度提升，但是除黄河流域属于轻度失调外，其他三个流域按照协调度分类标准，还属于中度失调，且相对发展类型属于经济发展滞后型。2020 年，河南省四大流域耦合协调度较 2000 年、2010 年有显著提升，黄河流域土地利用功能与经济发展耦合协调度属于优质协调，相对发展度为 1.793，相对发展类型依然属于经济发展滞后型，淮河流域、长江流域和海河流域耦合协调度也呈现大幅度提升，属于中等协调，淮河流域和海河流域相对发展类型属于经济发展滞后型，长江流域的相对发展度为 1.102（$0.8 < E \leqslant 1.2$），相对发展类型属于同步发展。

表 6-19 土地利用功能转型与经济发展耦合协调发展评价结果

流域	2000 年				2010 年				2020 年			
	耦合协调度	协调类型	相对发展度	相对发展类型	耦合协调度	协调类型	相对发展度	相对发展类型	耦合协调度	协调类型	相对发展度	相对发展类型
黄河流域	0.390	中度失调	2.356	经济发展滞后	0.486	轻度失调	2.358	经济发展滞后	0.805	优质协调	1.793	经济发展滞后
淮河流域	0.327	中度失调	4.284	经济发展滞后	0.346	中度失调	2.338	经济发展滞后	0.637	中等协调	1.398	经济发展滞后
长江流域	0.316	中度失调	5.145	经济发展滞后	0.372	中度失调	2.012	经济发展滞后	0.640	中等协调	1.102	同步发展
海河流域	0.315	中度失调	2.709	经济发展滞后	0.369	中度失调	2.795	经济发展滞后	0.656	中等协调	1.741	经济发展滞后

总体而言，2000~2020 年河南省四大流域土地利用和经济发展耦合协调发展度呈现“缓慢－剧烈－放缓”的增长趋势，土地经济功能和社会功能随着经济发展提质增效而得以释放，促使其功能效应不断提高，但经济发展也会对自然生态环境产生负面影响，生态基础功能下降，表明土地功能与经济发展相互影响、相互作用，在追求经济效益的同时，也加强环境保护，走资源节约型和环境友好型发展道路，促使区域经济发展与土地功能持续向和谐有序的方向发展。

第七章　生态质量与产业结构耦合协调分析

在我国社会经济高速发展阶段，长期处于生态环境服务于经济发展，经济发展与环境保护属于零和博弈，生态问题逐渐突出。党的十八大以来贯彻落实“绿水青山就是金山银山”的发展理念，党的十九大把建设美丽中国作为建设社会主义现代化的目标，党的二十大提出要站在人与自然和谐共生的高度谋划发展，体现了国家在政策上逐步重视生态环境保护的过程。在此背景下，产业结构调整作为推动经济社会高质量发展、改善生态质量的重要抓手，引起社会的重点关注。

事实上，产业结构与生态质量并不独立发展，而是相互促进和相互制约。保护生态环境能够使经济发展获得更大的空间，同时也能够推动经济发展模式转变，在更长的时间内实现更为持续的增长。相应地，通过产业结构调整和优化，实现经济发展要素的最优配置和产业升级，不仅可以促进区域生态环境的改善，也会产生正的外部性。此外，提升生态质量也可以有效推动产业结构发展，使得产业结构向可持续的方向转变。对于河南省四大流域而言，其生态环境的约束力较强，整体经济发展水平较低，正确认识产业结构与生态质量二者之间的关系，建立新的协调统一的关系，将有助于推动河南省四大流域产业和生态朝更有序的方向发展，实现有限资源的优化配置。

第一节　生态质量与产业结构耦合协调发展的内在机制

一、经济社会发展与生态环境保护的关系

生态环境保护与经济社会发展的关系，是环境与发展的核心问题，归根到底是人与自然的关系。解决环境问题，其本质就是如何处理好人与自然、人与

人、生态保护与经济发展的关系问题。经济发展给生态环境保护提供重要的资金支持，生态环境保护是经济发展的前提条件，二者内部存在明显的耦合关系。因此，生态环境与经济社会发展之间相互制约、相互影响。在经济欠发达地区，经济发展慢，开发滞后，生态环境破坏相对较少；而在一些经济发达地区，因开发速度超过了环境的承载力，生态破坏较为严重。有人认为生态保护与经济发展是对立的，为了保护生态环境必然要牺牲经济发展。事实证明，两者是可以相互促进的，正确处理生态环境保护与经济发展的关系，可以达到经济和环境的协调发展。

（一）经济发展对生态环境保护的作用

经济发展对生态环境保护的作用有两方面，即正面影响和负面影响。从正面影响来看，经济发展主要从两方面影响生态环境保护。一方面，可以提高人民生活水平与质量，根据马斯洛需求层次理论，人民在获得较高的生活品质后，会更加注重生活环境的状态，如果当地的环境无法满足他们的要求，则人们可能会考虑搬至环境较好的地区，这就会导致人才流失，因此采取生态保护措施，对生态环境加以管制，可以留住人才。另一方面，随着人民生活水平的不断提高，人民群众的生态意识、环境意识明显增强，从而更加注重生活环境的质量，对生态环境的要求也越来越高，渴望生态和谐、环境优良、美丽宜居的生产生活环境。经济发展起来后，当地政府收入增加，会有更多的资金用于对生态环境的保护，有助于生态环境的修复和维护，给生态环境保护提供了雄厚的资金支持。从负面影响来看，主要体现在经济发展的过程中过度追求速度，占据耕地、森林、湿地等生态资源空间。此外，在经济发展过程中产生的“三废”也会对空气、土壤和水体造成污染。经济发展的核心内核就是把对生态环境的正面影响发挥到最大、负面影响降到最低。

（二）生态环境保护对经济发展的作用

良好的生态环境是地区实现经济发展的必要基础。生态环境保护对经济发展有重要的推动作用，主要体现在以下两个方面：第一，倒逼产业结构转型升级，向绿色化、高附加值化方向发展。产业结构高级化是经济发展的核心要素，如黄河流域的产业结构特点是依靠能源消耗，这不仅对生态环境有一定威胁，并且产品附加值较低，在市场上竞争力较弱。随着生态环境保护的迫切性和环境管制的进一步推进，高耗能、高污染企业为寻求长足发展，必须进行转型升级，否则就会被市场所淘汰，这样倒逼产业结构向绿色化、高级化方向转变，不仅可以带来经济效益，同时也可以带来生态效益。第二，良好的生态环境有利于促进要素的聚集。随着时代发展，生态环境的地位越来越高，成为一个地区发展的重要资本。一方面，良好的生态环境可以促进人才要素的聚集，人才是经济发展的重要基础。随着工业化的不断推进，雾霾、酸雨、冰雹等极端天气层出不穷，对人们的身体健康造成了极大的威胁；改革开放以来，人民生活已经有了质的提升，加上交通越来越便利，人们对自己的生活环境有了更多选择，生态环境较好的地区有更大的优势。另一方面，良好的生态环境可以吸引投资。21 世纪以来，“体验商业”越来越盛行，以体验农业、体验制造业为主，发展现代生态旅游业，吸引了众多游客，为当地经济发展做出重要贡献；但“体验商业”对生态环境的要求较高，在进行投资时，资本会主动汇入生态环境较好的地区。

总之，经济发展与生态环境保护之间相互成就、相互促进，是密不可分的。在发展经济的过程中，生态环境必将受到影响。二者之间有着极为密切的关系，它们相辅相成，却又在一定时期存在着一些矛盾。在长期的经济发展中，生态环境作为被牺牲项，成为了推动经济发展的助燃剂。但是，经济发展的脚步不能以生态环境的破坏为代价，二者之间的关系是相互依存的，不能够单独着重于一方面发展。生态环境是经济可持续发展的基石，保持经济增长的前提是确保生态环境得到有效的保护。经济发展过程中必然会对生态环境产生一定的影响，有些是可修复的，有些则是不可逆的，因此必须设置生态保护红线，防止经济发展过程中打破二者之间的平衡，避免因经济发展对生态环境造成不可逆的破坏。生态环境保护与经济发展之间的关系在实际的操作过程中存在着较大的难度和问题。由于不同地区经济状况不同，所处的经济阶段不同。经济社会较为发达的区域已经度过依靠破坏生态环境换取经济效益的时期，而且存在足够资金和技术支持来实施生态环境治理；但对于经济较弱的区域，由于生态环境的破坏范围较大，必须依靠庞大的资金作为支持，因此选择经济发展还是选择生态治理需要基于不同的社会发展程度和国情进行取舍。

二、产业结构对生态质量的影响

在经济社会发展与生态环境之间的关系研究中，环境库兹涅茨曲线 (EKC) 结果表明，产业集聚会出现明显的空间溢出效应，对生态环境产生不良的负面影响。在产业集聚变化的过程中，环境效率会出现先降低后增加的趋势。与此同时，产业结构的优化升级对生态环境产生的负面影响较小，而且通过科研研发提高生产技术，淘汰落后产能，调整产业结构可以有效改善生态环境质量。

（一）产业结构配置的影响

依据不同地区的生态资源禀赋，当地经济社会发展中各产业的结构比例各不相同。根据现有研究对产业结构划分，可以概括为三大产业：第一产业主要包括种植业、林业、牧业和渔业等农业相关产业，第二产业主要涵盖制造业、建筑业和采矿业等工业，第三产业主要包含金融业、餐饮业和房地产等服务业。从经济社会发展中产业内部结构来分析，综合比较发现第一产业对生态质量的破坏相对不大。一是农业现代化的实施改善了种植业方式，扩大了生产规模，优化了生产结构；二是退耕还林、退耕还草项目的实施促进了林业规模的扩大，逐渐提升了生态质量；三是第一产业消耗能源相对较少，对环境负面作用不大。第二产业的影响较为突出，煤炭、石油、天然气工业、有色金属工业和其他开采业本身都会对生态环境产生影响，并在开采、消耗电力、水力和其他资源的过程中产生影响。制造业中多为能源消耗比较高的行业，电力、热力等在生产供应过程中消耗的煤炭、石油等对环境造成严重污染的能源，由于自身的服务性能，使得难以减少对它们的使用。只有积极探索技术创新，提升资源的运用能力，尤其是能源使用效率，才能缓解生态发展过程中的压力。建筑业在社会建设中的作用不言而喻，已经形成较为成熟且完善的产业链，促进了钢铁、水泥等行业的发展，从而使能耗增加，对生态造成负面影响。第三产业则更多的是服务行业，金融、文化等行业发展离不开能源，科学技术的研究在一定程度上提高了能源使用效率。综合而言，第三产业的飞速发展对生态环境的影响更多是正面的，可以有效促进环境的改善。合理的产业结构可以使生产要素在行业间流动时提高生产资源使用效率，资源得到高效配置，产业结构则会不断优化，有助于当地生态质量不断提高。在经济社会发展初始阶段，多种要素资源从第一产业向第二产业转移带来巨大的经济增长，同时也会导致环境污染、生态破坏等多种问题，因此应当根据产业结构合理化的生态效率，从而不断提高产业结构优化过程中的生态效率水平。在产业结构优化调整过程中，第三产业产值占比的不断提升，可以更新生产技术，淘汰落后产能和高耗能产业，以此来减少污染排放并改善生态质量。第一、二产业产值占比的下降一方面可以节约资源，另一方面也可以更高效地利用资源，提高生态质量水平。

（二）产业就业结构的影响

产业结构优化调整的同时也带来就业的转移，各产业就业人员结构出现变化。伴随着第一产业现代化水平不断提高，第一产业就业人员减少，富余劳动力增加，第三产业作为产业优化升级重点，发展空间巨大，就业吸纳能力逐步提高。随着劳动力要素由第一、二产业向第三产业流动，社会资源也会得到有效配置，产业结构也向合理化发展。当第三产业就业人员集聚效应逐渐显现时，城市内部吸纳了大量第一产业的农村富余劳动力，但由于资源限制、地区容纳人口数量有限，生态环境承受力达到临界点。当人口增长过快时，对城市公共设施等需求增加，城市范围不断扩大，周边自然资源转变为建设用地，生态质量剧烈下降。目前，城市人口增长较快，以此带来资源消耗增加，会加剧对生态环境的影响。产业就业结构变化产生的人口集聚的生态影响是多方面的，只有在可行范围内控制人口集聚数量，才能减轻对环境产生的负面作用。

总之，产业结构对生态环境的影响表现为两个方面：一是产出比例的变化，二是产出关联的变化，以就业比例进行量化。随着区域产业结构的调整，各产业之间的产出比例和就业比例会发生明显变化，导致各产业的产出总量和产出结构、就业结构、人口集聚空间发生变化，这些变化将直接或间接地影响地区资源能源的消费结构或污染问题的产生，影响地区生态质量。

三、生态环境对产业结构的影响

生态环境为各种社会经济相关的生产活动以及人类生活提供相应的自然资源，但经过社会生产排放后的污染物严重影响了生态环境的优化。当生态环境逐渐恶劣，或生产资源使用超过极限时，将会对经济产生抑制作用，进而影响产业结构的优化升级和社会发展，产生一个恶性循环，导致环境问题的进一步凸显，使得其与产业结构之间的关系陷入僵局。良好的生态环境以及富足的自然资源将是确保经济高质量持续发展的关键环节。生态环境优化后，污染减少，有助于产业结构的升级，促成良性循环，还可以减少经济发展的负外部性。当生态环境逐渐恶化时，会使企业面临更高成本的生产，因此生产要素会出现大规模迁移，导致较大损失，在这种情况下产业结构也就不能得到高效合理的调整。企业为了降低成本，追求更好的生产生活环境，将企业地址进行转移时，其技术、资金等相关资源也会随之进行转移，而这些正是产业结构优化的重要基础。此外，生态环境变化对就业也存在一定的作用，当环境污染逐渐加重时，就业会出现先增加后减少的情况，且三产的变化存在较大差异。因此，对环境进行优化、减少污染，将有助于解决产业结构与就业结构的有关问题，防止结构错配。

四、产业结构与生态质量的耦合协调机制

经济发展过程中，生态环境提供相关的资源和发展条件，如土地资源、水资源等，通过这些生态环境的状态对产业结构产生影响。从生态条件来看，某一区域的生态系统类型也决定了人类活动的形式，并直接影响生态系统以及提供的生态产品。地势平坦的地区有利于农业发展，以第一产业为主导方向，农业、畜牧业、养殖业的发展对区域内的原始自然资源状况提出更高的要求，土壤状况条件好，农业、养殖业就会得到强有力的发展。从生态资源的角度来看，区域的资源环境水平决定了人类经济社会开发利用自然资源的形式。例如，水资源，虽然不同产业发展对水资源存量的要求不同，但都会产生不同程度的消

耗。水资源不仅支持家庭日常的生活用水，而且经济发展同样离不开水资源支持。其中，农业用水占比较大，主要用于农田灌溉等。工业用水量也非常大，但其效率较低，会造成一定浪费。此外，生态环境状态对产业结构的影响也可以解释为资源总量有限，由于无法有效及时地恢复，资源支持产业发展的能力会出现降低。这种匮乏使得与自然有关的所有费用增加，导致生产活动总成本增加，而资源存量决定了可持续发展，人类活动以生态环境为基础，需要在生态系统保护与产业结构发展之间做出平衡的选择，来处理好生态保护与产业发展的关系。

可见，在经济发展与生态环境的关联系统中，产业结构发挥资源转换的相关功能，作为二者的主要中介进行连接，产业结构与生态环境之间相互作用、彼此影响，构成复杂的系统，形成耦合关系。产业结构和生态环境耦合协调发展的理论揭示出其发展的基本规律。产业结构与生态质量耦合过程中，产业结构和生态环境不只是单方面的影响，而是相互影响，形成一个复杂的双向作用机制，可概括总结为生态的支撑和约束作用，以及产业结构的胁迫和保护作用。生态环境提供了相关的条件及资源，是经济发展的基础，助力产业结构优化；产业结构通过产出和就业变化，对生态条件和资源条件进行作用，影响生态质量整体状态（见图 7-1）。二者之间的耦合关系，本质上是产业产值结构、产业就业结构与生态质量之间的相互作用。在产业结构调整的各个阶段，结合生态环境状况，二者之间的耦合协调情况也存在不同特征，具体可归为以下几类：极不耦合阶段、拮抗阶段、磨合阶段、低水平耦合协调阶段、高水平耦合协调阶段。耦合协调发展强调如何联动、如何协调和其具体的发展程度。各要素在互动中协调发展，从各自发展到全面共同发展，从协调不力到更高层次的协调发展。

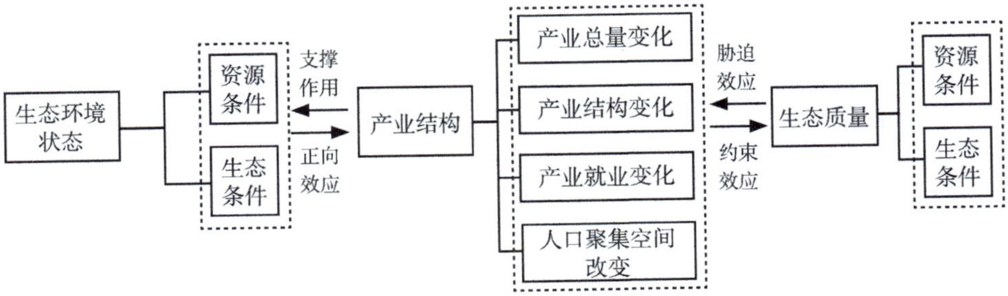

图 7-1　产业结构与生态质量的耦合协调机制

第二节 河南省四大流域生态质量演变特征

一、生态质量指数的构建

生态系统环境质量反映区域生态系统质量整体状况。依据《全国生态状况调查评估技术规范——生态系统服务功能评估》（HJ 1173—2021），以遥感生态参数植被覆盖度（fractional vegetation cover, FVC）、叶面积指数（leaf area index, LAI）和总初级生产力（gross primary productivity, GPP）作为指标，采用分流域分生态系统类型选取参照值的方法构建河南省四大流域生态系统环境质量指数。

以每个生态功能区内森林、草地和农田等生态类型的生态参数最大值作为参考值，依次计算流域内每个植被类型生态系统参数值与其参考值的比值，得到该流域的生态参数相对密度，计算公式如下：

$$\mathrm{RVI}_{i,j,k}=\frac{F_{i,j,k}}{F_{\max i,j,k}} \tag{7-1}$$

式中：$\mathrm{RVI}_{i,j,k}$ 为第 i 年第 j 流域第 k 类生态系统生态参数的相对密度；$F_{i,j,k}$ 为第 i 年第 j 流域第 k 类生态系统生态参数值；$F_{\max i,j,k}$ 为第 i 年第 j 流域第 k 类生态系统生态参数最大值。

依照生态参数相对密度的计算公式，对植被覆盖度、叶面积指数、总初级生产力分流域分类型计算相对密度，并将结果进行归一化处理。归一化方法计算公式如下：

$$x'=\frac{x-\min(x)}{\max(x)-\min(x)} \tag{7-2}$$

将三种生态参数归一化后，根据生态系统环境质量指数 EQI 的计算公式，计算不同生态类型的环境质量指数。计算公式如下：

$$\mathrm{EQI}_{i,j}=\frac{\mathrm{LAI}_{i,j}+\mathrm{FVC}_{i,j}+\mathrm{GPP}_{i,j}}{3}\times 100 \tag{7-3}$$

式中：$\mathrm{EQI}_{i,j}$ 为第 i 年第 j 流域生态系统环境质量；$\mathrm{LAI}_{i,j}$ 为第 i 年第 j 流域生态类型叶面积指数相对密度；$\mathrm{FVC}_{i,j}$ 为第 i 年第 j 流域生态系统植被覆盖度相对密度；$\mathrm{GPP}_{i,j}$ 为第 i 年第 j 流域生态系统总初级生产力相对密度。

叶面积指数 LAI 能够反映生态系统中单位面积上的叶面积大小，是模拟陆地生态系统、水热循环和生物地球化学循环的重要参数。LAI 的获取方法可以通过经验模型法，利用植被指数估算叶面积指数。通过建立植被指数与 LAI 的经验关系，使用地面观测数据进行拟合，进而估算 LAI。计算公式如下：

$$LAI=-1/2A\ln(1-x) \tag{7-4}$$

式中：LAI 为叶面积指数；x 为植被指数；A 为不同植被类型所对应的经验参数。

植被覆盖度 FVC 量化了植被的茂密程度，反映了植被的生长态势，是描述生态系统中植被情况的重要基础数据，被广泛应用于水文、生态、气候、大气污染等研究领域。遥感由于其大范围的数据获取和连续观测的能力已成为估算 FVC 的主要技术手段。目前，线性混合像元分解模型是较为常见的 FVC 估算方法，模型假设像元由植被和非植被两部分构成，光谱信息为这两个组分的线性组合，计算获得的植被覆盖所占像元比例即为该像元的 FVC，计算公式如下：

$$FVC=(NDVI-NDVI_{soil})/(NDVI_{veg}-NDVI_{soil}) \tag{7-5}$$

式中：NDVI 为混合像元的植被指数；$NDVI_{soil}$ 为纯裸土像元的 NDVI 值；$NDVI_{veg}$ 为纯植被像元的 NDVI 值。

总初级生产力 GPP 是在单位时间和单位面积上，绿色植物通过光合作用所固定的有机碳总量，是描述陆地生态系统的重要参数，提供了全球气候变化情况下碳循环的定量化描述。结合遥感数据的 GPP 估测模型能够实现空间连续、不破坏植被的植被 GPP 估算。GPP 数据来源于北京师范大学全球陆表特征参量 (GLASS) 产品数据集。

根据叶面积指数、总初级生产力和植被覆盖度计算生态系统质量，然后依据生态系统质量评估结果，将生态系统质量分为 5 级，即优、良、中、低、差，具体标准见表 7-1。

表 7-1　生态环境质量分级

级别	优	良	中	低	差
生态系统环境质量	EQI ≥ 75	55 ≤ EQI<75	35 ≤ EQI<55	20 ≤ EQI<35	EQI<20
描述	生态系统环境质量为优	生态系统环境质量良好	生态系统环境质量为中等水平	生态系统环境质量较低	生态系统环境质量较差

二、生态质量相关指数的时空变化特征

（一）河南省四大流域 NDVI 指数长时序变化特征

NDVI 植被指数作为生态环境状况的指示因子，其整体均值与空间变化能有效反映区域生态环境植被的时空变化特征。2000~2020 年，河南省四大流域的年均 NDVI 均呈现上升趋势，NDVI 均值由北向南递增（见图 7-2）。河南省长江流域年平均 NDVI 值从 2000 年的 0.441 上升至 2020 年的 0.555，NDVI 平均值最大（0.504）。河南省淮河流域年平均 NDVI 值由 2000 年的 0.422 上升至 2020 年的 0.539，NDVI 平均值与河南省长江流域较为接近（0.494）。河南省黄河流域年平均 NDVI 值从 2000 年的 0.390 上升至 2020 年的 0.513，NDVI 平均值为 0.460。河南省海河流域年平均 NDVI 值最小，从 2000 年的 0.376 上升至 2020 年的 0.481，NDVI 平均值为 0.439。

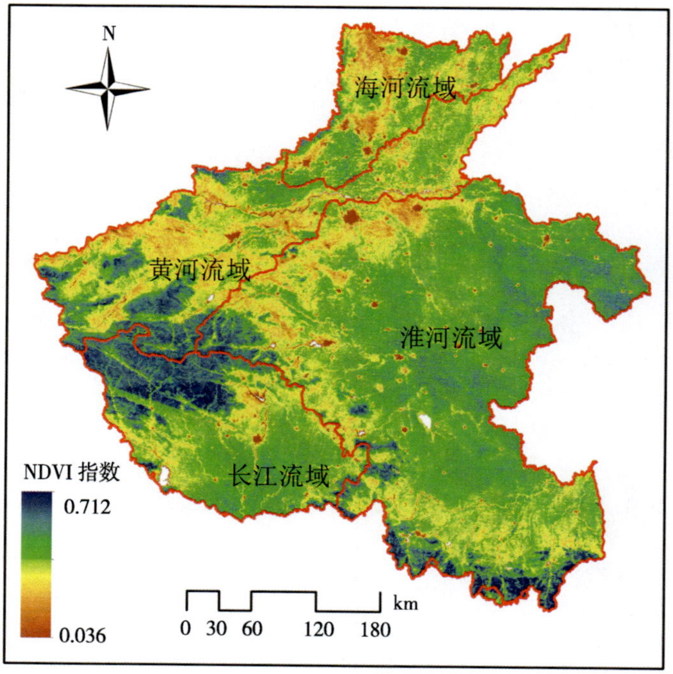

（a）2000 年

图 7-2 2000~2020 年河南省四大流域年平均 NDVI 指数

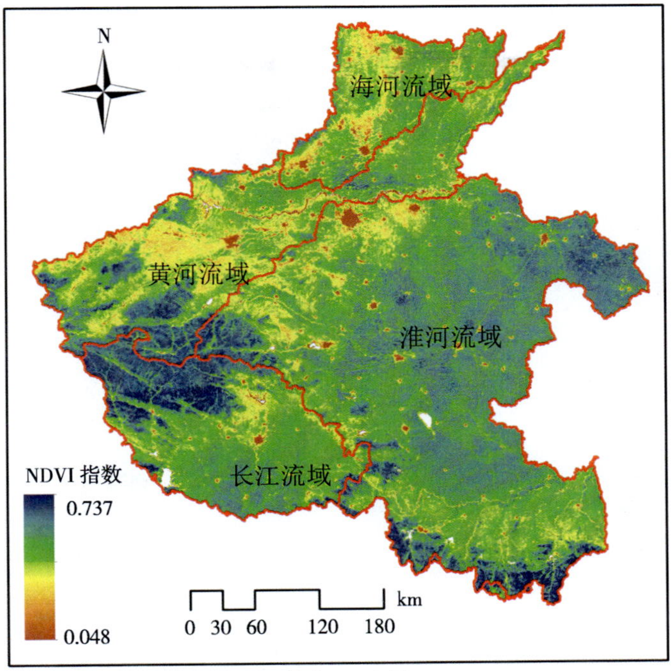

(b) 2005 年

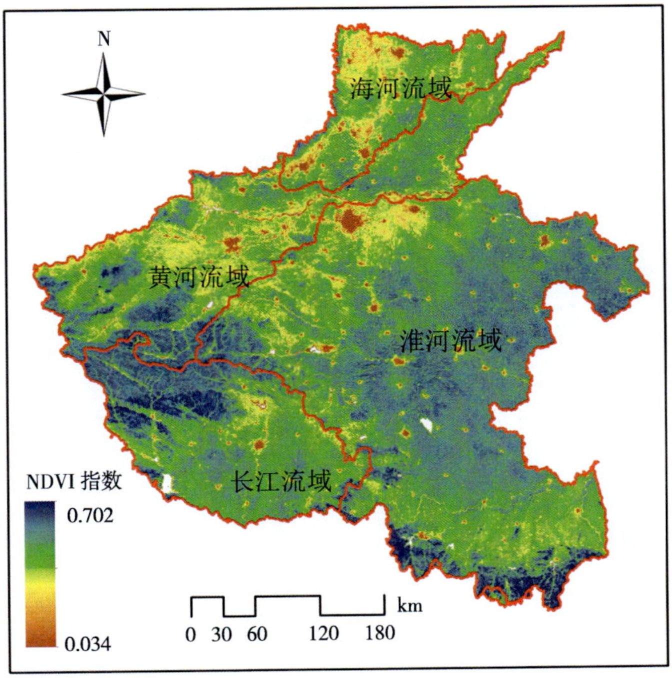

(c) 2010 年

续图 7-2

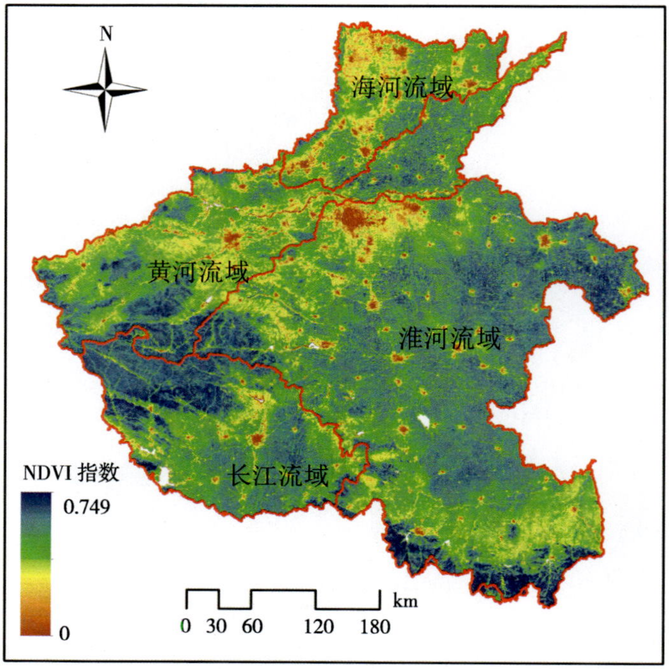

（d）2015 年

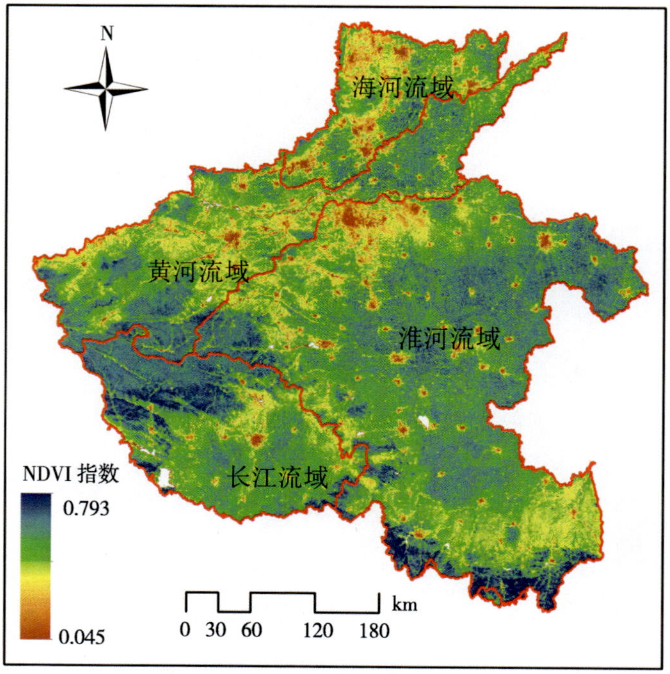

（e）2020 年

续图 7-2

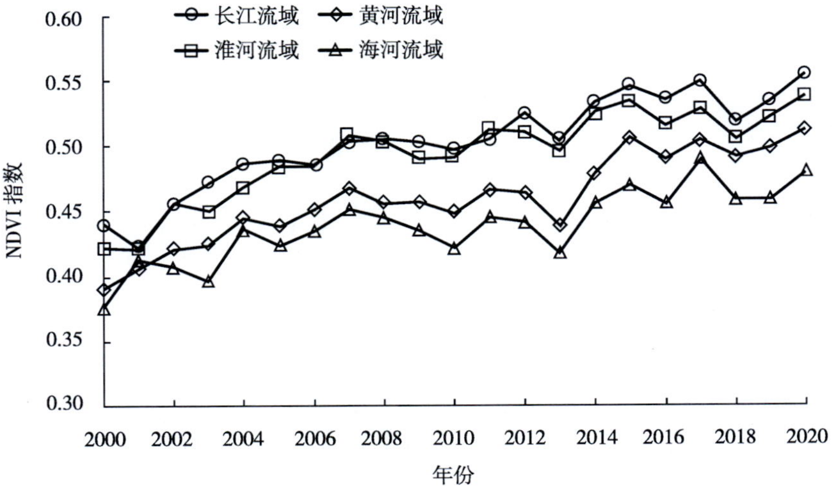

（f）

续图 7-2

从河南省四大流域 NDVI 的空间分布来看，淮河流域面积较大，不仅包含河南省中部和东部的平原区域，还包含南部的桐柏山脉以及伏牛山东部余脉，其中南部桐柏山区域的 NDVI 最高。长江流域和黄河流域 NDVI 最高的区域分布在豫西山区的伏牛山脉，海河流域 NDVI 较高的区域位于最西部的太行山脉。

河南省属暖温带－亚热带、湿润－半湿润季风气候，南北气候存在较为明显的差异。河南省四大流域按照湿润到半湿润季风气候区分别为长江流域、淮河流域、黄河流域和海河流域。河南省长江流域处于湿润的亚热带区域的伏牛山脉，是我国南北气候的过渡带，受益于较高的年均气温和降雨量，植被资源丰富，植被覆盖度较高，年均 NDVI 最高。海河流域位于河南北部半湿润区域的太行山脉，年降水量要远低于长江流域，植被较为稀疏，年均 NDVI 最低。同时，2013 年、2016 年和 2018 年河南省四大流域 NDVI 值均出现显著性下降。经气象数据查证，此三年内河南省四大流域平均气温出现明显升高和降雨量减少现象，是各流域内 NDVI 出现显著性下降的主要原因。

（二）总初级生产力 GPP 的时序变化

GPP反映了各流域内不同生态系统中绿色植物固定的有机碳总量。总体来看，河南省四大流域GPP均呈现上升趋势。河南省四大流域中长江流域GPP平均值最高（12.249 gC/m^2），其次为淮河流域（11.199 gC/m^2）和黄河流域（10.521 gC/m^2），海河流域的GPP值最低（9.466 gC/m^2），其中长江流域、淮河流域以及黄河流域在2015年GPP值达到峰值，并于2015~2019年呈下降趋势，而海河流域在2017年才达到最高，在2018~2019年下降，在2020年河南省四大流域均又出现明显上升趋势（见图7-3）。

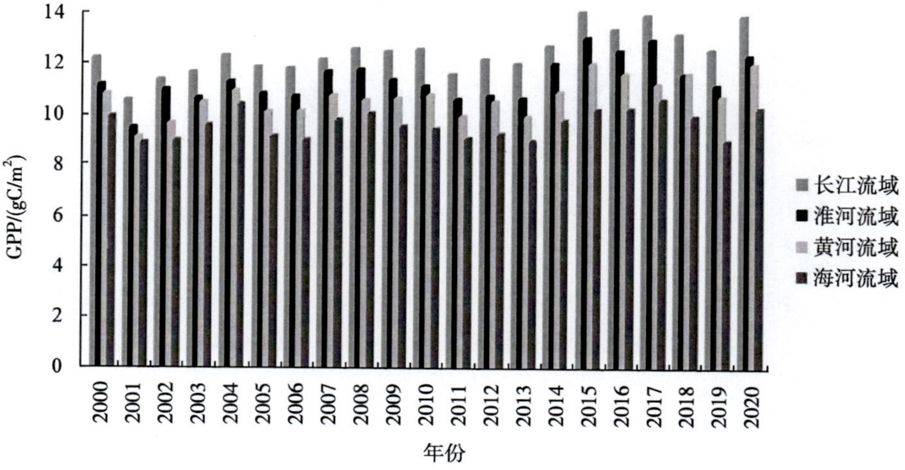

图 7-3 2000~2020 年河南省四大流域年平均总初级生产力 GPP

（三）叶面积指数 LAI 的长时序变化特征

LAI 是反映植被生长状况的重要指标，直接与植被生产力的产量密切相关。LAI 作为生态系统的重要结构参数，其大小能够表现出植被的叶片面积及其生态环境效应，为植物冠层表面物质和能量循环提供结构化的定量信息。2000~2020 年，河南省四大流域的 LAI 呈现波动上升趋势，而且不同流域间 LAI 均值存在明显差异。在此 20 年间，长江流域 LAI 均值提高约为 0.5，黄河流域和淮河流域的 LAI 均值提高 0.4，海河流域 LAI 均值提高 0.25。

为更好地区分LAI的空间分布差异，将LAI按照0.5的步长划分为5个等级，0~0.5（差）、0.5~1.0（低）、1.0~1.5（中）、1.5~2.0（良）、大于2.0（优）。LAI值最高区域位于黄河流域、淮河流域和长江流域交界的豫西南山区。该地区森林覆盖面积较大，主要分布落叶阔叶林，因此叶面积指数较高，其生态环境也较好。淮河流域和长江流域在2000~2020年，LAI指数上升趋势较为明显（见图7-4）。

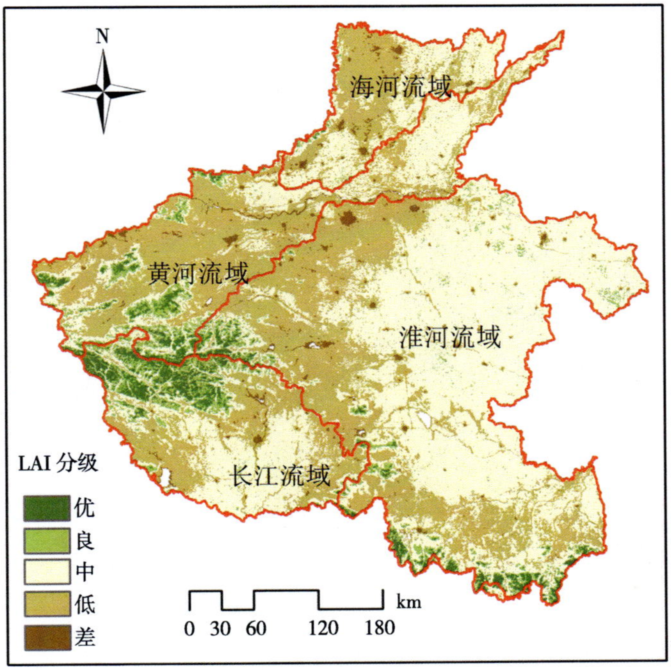

（a）2000 年

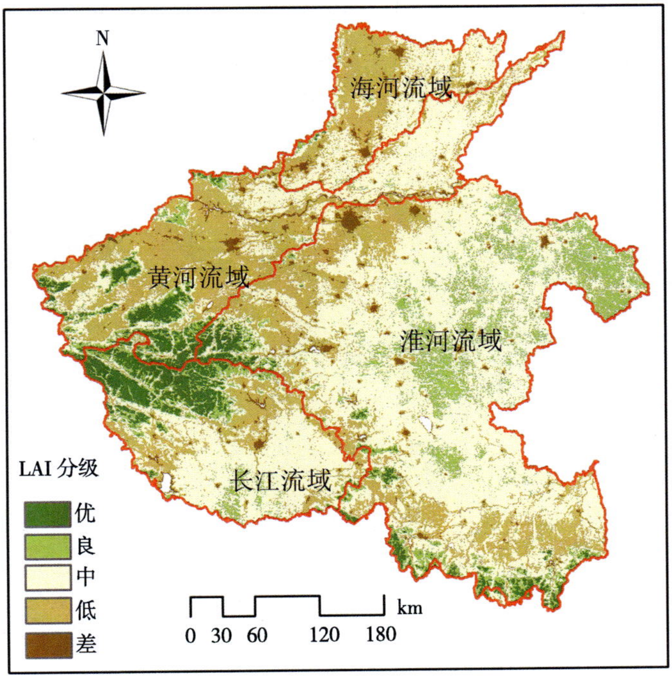

（b）2005 年

图 7-4　2000~2020 年河南省四大流域年平均叶面积指数 LAI

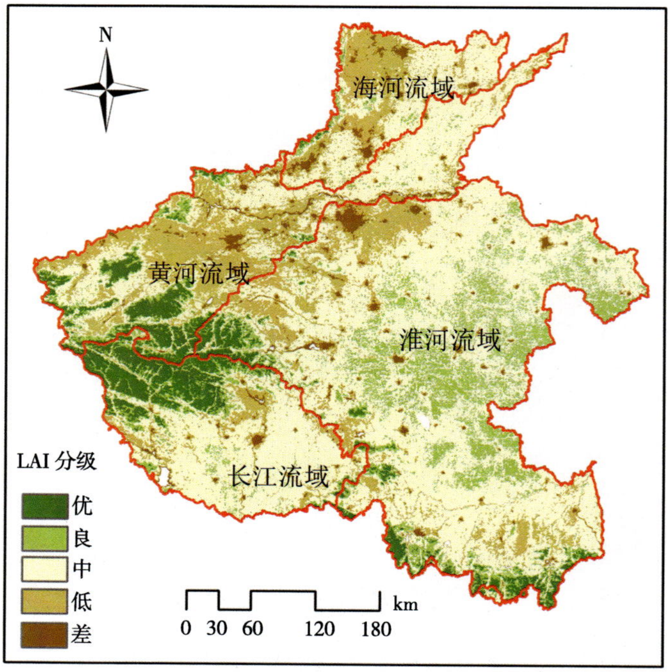

（c）2010 年

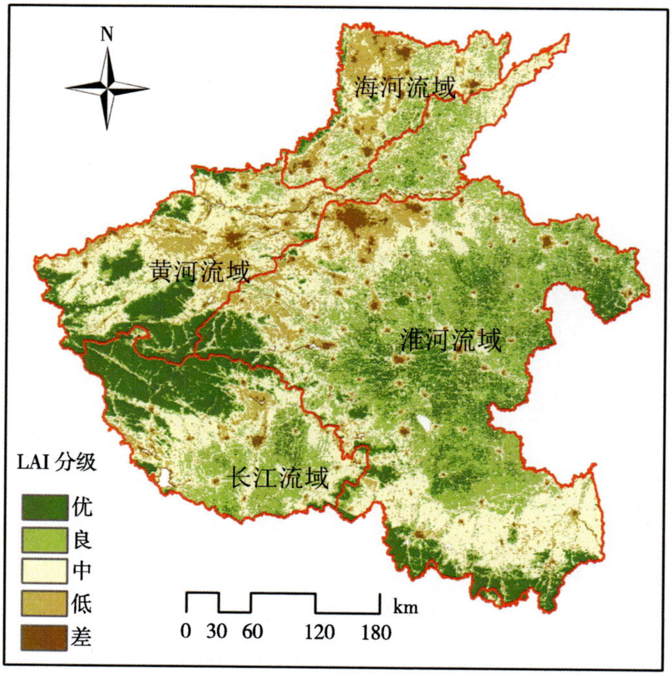

（d）2015 年

续图 7-4

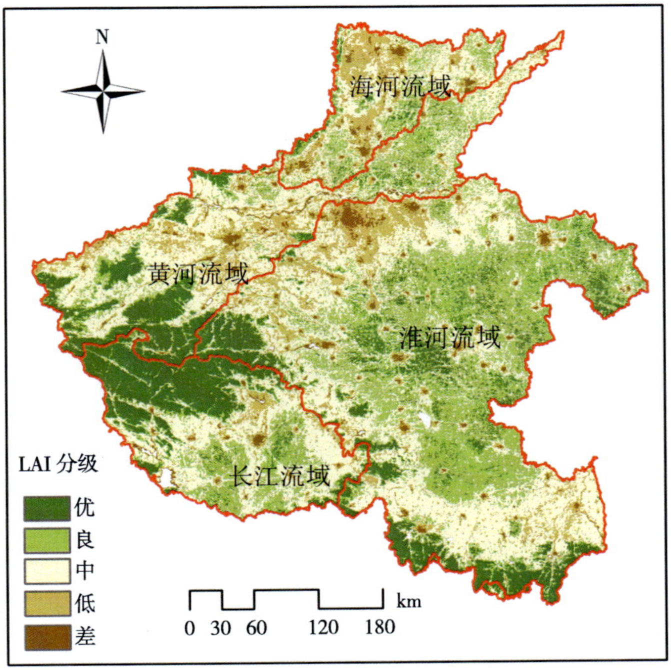

（e）2020 年

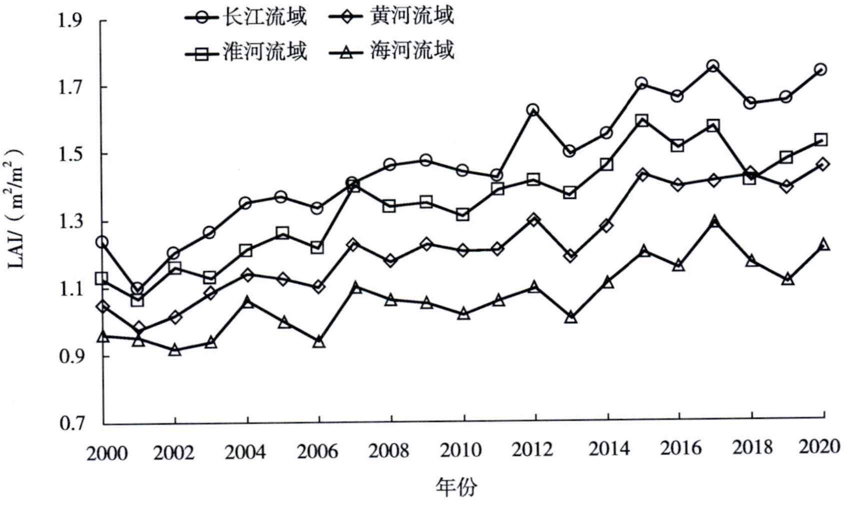

（f）

续图 7-4

三、生态系统质量指数的时空变化特征

按照生态系统质量分级标准，对河南省四大流域2000~2020年生态系统质量评估结果EQI指数进行分级。结果表明，2000~2020年河南省四大流域生态系统质量总体呈变好趋势，其中长江流域平均EQI指数最高，生态质量最优，其次为淮河流域，海河流域平均EQI指数最低。在2006年和2013年，河南省四大流域平均EQI指数均出现明显下降。2006年，长江流域和淮河流域生态质量下降幅度最大，在三个评价指标中，叶面积指数LAI和总初级生产力GPP同年下降明显，植被覆盖变化较小。海河流域生态质量在2005年和2006年连续两年下降，同样是由LAI和GPP的下降引起的，海河流域植被覆盖FVC反而有所上升。黄河流域生态质量在2006年下降幅度较小，同年流域内植被覆盖和GPP增加，仅有LAI指数下降。2013年，河南省四大流域EQI评价指数均出现明显下降，其中FVC和LAI指数较2012年下降最为明显。据气象资料查证，2006年和2013年河南省四大流域EQI指数下降是受气温和降雨等气候因素造成的。各流域在该年份遭受高温干旱或暴雨等极端气候条件，植被生长受到严重影响，其中叶面积指数和植被生产力出现明显下降，生态质量发生明显变化。对比分析2000~2020年河南省四大流域EQI指数分级的空间分布可以看出，长江流域生态环境较好的区域分布在豫西南山区，在2005年后面积逐渐减小，从优等级转变为良等级。同时在南部平原地区的生态质量逐渐好转，由2000年的中等级上升为良等级。黄河流域和海河流域的生态系统质量在2000年较低，存在大面积生态质量为低等级的区域。随着黄河流域以及太行山脉一系列生态保护和植树造林等措施的实施，生态系统质量明显提升，逐渐由低等级向良等级转变。淮河流域生态系统质量相对较好，2000年生态系统质量为中等级区域占主要地位。到2020年，淮河流域生态系统质量良等级区域占主要地位（见图7-5）。

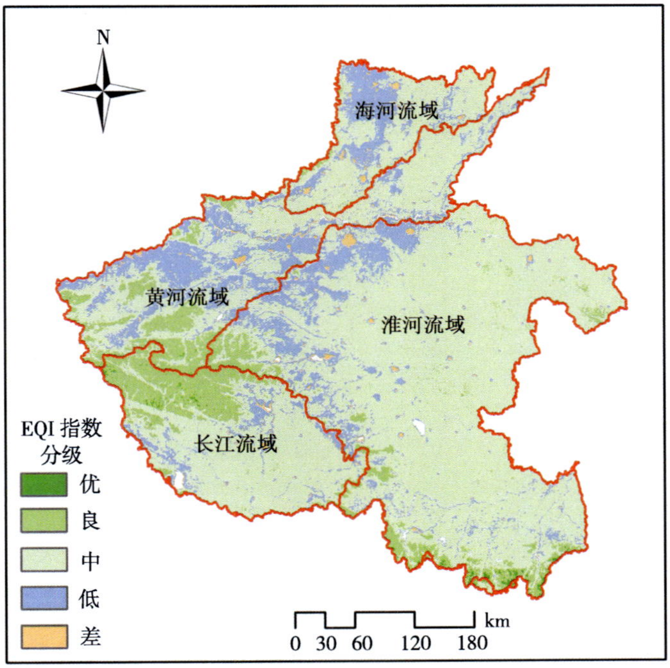

（a）2000 年

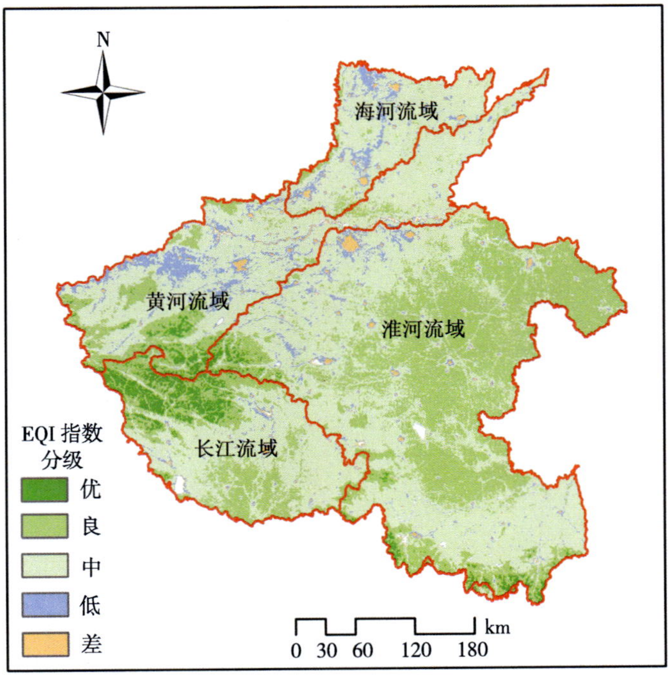

（b）2005 年

图 7-5　2000~2020 年河南省四大流域年平均生态系统质量 EQI 指数

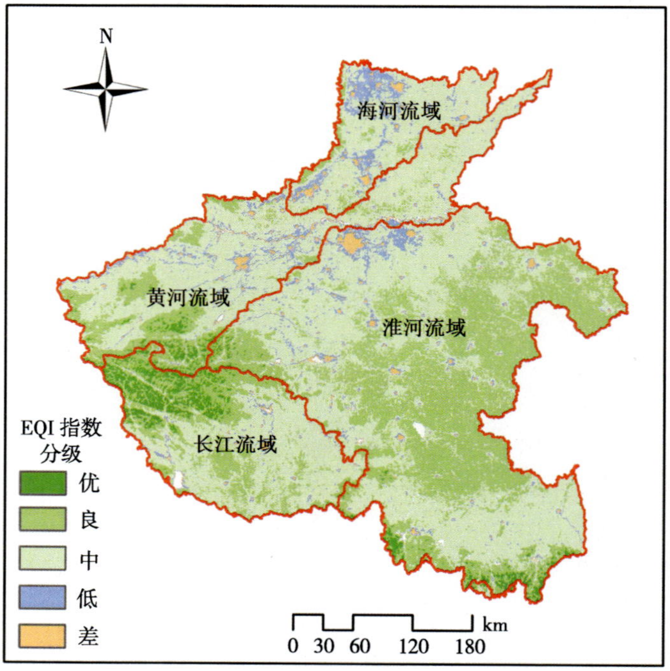

（c）2010 年

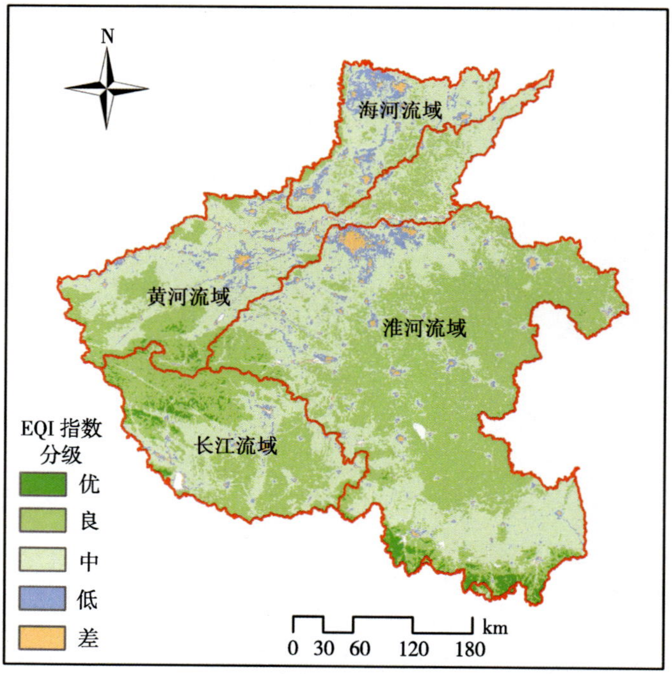

（d）2015 年

续图 7-5

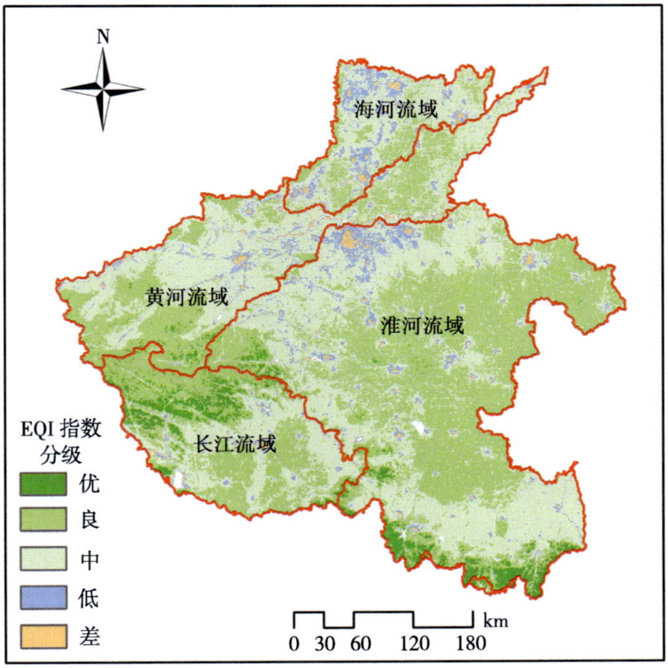

（e）2020 年

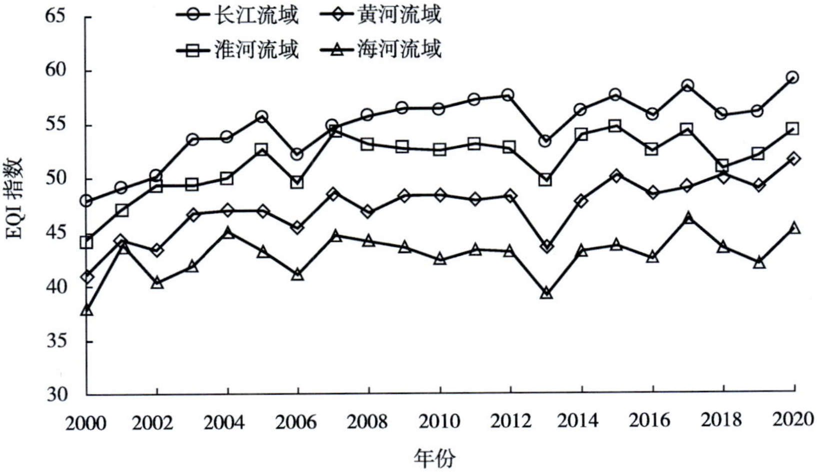

（f）

续图 7-5

第三节　河南省四大流域产业结构发展的时序变化

一、产业发展综合评价体系构建

通过产业产值结构、产业就业结构、产业效益水平3个维度，共选取8个指标构建产业结构发展评价系统，采用客观赋权法中的熵值法确定指标权重，见表7-2。产业结构发展评价指标体系中所涉及各指标数据来源于2001~2020年《河南省统计年鉴》等。由于各指标间存在量纲和数量级差异，因此采用极差标准化对原始数据进行归一化处理，避免量纲差异带来的影响。利用熵值法对各评价指标的权重进行赋值，并采用综合指数法把每个指标的作用分层进行叠加，建立产业结构发展综合评价指数。

表7-2　产业结构发展评价指标体系

评价体系	一级指标	评价指标	指标属性	权重
产业结构发展评价指数体系	产业产值结构	第一产业产值比例/%	负	0.110 9
		第二产业产值比例/%	正	0.056 5
		第三产业产值比例/%	正	0.187 8
	产业就业结构	第一产业就业比例/%	负	0.117 2
		第二产业就业比例/%	正	0.108 7
		第三产业就业比例/%	正	0.069 1
	产业效益水平	人均GDP/（元/人）	正	0.206 6
		社会消费品零售总额/亿元	正	0.143 2

$$V_{ij(k)}=\frac{x_{ij(k)}-x_{i(\min)}}{x_{i(\max)}-x_{i(\min)}} \quad （7–6）$$

$$F_{j(k)}=\sum_{i=1}^{n}W_iV_{ij(k)} \quad （7–7）$$

式中：$V_{ij(k)}$为k流域第j年份的第i个指标值；$x_{ij(k)}$为k流域第j年份的第i个指

标统计值；$x_{i(\min)}$ 为河南省四大流域 20 年第 i 个指标统计值的最小值；$x_{i(\max)}$ 为河南省四大流域 20 年第 i 个指标统计值的最大值；$F_{j(k)}$ 为 k 流域第 j 年份的综合评价指数；W_i 为第 i 个指标的权重；n 为指标个数。

二、产业结构发展相关指标的时序变化分析

（一）河南省四大流域产业产值结构变化

2000~2020 年，河南省海河流域地区生产总值由 341.35 亿元上升至 3 281.44 亿元，其中第二产业占主要地位，第一产业占比较低，第三产业占比逐渐增长（见图 7-6）。20 年间，第一产业产值占比呈下降趋势，由 2000 年的 21.62% 下降至 2020 年的 9.18%。第二产业产值占比在 2000~2010 年呈上升趋势，由 2000 年的 48.20% 上升至 2010 年的 65.94%，而在 2010 年之后，河南省海河流域第二产业产值占比在 2011~2020 年下降，由 2011 年的 64.74% 下降至 2020 年的 50.15%。第三产业产值占比与第二产业产值占比趋势相反，在 2000~2010 年呈下降趋势，由 30.18% 下降至 22.32%，在 2011~2020 年呈上升趋势，由 23.77% 上升至 40.68%。综合来看，河南省海河流域产业产值结构在 2000~2020 年不断进行调整，尤其是第三产业在 2010 年后快速增长，正逐渐逼近第二产业产值。由于河南省海河流域工业基础扎实，第二产业转型速度较慢，第三产业发展空间依然较大。

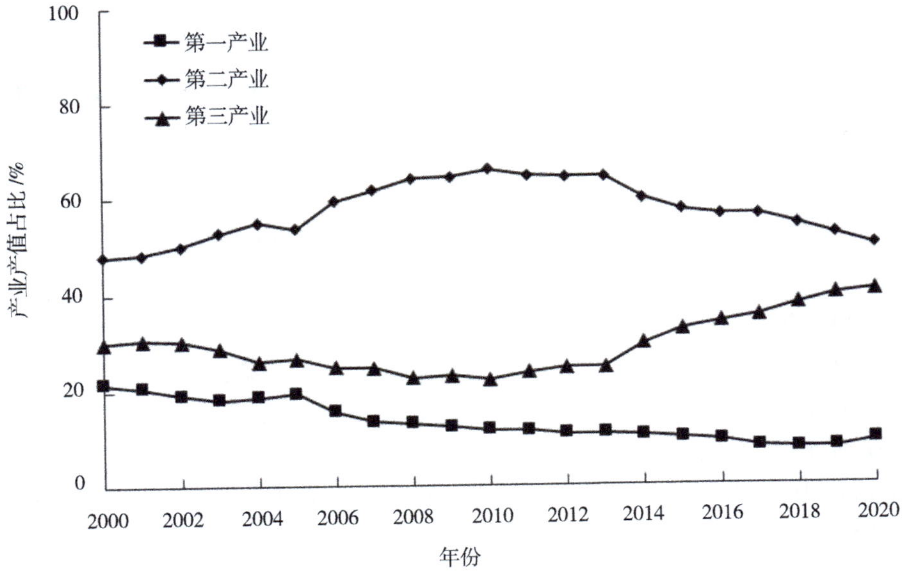

图 7-6　2000~2020 年河南省海河流域三大产业产值占比

2000~2020年，河南省黄河流域地区生产总值由2 328.46亿元上升至28 445.22亿元，其中第一产业产值占比呈下降趋势，第二产业产值占比先上升后下降，而第三产业产值占比则是先下降后上升（见图7-7）。20年间，第一产业产值占比由2000年的16.90%下降至2020年的8.45%，第二产业产值占比由2000年的49.29%上升至2010年的60.07%，而在2011年后则逐渐下降，下降至2020年的44.02%。第三产业产值占比由2000年的33.81%逐渐下降至2010年的27.59%，而2011年后又逐渐上升，上升至2020年的47.53%。河南省黄河流域地区生产总值中的第三产业产值占比在2019年已接近第二产业产值，在2020年第三产业产值已超过第二产业产值。综合来看，河南省黄河流域第二产业已逐渐向第三产业转移，符合河南省黄河流域高质量发展国家战略中的产业结构调整政策。

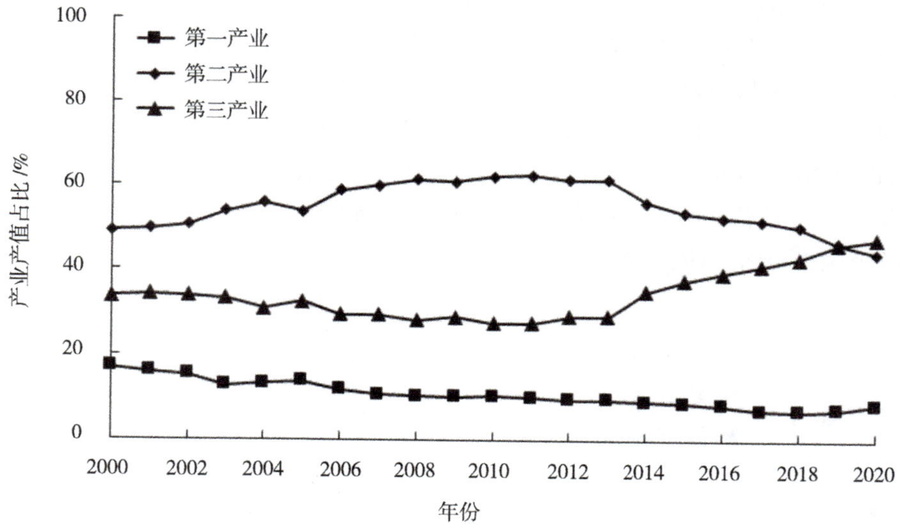

图7-7　2000~2020年河南省黄河流域三大产业产值占比

2000~2020年，河南省淮河流域地区生产总值由1 897.37亿元上升至19 336.44亿元，其中第一产业产值占比呈下降趋势，第二产业产值占比先上升后下降，而第三产业产值占比则是先稳定而后上升（见图7-8）。20年间，第一产业产值占比由2000年的30.15%下降至2020年的13.76%，第二产业产值占比由2000年的42.94%上升至2011年的54.41%，而在2011年后则逐渐下降，下降至2020年的41.96%。第三产业产值占比在2000~2010年变化波动较小，由2000年的26.91%呈波动式下降至2010年的25.23%，而2011年后又逐渐上升，上升至2020年的44.28%。总体来看，河南省淮河流域地区生产总值中第三产业产值占比在 2019 年已接近第二产业，随着第二产业产值占比的逐年下降，在 2020 年第三产业产值占比超过第二产业占比 2 个百分点，第三产业仍存在上升空间。

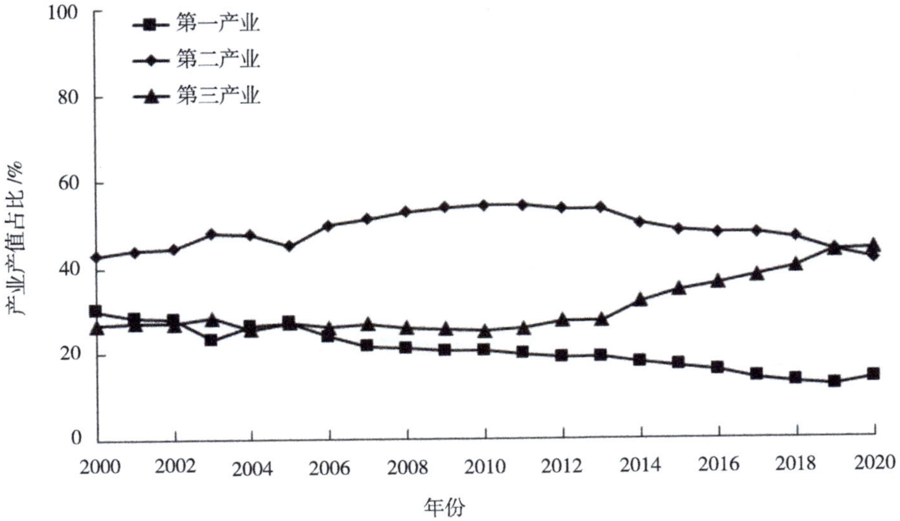

图 7-8 2000~2020 年河南省淮河流域三大产业产值占比

2000~2020 年，河南省长江流域地区生产总值由 519.67 亿元上升至 3 925.85 亿元，其中第一产业产值占比呈下降趋势，第二产业产值占比先上升后下降，而第三产业产值占比则是稳定上升（见图 7-9）。20 年间，第一产业产值占比由 2000 年的 29.58% 下降至 2020 年的 16.62%，第二产业产值占比由 2000 年的 45.73% 上升至 2011 年的 52.98%，而在 2011 年后则逐渐下降，下降至 2020 年的 32.12%。第三产业产值占比由 2000 年的 24.69% 上升至 2020 年的 51.26%。总体来看，河南省长江流域地区生产总值中第二产业结构正逐步转型，其产业产值向第三产业转移。第三产业产值占比在 2017 年已接近第二产业，随着第二产业产值占比的逐年下降，在 2018 年第三产业产值占比超过第二产业，于 2020 年超过第二产业产值占比 19 个百分点。

（二）河南省四大流域三大产业就业结构变化

2000~2020 年，河南省海河流域三大产业从业人员由 399.25 万人下降至 331.47 万人，其中第一产业从业人员占比呈下降趋势，第二产业从业人员占比先上升后下降，而后又逐渐小幅度上升，第三产业从业人员占比则是稳定上升（见图 7-10）。20 年间，第一产业从业人员占比由 2000 年的 61.84% 下降至 2020 年的 20.34%，第二产业从业人员占比由 2000 年的 21.71% 上升至 2013 年的 37.90%，而在 2013 年后则逐渐下降，下降至 2018 年的 32.56%，之后又逐渐上升至 2020 年的 34.97%。第三产业从业人员占比逐年上升，由 2000 年的 16.44% 上升至 2020 年的 44.69%，仅在 2019 年略有下降。综合来看，河南省海河流域三大产业从业人员中第三产业从业人员占比在 2020 年超过第二产业从业人员占比 9 个百分点，河南省海河流域劳动力正逐步向第三产业转移，就业结构逐步优化。

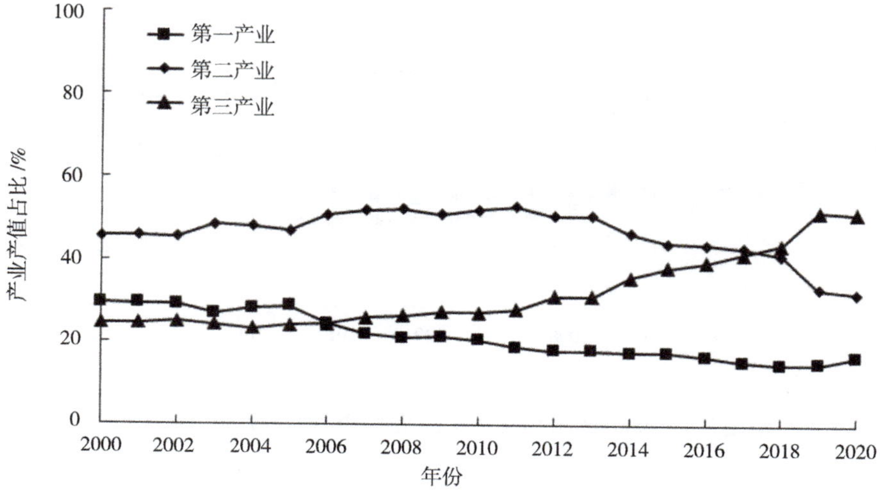

图 7-9 2000~2020 年河南省长江流域三大产业产值占比

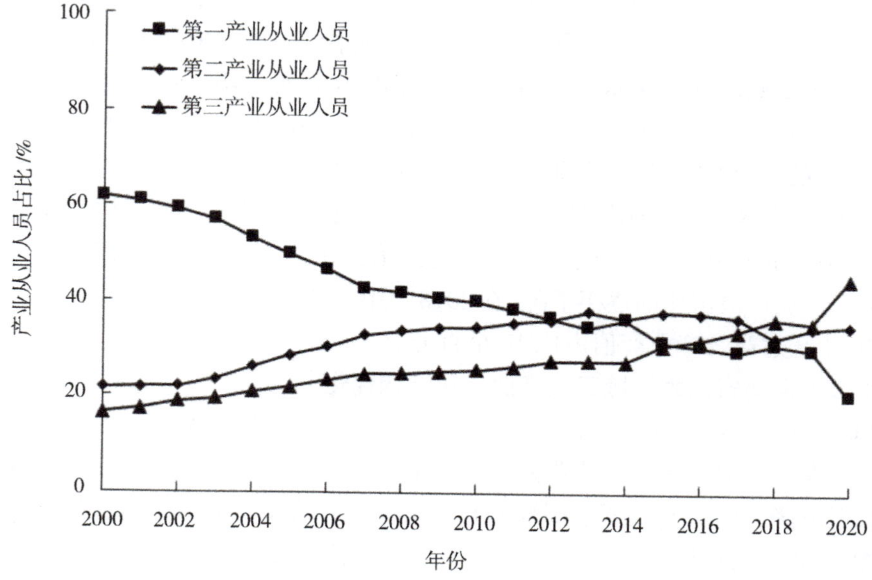

图 7-10 2000~2020 年河南省海河流域三大产业从业人员占比

2000~2020 年，河南省黄河流域三大产业从业人员由 1 826.78 万人上升至 2 014.79 万人，其中第一产业从业人员占比呈下降趋势，第二产业从业人员占比先上升后下降，而后又逐渐小幅度上升，第三产业从业人员占比则是稳定上升（见图 7-11）。20 年间，第一产业从业人员占比由 2000 年的 58.55% 下降至 2020 年的 21.37%，第二产业从业人员占比由 2000 年的 21.17% 上升至 2013 年的 34.84%，而在 2013 年后则逐渐下降，下降至 2019 年的 29.61%，之后又逐渐上升至 2020 年的 32.26%。第三产业从业人员占比则逐年上升，由 2000 年的 20.28% 上升至 2020 年的 46.38%，且在 2017 年后占比增速不断加快。河南省黄河流域三大产业从业人员中，第三产业和第二产业从业人员占比在 2011 年之前较为接近，在 2012~2013 年差距又逐渐拉开，在 2014 年后二者又逐渐接近，在 2017 年第三产业从业人员占比超过第二产业从业人员占比，2017 年之后差距逐渐拉开，在 2020 年第三产业从业人员占比超过第二产业从业人员占比 14 个百分点。综合来看，河南省黄河流域劳动力正从第一产业向第二产业和第三产业转移，并且在近些年中，向第三产业转入的劳动力逐渐增加。

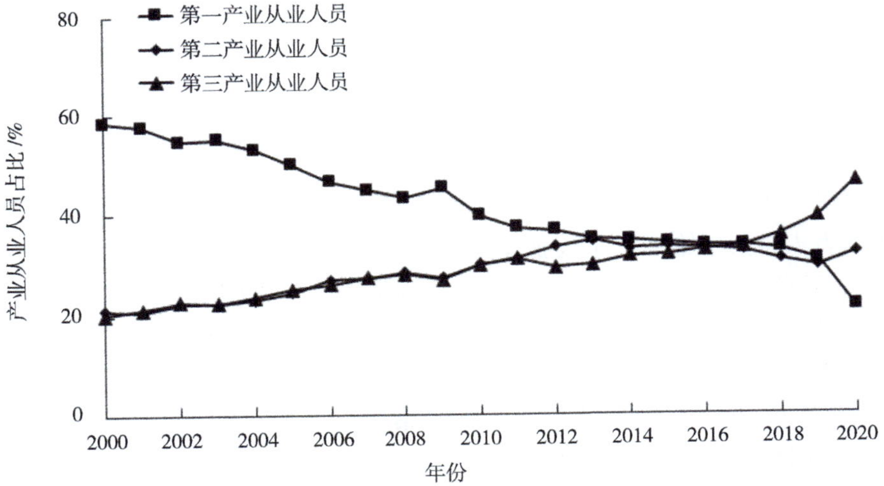

图 7-11　2000~2020 年河南省黄河流域三大产业从业人员占比

2000~2020 年，河南省淮河流域三大产业从业人员由 2 713.23 万人下降至 2 057.29 万人，其中第一产业从业人员占比远大于第二产业和第三产业从业人员占比，且呈逐年下降趋势，第二产业从业人员占比先上升后下降，而第三产业从业人员占比则是稳定上升（见图 7-12）。20 年间，第一产业从业人员占比由 2000 年的 65.22% 下降至 2020 年的 28.94%，第二产业从业人员占比由 2000 年的 16.66% 上升至 2013 年的 31.70%，而在 2013 年后则逐渐下降，下降至

2020 年的 28.93%。第三产业从业人员占比逐年上升，由 2000 年的 18.12% 上升至 2020 年的 42.13%，仅在 2013 年略有下降。河南省淮河流域三大产业从业人员中第三产业从业人员占比在 2017 年已超过第二产业从业人员，并在 2020 年超过第二产业从业人员占比 13 个百分点。

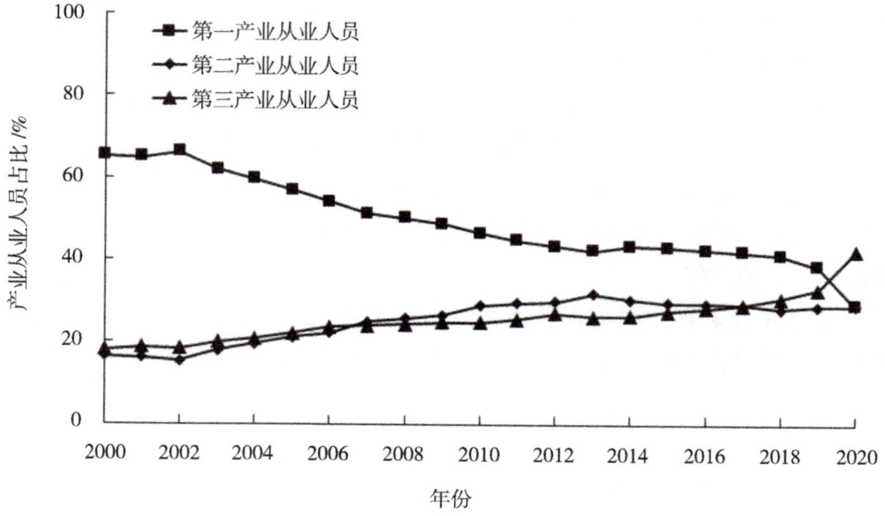

图 7-12　2000~2020 年河南省淮河流域三大产业从业人员占比

2000~2020 年，河南省长江流域三大产业从业人员由 611.08 万人下降至 480.45 万人，其中第一产业从业人员占比呈下降趋势，第二产业从业人员占比先上升后下降，而第三产业从业人员占比则是稳定上升（见图 7-13）。20 年间，第一产业从业人员占比由 2000 年的 70.68% 下降至 2020 年的 32.92%，第二产业从业人员占比由 2000 年的 13.52% 上升至 2013 年的 28.19%，而在 2013 年后则逐渐下降，下降至 2020 年的 23.53%。第三产业从业人员占比逐年上升，由 2000 年的 15.79% 上升至 2020 年的 43.55%，且在 2019 年显著增长，增长了 13 个百分点。河南省长江流域三大产业从业人员中第三产业从业人员占比在 2016 年已超过第二产业从业人员占比，在 2020 年第三产业从业人员占比超过第二产业从业人员占比 20 个百分点。

（三）河南省四大流域三大产业效益水平变化

2000~2020 年，河南省海河流域三大产业效益水平不断提升，人均 GDP 由 5 553 元上升至 52 460 元，社会消费品零售总额由 103.31 亿元上升至 1 143.36 亿元。河南省海河流域人均 GDP 在 2005 年后增长迅速，在 15 年间由 2005 年的 9 455 元增长了 43 005 元。社会消费品零售总额呈现稳定增长，增速为

25.73%（见图 7-14）。

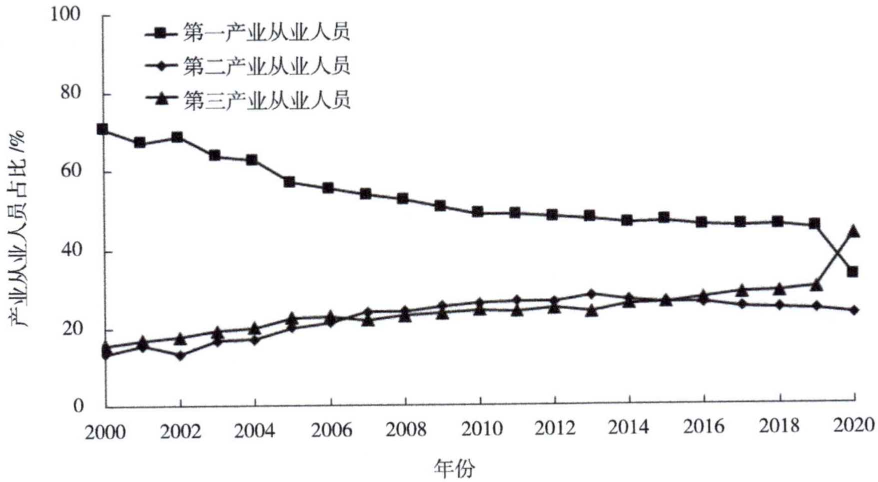

图 7-13　2000~2020 年河南省长江流域三大产业从业人员占比

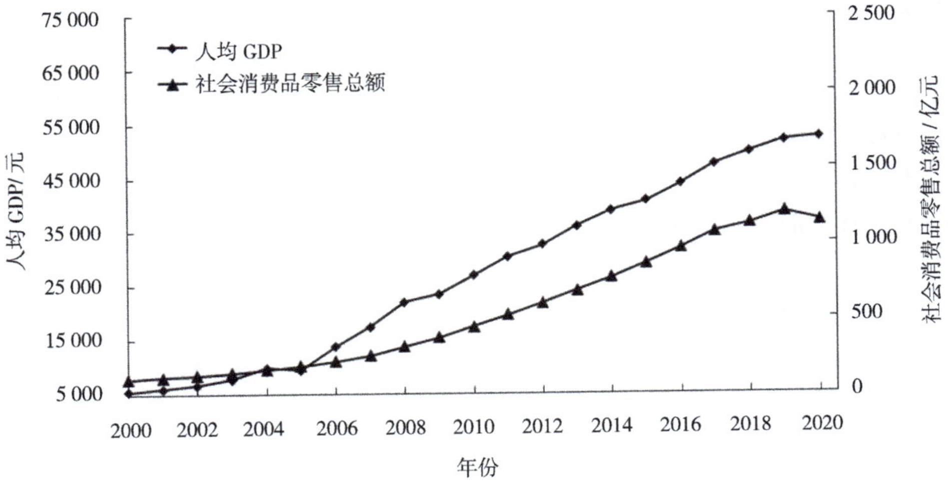

图 7-14　2000~2020 年河南省海河流域三大产业效益水平结构

2000~2020 年，河南省黄河流域三大产业效益水平不断提升，人均 GDP 由 7 330 元上升至 67 363 元，社会消费品零售总额由 881.86 亿元上升至 11 286.84 亿元。河南省黄河流域人均 GDP 在 2005 年后增长迅速，在 15 年间由 2005 年的 12 585 元增长了 54 778 元。社会消费品零售总额呈现稳定增长，增速为 27.97%（见图 7-15）。

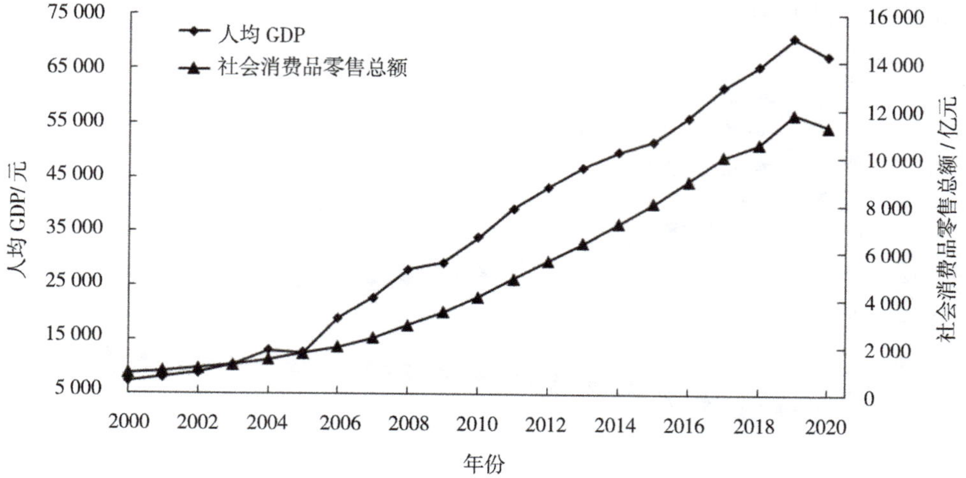

图 7-15 2000~2020 年河南省黄河流域三大产业效益水平结构

2000~2020 年，河南省淮河流域三大产业效益水平不断提升，人均 GDP 由 4 685 元上升至 50 539 元，社会消费品零售总额由 90.18 亿元上升至 1 153.41 亿元。河南省淮河流域人均 GDP 在 2005 年后增长迅速，在 15 年间由 2005 年的 7 355 元增长了 43 184 元。社会消费品零售总额呈现稳定增长，增速为 31.09%。河南省淮河流域作为河南省传统农业经济区，虽然地区生产总值较高，但由于人口基数较大，人均 GDP 在 2000 年处于低水平，随着产业转型，人均 GDP 和社会消费品零售总额快速增加（见图 7-16）。

图 7-16 2000~2020 年河南省淮河流域三大产业效益水平结构

2000~2020 年，河南省长江流域三大产业效益水平不断提升，人均 GDP 由 4 963 元上升至 40 315 元，社会消费品零售总额由 183.11 亿元上升至 1 998.73 亿元。河南省长江流域人均 GDP 在 2005 年后增长迅速，在 15 年间由 2005 年的 8 233 元增长了 32 082 元。社会消费品零售总额呈现稳定增长，增速为 24.42 %（见图 7-17）。

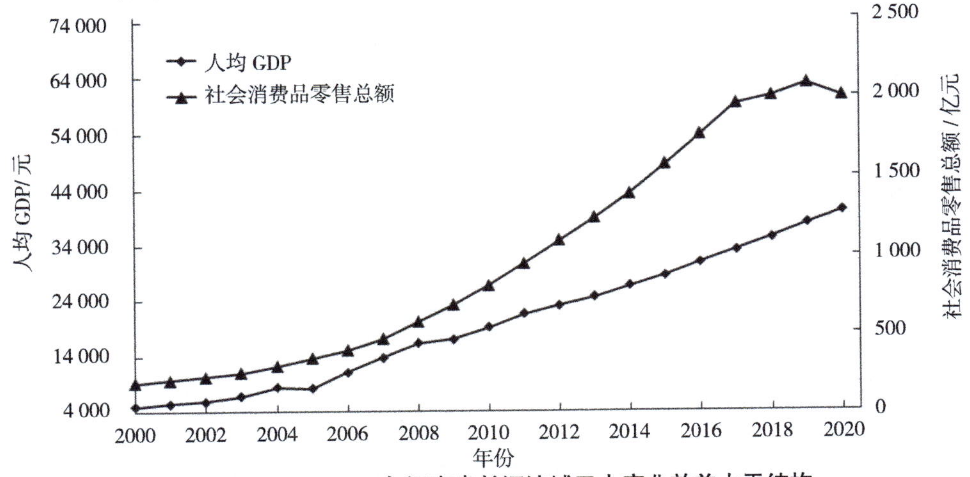

图 7-17　2000~2020 年河南省长江流域三大产业效益水平结构

三、产业发展指数的时序变化分析

2000~2020年河南省四大流域产业结构发展指数均呈上升趋势，但总体偏低。20年间，河南省黄河流域产业结构发展综合评价指数均高于其他三个流域（见图7-18）。2020年，河南省黄河流域产业结构发展指数（0.249 6）高于河南省长江流域（0.227 1）、河南省淮河流域（0.204 5）和河南省海河流域（0.182 0）。2000~2007年，河南省海河流域、河南省淮河流域和河南省长江流域产业结构发展评价指数相差较小。2007年后，河南省长江流域产业结构调整较快，综合评价指数与河南省海河流域和河南省淮河流域逐渐拉开。河南省淮河流域作为河南省主要农产品主产区，其第一产业要高于其他流域，2018年后第三产业逐渐占据主要地位，与河南省海河流域产业结构综合水平才逐渐拉开。

对河南省四大流域产业结构发展指数分异特征进一步分析，河南省黄河流域作为全省人口活动和经济发展的重要区域，经济规模总量、发展水平和发展速度较高，地区生产总值、人均 GDP 明显高于全省平均水平，经济、人口和产业集聚效应十分明显。河南省淮河流域作为全省传统农业的主体区域，流域内第一产业占据主要地位，其第二产业和第三产业产值增速小于河南省黄河流域，劳动力向二、三产业转移水平也要低于河南省黄河流域。河南省海河流域受其区域限制，城镇化率低于全省平均水平，由于其第二产业基础较好，人均 GDP 和人均可支配收入均高于河南省长江流域和河南省淮河流域，但其经济体量较小，产业效益水平和产业结构调整较为滞后。

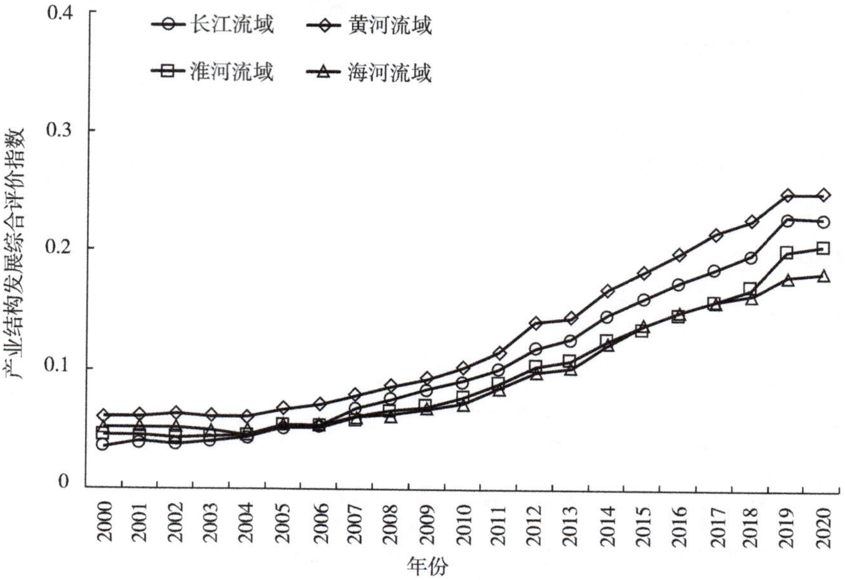

图 7-18　2000~2020 年河南省四大流域产业结构发展综合评价指数

第四节　产业结构发展与生态质量耦合协调度分析

一、产业结构与生态质量耦合度模型构建

耦合度能够反映系统由无序向有序发展的规律，但耦合度不能完全反映两个系统协同发展的程度。耦合协调度是指两个系统之间相互作用的良性耦合程度，可以表征各系统之间是在高水平上相互促进还是在低水平上相互制约。耦合度及耦合协调度模型公式如下：

$$C=z\left[\frac{U_1\times U_2\times\cdots\times U_z}{U_1+U_2+\cdots+U_z}\right]^{\frac{1}{z}} \tag{7-8}$$

$$T=\alpha_1U_1+\alpha_2U_2+\cdots+\alpha_zU_z \tag{7-9}$$

$$D=\sqrt{C\cdot T} \tag{7-10}$$

式中：C 为生态质量与产业结构发展水平之间的耦合度，取 0~1，C 越接近 1，说明耦合状况越好；z 为系统个数；U 为每个系统的综合评价指数，取 0~1；T 为生态质量与经济社会高质量发展的综合评价指数，反映区域生态质量与产业结构发展综合水平效益；α 为每个系统的权重；D 为耦合协调度。

根据河南省产业结构发展与生态质量的耦合特征，将耦合协调度分为 5 个阶段（见表 7-3）。

表 7-3 生态系统质量与产业结构耦合协调发展评价标准

耦合协调度	耦合协调发展阶段	耦合协调发展特征
0~0.2	极不耦合阶段	产业结构发展水平低、生态系统质量较低
0.2~0.4	拮抗阶段	产业结构发展水平提高、生态系统质量逐渐受到关注
0.4~0.6	磨合阶段	产业结构发展水平与生态系统质量相互影响
0.6~0.8	低水平耦合协调阶段	产业结构发展水平与生态系统质量相互促进
0.8~1	高水平耦合协调阶段	产业结构发展水平与生态系统质量协调发展

二、河南省四大流域产业结构与生态质量耦合度分析

在对河南省四大流域产业结构水平以及生态质量进行综合评价之后，计算获得产业结构系统和生态质量系统的综合评价指数，根据耦合度模型计算公式，计算河南省四大流域产业结构和生态质量的耦合度 C，当耦合度 C 接近 1 时，表示二者耦合程度极高，耦合度 C 越接近 0，表示耦合程度越低，基本处于无序状态。但耦合度 C 数值的大小仅能表示系统之间的关联性，对于系统间的耦合协调状态难以真实反映和解释清楚。

2000~2020 年，河南省四大流域的产业结构和生态质量的耦合度较为接近，差距不大。河南省黄河流域耦合度均值（0.609 5）最高，高于河南省四大流域平均水平（0.567 4），河南省长江流域耦合度均值（0.571 5）略高于平均水平。河南省海河流域（0.538 7）和河南省淮河流域（0.571 5）低于全省平均水平。河南省黄河流域的耦合度由 2000 年的 0.457 3 上升至 2020 年的 0.820 2。其次为河南省长江流域，耦合度由 2000 年的 0.366 6 上升至 2020 年的 0.810 1，正逐渐接近河南省黄河流域。河南省淮河流域的耦合度由 2000 年的 0.404 3 上升至 2020 年的 0.770 9，河南省海河流域的耦合度由 2000 年的 0.424 8 上升至 2020 年的 0.720 5。河南省海河流域的耦合度在 2005 年之前高于河南省淮河流域和河南省长江流域，而在 2006 年后，河南省长江流域的耦合度增长较快，

超过河南省淮河流域和河南省海河流域。

整体而言，2000~2010年河南省四大流域产业结构与生态质量耦合度不高，耦合度水平低于0.6（见图7-19）。2011~2018年，河南省黄河流域和河南省长江流域产业结构和生态质量耦合度不断提升，在2018年后逐渐接近高水平，均大于0.8，而河南省淮河流域和河南省海河流域在2011~2020年，产业结构和生态质量耦合度虽逐年增加，但仍低于0.8。2020年，河南省黄河流域和河南省长江流域产业结构与生态质量两个系统的关联性较高，彼此相互影响，某一系统的变化会对另一系统产生正面影响或负面影响。产业结构的变化会改变生态环境，生态环境也会促进或抑制产业结构升级，而河南省淮河流域和河南省海河流域耦合度偏低，产业结构与生态环境的耦合协调发展仍存在较大发展空间。

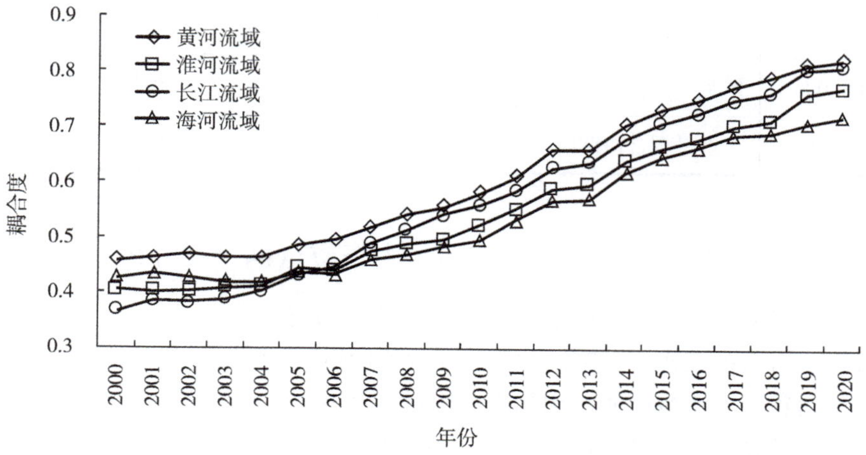

图7-19 2000~2020年河南省四大流域产业结构与生态质量耦合度评价

三、河南省四大流域产业结构与生态质量耦合协调度分析

2000~2020年，河南省四大流域产业结构与生态环境的耦合协调度均呈上升趋势，其均值由2000年的0.313 1上升至2020年的0.537 7（见图7-20）。河南省四大流域耦合协调度指数由低到高依次排序为：河南省海河流域（0.375 3）、河南省淮河流域（0.409 9）、河南省黄河流域（0.427 6）、河南省长江流域（0.432 4）。参照耦合协调度划分方法，河南省四大流域整体到2020年还处于磨合阶段，河南省四大流域的产业结构与生态质量二者之间仍存在相互制约，需要注重生态环境保护，合理促进产业结构转型升级。

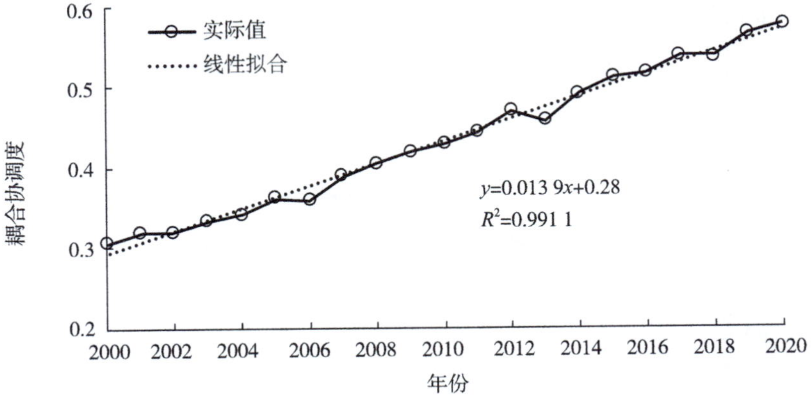

（a）河南省长江流域

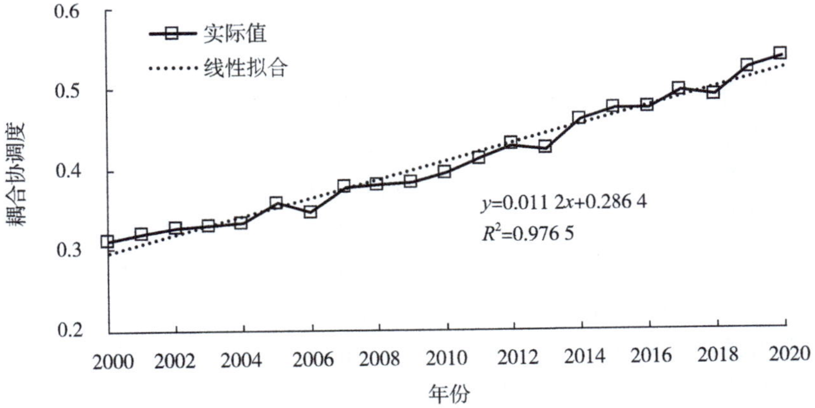

（b）河南省淮河流域

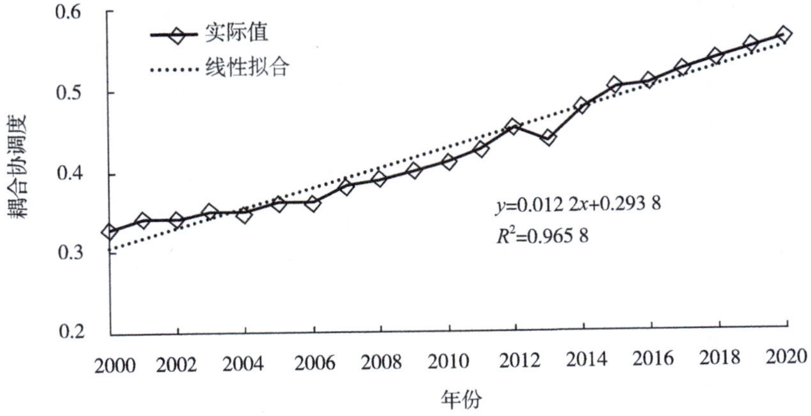

（c）河南省黄河流域

图 7-20　2000~2020 年河南省四大流域生态系统质量与产业结构耦合协调度对比分析

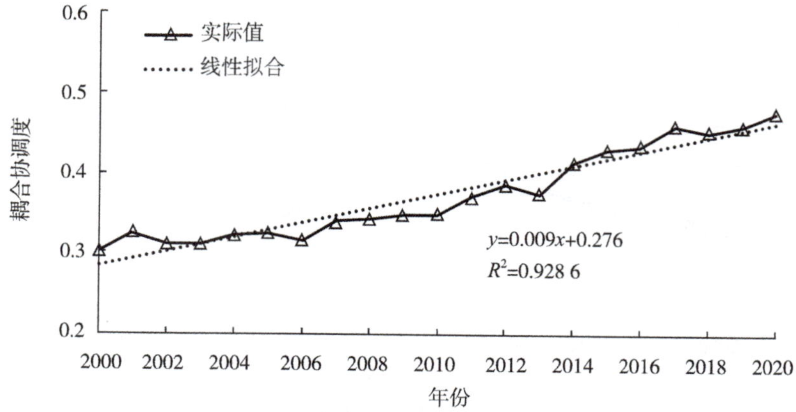

（d）河南省海河流域

续图 7-20

根据耦合协调度划分方法，2000~2020 年河南省四大流域产业结构和生态质量发展共经历两个阶段：拮抗阶段和磨合阶段，即随着河南省四大流域产业结构发展水平提高，生态质量由逐渐受到关注的阶段到产业结构发展水平与生态质量相互磨合的阶段。从各流域的耦合协调度指数来看，不同流域从拮抗阶段进入磨合阶段的时间不同。2000~2008 年，河南省长江流域耦合协调度由 0.307 4 增加至 0.403 5，脱离拮抗阶段，进入磨合阶段。2008~2020 年，河南省长江流域耦合协调度由 0.403 5 增加至 0.575 6，正逐渐进入磨合阶段后期，向低水平耦合协调阶段过渡。河南省黄河流域耦合协调度由 2000 年的 0.328 0 上升至 2010 年的 0.411 3，由拮抗阶段进入磨合阶段。2010~2020 年，河南省黄河流域耦合协调度上升至 0.560 1，逐渐向低水平耦合协调阶段过渡。2000~2011 年，河南省淮河流域耦合协调度由 0.314 1 增加至 0.413 0，由拮抗阶段进入磨合阶段。2011~2020 年，河南省淮河流域耦合协调度由 0.413 0 增加至 0.536 8，正逐渐向低水平耦合协调阶段过渡。2000~2014 年，河南省海河流域耦合协调度由 0.302 8 增加至 0.414 9，由拮抗阶段进入磨合阶段。2014~2020 年，河南省海河流域耦合协调度由 0.414 9 增加至 0.478 1，仍处于磨合阶段。从整体来看，河南省四大流域生态质量与产业结构发展耦合协调水平呈良性发展趋势，正在逐步进入低水平耦合协调阶段。河南省四大流域在近些年来注重转变经济方式，产业结构逐步由第二产业为主导向第三产业为主导进行转变，同时又更加注重生态保护，多种林业工程和生态保护等措施的实施取得显著成效，生态质量显著提升。由此可见，河南省四大流域的产业结构和生态质量两个系统在未来能够做到相互促进、同步发展，耦合协调发展水平逐渐向高水平阶段迈进。

第八章　河南省四大流域高质量发展路径

河南省四大流域经济社会发展与资源环境的耦合协调的深入分析表明，流域内经济社会发展与资源环境相互作用、相互影响，并且各流域相互作用的机制存在明显差异。为了实现流域经济高质量发展与资源高效利用、环境有效治理的协同发展，从河南省各流域实际出发，因地制宜，提出形成富有流域特色的资源开发利用和经济高质量协同发展的主要原则与任务：一是坚持以水为脉，统筹解决水安全、水生态、水环境、水资源和水文化五大问题，按照山水林田湖草生命共同体的理念要求，构建健康、有机、循环的流域自然系统；二是坚持以人为本，统筹城镇、产业、乡村、文化和设施五类空间，构建集约、高效、宜居的流域人工系统；三是基于国家战略要求、流域特点与实际，注重“人地水和谐共生”，统筹流域国土空间保护、治理和高质量发展的关系，促进流域自然系统和人工系统的协调平衡，构建保护与开发统筹兼顾的流域国土空间总体格局，实现在发展中高标准保护、在保护中高质量发展，促进流域绿色集约、安全韧性、繁荣高效和可持续发展；四是基于新时期流域经济的特殊性和高质量发展的要求，统筹推进流域生态环境保护和修复治理、流域安全防灾协同调控、流域资源节约集约利用、流域文化整体保护与传承创新、流域民生改善和基础设施保障；五是统筹上下游、干支流、左右岸，建立健全跨区域协同和规划实施传导机制，协同推进流域空间高效能治理，确保规划战略和方案意图有效有序实施落地。

第一节　以流域视角推动河南省空间格局优化

一、构建高质量协同发展格局

在流域发展过程中，区域间发展不平衡的问题普遍存在，与边缘城市相比，区域中心城市在流域发展中起着更为重要的龙头作用和引领示范作用。根据城镇化演进规律，划定水资源开发利用上线，明确用水总量指标控制红线，科学谋划和确定流域内各类城市城区面积和人口规模，优化各流域城镇发展格局。完善全流域城市层次结构，构建完备的流域城市等级体系网络，通过制定流域发展规划等明确各自发展定位，以流域发展的整体性、系统性和协同性为基础，确定不同城市的发展方向和发展路径，充分实现流域内区域间、城市间经济发展的协调联动性，实现全流域优势互补，从而构建河南省四大流域空间一体化的高质量协同发展格局。河南省黄河流域重点打造郑州都市圈核心引领区，强化郑州国家中心城市龙头引领作用，坚持国际化、现代化方向，积极承接国家重大生产力和创新体系布局，建设国际创新智造基地、国际综合交通枢纽；强化洛阳中原城市群副中心城市地位，建设国际文化旅游名城、国际人文交往中心和现代生态宜居城市；强化流域内开封、新乡、焦作等其他区域中心城市和县城的支撑作用；合理引导并控制城镇发展规模，分类引导都市圈内外城镇高质量发展，从规模控制、土地供给、产业发展、公共服务提质、区域辐射等方面进行分类引导。河南省淮河流域以商丘省域副中心城市培育为重点，发挥门口优势，对接长三角一体化发展，打造中原—长三角经济走廊，协同建设产业创新体系和高水平开放平台。协同周口、平顶山、驻马店、信阳等市推进淮河生态经济带建设。河南省海河流域以安阳省域副中心城市培育为重点，强化门户功能，引领区域发展，密切与鹤壁等城市之间的功能和产业联系，积极对接京津冀协同发展战略，打造豫北跨区域协同发展示范区，主动承接北京非首都功能疏解。河南省长江流域以南阳省域副中心城市建设为重点，提升人口、经济集聚水平，全面对接长江经济带，加强与成渝双城经济圈的交通物流及产业合作。

二、因地制宜发挥流域比较优势

各流域之间在资源禀赋、发展条件和产业基础等方面存在极大的差异，流域在发展中应遵循因地制宜与协调发展原则，系统分析河南省四大流域自然系统和人工系统运行的质量及面临的主要问题，完整准确全面贯彻新发展理念，立足流域资源禀赋和产业基础，发挥比较优势，因地制宜发展适宜产业，加快转变经济发展方式，创新流域经济增长点，构建新型产业链，系统推进流域生态保护与修复治理，以流域视角谋划全省区域布局与分工，积极探索富有流域特色的高质量发展路子。河南省黄河流域要加快资源型产业绿色转型，全力推动新兴产业布局发展，建设国家级和省级战略性新兴产业集群，以郑州高新技术板块和洛阳先进制造板块为“两核”，引领河南省黄河流域产业高质量发展。推动洛阳、焦作、新乡、济源融入郑州都市圈，支持三门峡深度融入晋陕豫黄河金三角建设，建设成为河南省黄河流域生态保护和高质量发展示范区。河南省长江流域要打造全国重要的装备制造基地、光电和新材料产业基地，大力发展优势特色农业和高效生态农业，发展壮大南阳省域副中心城市，深化南水北调对口协作，完善汉江经济带上下游合作联动机制，支持南阳与湖北襄阳、陕西商洛联动发展。河南省淮河流域要强化创新驱动，大力发展先进制造业集群，打造电动装备、矿山机械、尼龙新材料、生物医药等重点产业链，巩固提升粮食核心区生产能力，积极融入淮河生态经济带建设，加强与长三角城市群深度合作，打造中原—长三角经济走廊。河南省海河流域要大力推进传统产业智能化、绿色化和技术改造，积极发展节水型产业，改造提升优势传统产业，发展壮大新兴产业，建设区域先进制造业中心，支持相关城市深度融入京津冀协同发展，打造国内跨区域协同发展新样板。

三、加快构建流域系统现代产业体系

以流域为研究对象，从流域水循环系统的大生态观和理论视角，遵循山水林田湖草生命共同体的理念，以流域分析方法为主要技术方法，以流域经济全要素为依托构建流域系统的产业体系，依照流域的自然特点和资源禀赋发展生产和流通经济，发挥流域综合优势，推进流域内产业的分工协作，共同推动高质量发展，同时在上、中、下游之间形成明确的产业分工，加强区域联系，避免过度竞争，运用互联网技术、数字技术等构建整个流域的产业体系。如在生态环境脆弱、水土流失等问题严重地区，应充分考虑生态经济与产业结构的关系，加强生态经济的发展，使生态经济始终贯穿产业发展的全过程，形成生态经济与产业升级的良性互动和良性发展，特别是对于生态功能重要地区，重视生态环境的恢复，涵养水源、促进河流生态健康、扩大生物多样性，同时要创造生态产品；在能源和矿产资源丰富地区，应加强对能源资源的利用效率，优化矿产资源开发利用格局，调整能源结构，提升绿色化水平，发展绿色产业、低碳产业，积极推动工业行业优化升级，大力推动生态工业产业的建设升级；优化产业集聚区矿业发展方向，提高矿业开发利用的集中度和规模化水平，同时也要加强资源的循环利用，实现资源型产品的多次利用，持续推进绿色矿山建设，优先保证环保投入，实现可持续发展。在流域的中心城市，构筑高质量产业平台，引导优势产业集群化发展，打造一批特色优势产业板块，构建流域产业集群化发展格局，形成具有较强竞争力的产业群；同时加大互联网、人工智能对传统产业的渗透，摆脱和淘汰落后产能，发展节能产业、数字产业，不断创新产业和经济需求结构，寻找新的经济和产业发展路径，吸引劳动力流入。

第二节　推动流域资源节约集约利用

一、强化水资源保障与高效利用

（一）注重“五水”统筹，加强流域水资源保障与治理

河南省黄河流域横跨黄河中下游，在国家防洪安全、生态保护、经济发展、文化传承和粮食安全等方面的战略地位极为突出，其特殊地位主要体现在以下方面：一是地理位置特殊，河道形态复杂，具有河道最宽、悬差最大、河势最不稳定、滩区面积最大、人口最多、历史灾害最严重等不同于黄河其他河段的突出特点，是黄河的“豆腐腰”，承担着保障中下游防洪安全的重任；二是作为连接黄土高原和黄淮海平原的重要生态过渡地带，其支流联系着太行山、小秦岭、伏牛山等重点生态功能区，承担着维护区域生态安全的重任；三是作为黄河流域重要的人口和经济中心，承担着引领黄河流域经济高质量发展的重任；四是作为中华民族和华夏历史文明的核心区域，承担着华夏历史文明传承创新的重任；五是河南引黄灌区覆盖区域是全国重要的粮食生产核心区，承担着维护国家粮食安全的重任。因此，黄河流域要重点解决水资源短缺问题，以黄河流域生态保护和高质量发展为契机，把水资源作为最大的刚性约束，以水灾害防治、生态保护和水资源节约集约利用为主导，提高水资源承载能力和水环境质量。以黄河干支流水系为骨架，按照中游“治山”、下游“治滩”、受水区“织网”的思路，分区分段施策。在支流源头区，以水土保持和水源涵养为主，加强生态保护；在黄河干流，推进河道和滩区综合提升治理；沿黄两岸黄河供水区，加强取水口用水监管，推进引黄灌区现代化改造，充分发挥沿黄两岸引黄灌区干支渠系与黄淮海天然水系交织的水流通道作用，强化水资源的利用效率与效益，大力发展节水产业、节水技术，促进水环境与社会经济之间的正向交互作用，打造全省流域经济高质量发展重要引领区。

河南省淮河流域是河南省水灾害多发地区和国家粮食生产核心区，要重点解决水灾害防治和水资源的高效利用问题。以进一步治理淮河为契机，以水资源高效利用和水灾害防治为主导，强化洪水控制，优化水资源配置格局，统筹水资源利用、水环境治理、水生态修复。在淮河南部支流区和沙颍河上游，着眼于补齐流域防洪工程体系短板，加快枢纽工程建设；在淮河两岸及以北的平原区，加快平原洼地治理，推进农业灌溉体系现代化改造，提升水资源配置效率，实现用水方式由粗放低效向节约集约的根本转变，打造全省流域经济水资源高

效利用示范区。

河南省海河流域作为南太行重要的山地生态屏障，要重点解决水环境污染治理问题。在南太行山地丘陵区，以南太行山水林田湖草沙一体化保护修复为重点，提升区域水源涵养、水土保持与淇河生物多样性保护功能；在山地向平原过渡区，实施卫河共产主义渠综合治理，特别是蓄滞洪区安全建设，提升防洪保安能力；在平原区，治理地下水超采，综合整治水环境污染，加快老工业基地转型升级，推动清洁生产，推进能源、化工、建材等高耗水产业节水增效，打造河南省流域经济水环境治理先行区。

河南省长江流域是保障南水北调中线一渠清水北送的源头区，要重点解决经济发展不充分和水资源的高效利用、水环境治理与保护以及水生态保护与修复等问题。在南水北调中线水源地丹江口水库保护区，从严控制开发建设活动，以水环境治理与保护以及水生态保护与修复为主导，统筹水资源利用与水灾害防治；在山丘区，通过实施封育禁育、生态移民等措施，强化水生态保护与修复，提高自然修复能力；在南阳盆地区，加强河道综合治理力度，完善排灌体系，实施河湖连通工程，形成区域内互联互通水系网络，强化水支撑作用，加快河南省副中心城市建设，实现地区产业结构高级化与合理化，打造河南省经济社会和水资源协同发展样板区。

（二）建立健全落实“四水四定”的制度机制

“四水四定”是调整经济社会发展和水资源关系的重大要求，必须落实到经济社会发展各领域、各环节。坚持水资源供给和需求管理并行、开源与节流并重，以水资源高效利用支撑和倒逼经济高质量发展。强化水资源最大刚性约束，“以水而定、量水而行”，完善河南省四大流域水量分配方案，严格流域和省、市、县取水总量控制指标管理。按照区域水资源可利用量，合理控制开发利用强度，通过全面节水、强化控水、完善水网、统筹配水，构建“生态保障、用水高效、区域均衡、结构优化”的水资源配置格局。具体措施有：一是细化政策措施。对各部门涉水职能进行梳理，对照“四水四定”原则，明确具体操作流程，制定顺畅衔接、协同有效的涉水工作机制，将“水资源最大刚性约束”落实到具体职能部门、具体责任机构，变原则性要求为具体化措施。二是建立规划水论证制度。加强地方立法，强化城镇建设、土地开发、人口和产业发展的水资源论证，强化防洪影响评价，将其作为编制相关规划的前置审批条件，禁止超出水支撑能力审批经济社会发展相关规划。三是强化考核监督。将万元 GDP 耗水量等水资源利用评价指标纳入市县经济社会发展综合绩效考核评价指标体系，强化对市县落实“四水四定”情况的考核监督。

（三）加大再生水利用

一是用好价格杠杆。适当提高企业使用地下水、地表水价格，完善再生水价格形成机制，扭转价格倒置局面。二是加强基础设施建设。加快城镇地下管网雨污分流改造，加大再生水管网建设力度，为企业等用户使用再生水提供便利条件。三是完善政策措施。完善特殊行业企业强制使用再生水制度，制定企业利用再生水激励政策，促进全社会重视再生水、利用再生水。

（四）加大跨流域调水力度

完善流域现代水网工程布局，构建流域水安全保障格局；统筹各流域水资源开发利用，科学规划建设跨流域调水工程，支撑和保障各流域经济社会发展合理用水需求。推进宿鸭湖水库清淤扩容等水源工程建设，加强引黄灌区、大别山革命老区引淮供水灌溉等灌区工程建设，推进长江流域、淮河流域等水量较为充沛的支流向北方河流调水，缓解卫河、贾鲁河上游、金堤河等北方地区用水压力。进一步推进现有跨流域调水工程的配套工程进度。加快配套工程建设力度，解决水资源利用“最后一公里”问题，让更多市县用上、多用“南水北调”“引江济淮”等外调水。

二、加强土地资源保护与集约利用

（一）严守耕地保护红线，确保耕地占补平衡

严格耕地用途管制，从严落实耕地利用优先序，耕地主要用于粮食和棉、油、蔬菜等农产品生产，永久基本农田重点用于粮食生产，高标准农田原则上全部用于粮食生产。严守永久基本农田保护红线，严格落实耕地占补平衡制度，建立以数量为基础、产能为核心的占补新机制，落实占一补一、占优补优、占水田补水田，促进耕地数量、质量和生态三位一体保护。改变建设用地项目与补充耕地项目逐一挂钩的做法，按照补改结合的原则，实行耕地数量、粮食产能和水田面积三类指标核销制落实占补平衡。按照“县域平衡为主、市级调剂为辅、省级统筹为补充”的总体要求，实行占补平衡多层保障机制。

（二）大力推进高标准农田建设

围绕提升粮食产能，重点在淮河流域、海河流域的黄淮海平原和长江流域的南阳盆地等粮食生产核心区推进高标准农田示范区建设，加快推进豫西黄土丘陵区、桐柏—大别山低山丘陵区、淮河冲积平原区等区域的中低产田改造，提升耕地质量和抵抗自然灾害能力，支撑粮食生产和重要农产品供给能力进一步提升。

（三）实行建设用地总量强度双控

实施建设用地总量强度双控制度、单位 GDP 建设用地、人均城镇工矿用地目标考核制度，建立建设用地指标动态调剂机制，研究建设用地指标与使用效率相挂钩的机制，在保障区域合理建设用地需求的基础上提高建设用地利用效率和效益。实行国土开发强度差别化调控，合理配置建设用地指标。严格执行建设项目用地准入标准，有效管控新城新区和开发区无序扩张，全面提升土地节约集约利用水平。

（四）提高农村建设用地效益

结合城镇化、工业化载体建设，充分利用城乡用地增减挂钩以及人地挂钩试点政策，强化地方党委、政府的组织领导，整合社会各方面的资源，在确保农民主体地位、维护农民合法权益的前提下，按照先易后难、条件成熟一个完成一个的时序，有序引导、稳妥推进农村人口集中居住和村庄整合，完善激励机制，鼓励农村闲置宅基地有偿退出和低效建设用地盘活利用。稳慎推进农村宅基地制度改革，探索宅基地所有权、资格权、使用权分置有效实现形式。鼓励对依法登记的农村宅基地等农村建设用地进行复合利用，发展休闲农业、乡村民宿、农产品初加工、农村电商等，提高经济收益。

（五）加强对生态用地的保护

利用自然资源实行统一管理后的有利契机，对草地、林地、湿地资源开展全面调查、评估和动态监测。对自然生态空间实行严格的用途管制，建立占用生态空间的负面清单，对生态极重要地区和生态极敏感地区分类施策、分类保护。

（六）加强土壤污染重点管控区的风险防控

针对农用地污染风险较突出的新乡、济源、安阳、洛阳等地区开展土地安全利用管控，严格管控类耕地明确用途管理措施，开展农艺调控、替代种植、轮作、间作等技术试点示范。对于涉重金属企业比较集中的济源、焦作、新乡、安阳、洛阳等市，积极开展涉重金属企业入园入区发展，采取园区化、专业化、集中化管理，提高企业污染防控水平，降低土壤污染风险。对于生态红线集中区的洛阳、三门峡，同时又是铅锌矿、铜矿、铝矿、金银矿等重金属或有色金属矿分布较为密集的地区，对位于生态红线区的涉重金属矿逐步清理退出，并采取合理的生态修复措施。

三、加强矿产资源科学有序开发

（一）优化矿产资源勘查开发布局

建设国家能源资源基地和国家规划矿区，保障战略性矿产的有效供应。黄河流域建设豫西有色贵金属萤石矿产开发区和豫中煤铝耐材矿产开发区；淮河流域建设豫东能源矿产开发区和豫南贵金属建材非金属矿产开发区，提高煤炭、铝土矿、金矿、钼矿、普通萤石等优势矿产资源储量控制程度。

（二）对重要矿产资源实行开采总量调控

按照供给侧结构性改革要求，调整开发利用方向和结构，保持矿产资源开采总量与经济、社会发展需求水平相适应，构建矿产资源有效供给新格局，促进四大流域矿产资源开发健康有序发展。按矿种实行年度总量控制分类管理，煤炭、铝土矿、钼矿等总量控制以市场调控为主进行合理配置资源和有效监管，控制产能过剩矿产开发。

（三）对开采矿种进行合理划分

鼓励开采煤层气、页岩气、铝土矿、金矿、银矿、铅锌矿、“三稀”矿产、晶质石墨、萤石、岩盐、天然碱、珍珠岩、膨润土、钠长石、钾长石、地热等矿种；限制开采高硫高灰煤（已建矿井）、钼矿、金红石、砂金、砂铁及湿地泥炭等矿种；禁止开采高硫高灰煤、石煤、蓝石棉等矿种；保护性开采独山玉、密玉、虎睛石等矿种。

（四）坚持重点矿区整体开发

在矿产资源配置上向资源利用率高、技术先进的大型矿山企业倾斜，对区内已设置的、影响大矿统一开采规划的矿山，引导矿山企业进行资源整合。重点开采矿区内矿山必须节约与综合利用矿产资源，切实保护和同步治理矿山地质环境。

（五）提高矿产资源开发利用效率

合理分配和优质优用铝土矿、高铝黏土矿、耐火黏土矿及共伴生锂、镓、铷资源，鼓励氧化铝企业高效利用高铝黏土矿、耐火黏土矿资源，对暂时不能充分利用的富含锂镓铷黏土矿资源进行一定的保护。同时开展难选矿、低品位矿、共伴生矿、新类型矿综合利用研究，对晶质石墨、钠长石、钾长石、含锂镓铷黏土矿、赤铁矿、硅线石、锂铌钽矿、膨润土、煤系高岭土矿等选矿与深加工关键技术进行攻关。加强矿山固体废弃物、尾矿和废水利用，提高矿山废弃物的资源化利用水平。

（六）加快绿色矿山建设

新建矿山按照绿色矿山标准进行规划、设计、建设和运营管理，生产矿山加快升级改造，逐步达标。制订激励约束措施，逐步落实激励政策，在用地、用矿、财税、金融等方面予以倾斜。重点生态功能区及特定生态保护区域严禁新建露天开采矿山，严厉打击和取缔违法采矿活动，其他区域严格控制新建露天开采矿山数量，严格采矿权准入管理，必须采用绿色开采方式，集中连片规模化开采，不留死角整体开发。

第三节　强化流域生态保护治理

一、构建流域山水林田湖草沙生命共同体

以流域水生态为核心主脉，以构建流域生命共同体为目标，践行山水林田湖草沙一体化保护和系统治理理念，统筹上下游、左右岸、山上山下、地表地下的关系，采取水源涵养区建设、污染源控制、水体水质净化、河湖水系连通、生态水量调度、生态水利工程建设等措施，构建循环、有机、健康的流域水生态系统；分段推进沿河干支流水生态保护修复、湿地生态恢复治理，促进干支流水系连通和生态林网廊道建设，加强重要生物栖息地和生物多样性保护；重塑健康自然的河道岸线形态，恢复自然深潭浅滩和洪泛漫滩的生境，强化涵养调蓄区的可持续服务功能；科学诊断流域上中游、左右岸不同生态损毁问题及分析成因，分区分类推进流域水生态系统、重要林草生态系统、水土流失和废弃矿山修复治理。黄河流域要强化伏牛山水源涵养与生物多样性保护功能，以伏牛山自然保护区和熊耳山、嵩县大鲵自然保护区等自然保护地为重点，修复矿山生态环境，提高森林质量，保育重要生物物种。淮河流域以建设桐柏—大别山生态屏障为重点，以鸡公山、董寨、连康山、高乐山等自然保护地为重点，加大生物多样性保护，保护修复重要湿地，综合整治矿山环境，防治土壤侵蚀，提高生态系统质量。海河流域要提升太行山水源涵养与水土保持能力，加强对太行山猕猴自然保护区、万宝山自然保护区等自然保护地的保护，加大造林种草、矿山生态修复力度，维护自然生态系统和生物多样性。长江流域以构建环丹江口库区生态圈为重点，按照国家一级水源保护区要求，对南水北调中线水源地丹江口水库进行严格保护，提升改造水源涵养林、水土保持林。

二、以流域思维加强水生态水环境保护

水生态水环境保护是整体性、系统性工程，必须全流域治理、上下游协同。一是加强流域中上游水源涵养。四大流域的两条河流源头和南水北调工程渠首都在河南省内，必须健全财政投入机制，强化属地责任，做好源头产业管控、城镇生活污水处理，划定保护区界，加强水土流失治理、矿山资源开采管控和尾矿库治理，大力开展植树造林，提高河流自净化能力，确保下游水质安全。二是开展流域联合执法。推行流域上中下游交叉执法、异地执法检查，科学设置排污口，加强自动化监管和监测评价，压实各级政府和企业的主体责任。三是实施流域生态共建。借鉴新安江流域跨省生态保护补偿试点的做法，探索实

行以下补上的生态补偿机制，探索排污权市场化交易机制，提高上游生态建设和下游转型发展的积极性。四是采取措施抓好地下水超采治理。加强农业节水，加大灌区节水改造力度，实施高效节水灌溉工程，加快城乡供水一体化建设，利用南水北调水、引黄水置换城乡生活集中式地下水源，采取跨流域调水补充地表水，增加地表水供应，压减产业和项目使用地下水，加快实施水源替换，缓解地下水位下降问题。大力推进农业地表水灌溉，优化高标准农田建设标准，加大地表水灌溉设施规划建设力度，加强对市县利用地表水灌溉情况的考核。

三、加强流域生态廊道建设

在保障防洪安全的前提下，坚持以自然修复为主，分区分类施策，统筹推进四大流域水源涵养、水土保持、矿山环境整治等，建设具有流域特色的生态廊道。黄河流域以洛河、伊河、蟒河、金堤河等为依托，强化源头产业管控、城镇生活污水处理，加强水土流失治理、矿山开采管控和尾矿库治理，通过封禁治理，加强生物多样性维护和水源地保护，开展金堤河、天然文岩渠等平原区水系自然连通工程建设，提高河流连通性，推进黄河中游生态保护修复和黄河下游生态综合整治，将流域内农田、林带、荒野等多样的生态斑块与黄河干流连接，构建黄河生态经济带。淮河流域以灌河、寨河、颍河、北汝河、双洎河等为依托，构建淮干生态涵养与绿色发展大走廊。沙颍河上游以营造水源涵养林和构建沿河以及水库周边森林廊道为主，保护生物多样性；桐柏—大别山一带以水源涵养为重点，加强南湾水库、出山店水库和石山口水库水源涵养和保护；平原区以水质保护和河道生态治理为重点，因地制宜地建设湖库、湿地，建设淮河生态经济带。海河流域以卫河、共产主义渠、马颊河、淇河等为依托，以太行山区水源涵养、平原区水质保护为重点，统筹开展矿山生态修复、水土保持、水生态治理、湿地保护修复和清洁小流域建设，增强太行山生态屏障功能，恢复河道纵向连通性、卫河河道生物多样性，构建水源涵养林和沿河森林廊道。长江流域以丹江、老灌河、淇河、刁河、唐白河、泌阳河等为依托，以水源涵养为重点，加强伏牛山等生态屏障建设，实施南水北调中线工程丹江口库区等生态保育工作，加强水源保护和环境整治，开展生态清洁小流域建设，实施封山育林和退耕还湖还湿，强化南水北调水源地丹江口水库水源涵养和保护，加强湖库与湿地生态修复，构建生态涵养廊道。

四、统筹流域资源环境系统治理

统筹推进流域水环境污染综合治理。实施“一河一策”水质限期达标治理。全面加强工业、城镇和农业农村源头减排；加强流域干支流沿线重点行业污染治理，加快淘汰高污染、低效益企业；严格高危高污行业的环境准入标准，推进企业技术改造升级，提高清洁生产水平；加强流域内潜在高危高污行业的环境监管督查；分区分类实行产业正、负面清单管理，从河流沿岸、产业集聚区、流域整体3个层次因地制宜地制定产业准入正负面清单，严格空间准入和环境准入，禁止或限制高危高污行业项目建设；清理整顿岸线范围内列入产业准入负面清单的产业和项目。

提高流域林草覆盖完整性和连通性。严格控制林草覆盖减少现象的发生，从严约束原生林草覆盖地表向其他用地转换。提高沿黄、沿淮等区域林草覆盖地表的连片程度和连通程度；因地制宜地改造利用荒漠与裸露地表，降低其生态脆弱性和敏感性。加大伏牛山、太行山、桐柏大别山等低山丘陵区集中分布的石质荒漠与裸露地表生态保护力度，加强地表利用状况动态监测与管理。对于泥土质荒漠与裸露地，通过还林还草还水措施，逐步提高生态环境质量。对于大堤内的沙质荒漠与裸露地，应着重识别其生态建设的适宜性，统筹布局生态恢复工程，完善区域生态服务功能，合理发展生态产业，兼顾提高生态效益和经济效益。及时恢复河流沿岸露天采掘场生态功能，提高生态环境监测和生态风险管控能力。根据露天采掘场地开采类型及其带来的生态环境问题如土地损毁、植被破坏、水土流失等，采取针对性治理方案和措施予以解决。对于干流沿岸缓冲区的露天采掘场应及时采取措施加以治理；对于地处偏远、位置分散、数量众多、监管难度大的露天采掘场，应尽快运用遥感网、传感网等技术以具备大范围、高精度的露天采掘场监测能力，及时监测、掌握变化状况，健全应对机制。

第四节　大力发展内河航运和文化旅游

一、加大内河航运开发力度

发挥长江流域和淮河流域水资源丰富的优势，完善淮河、沙颍河、沱浍河航道，推进黄河、大运河河南的适宜河段旅游通航和分段通航，支持郑州、周口、信阳、漯河、平顶山、南阳等港口建设，统筹考虑通航、泄洪效益和建设成本，科学规划建设，实施内河水运“通江达海”工程，加强河道疏浚，拓宽拓深航道，科学规划布局码头，提高沙颍河等航运等级，推动部分河段复航，加快实施唐河省界至社旗航运工程，推进港口高标准规划建设，提升周口市全国内河主要港口功能，大力发展临港经济。黄河流域要加快大运河旅游航道开发，集约化建设跨黄河通道，构建沿黄绿色生态交通廊道。

二、构建流域水文化保护与传承体系

立足流域区域治水兴水的文化特色，围绕黄河文化、大运河文化遗产以及小浪底、南湾湖、红旗渠、丹江口等水利工程，谋划实施一批重大涉水文旅项目，深度挖掘与保护水文化遗产，探索水文化保护传承途径，丰富水文化载体，构建水文化保护与传承体系。黄河流域要以黄河文化的整体保护与活化利用为核心，以“黄河故事”为主线，深入挖掘和全面整合黄河流域的文化资源，讲好“黄河故事”，通过推动郑州、洛阳、开封、三门峡等黄河沿岸城市空间风貌特色的整体提升，打造黄河文化主轴，整合中流砥柱、黄河古栈道、小浪底大坝、河图洛书、嘉应观、花园口等黄河标志性景观，把黄河文化主轴打造成彰显中华民族文化自信的精神地标和情感纽带，建设体现中华悠久文明和国际影响力的黄河文化旅游带及黄河文化旅游核心区，支撑河南省华夏文明传承创新核心区建设。淮河流域以驻马店、信阳等丰富的淮水文化资源为依托，立足自然山水格局和“豫风楚韵”等文化特色，结合根亲文化、农耕文化、红色文化、民促文化、茶文化等文化资源，深入挖掘治淮、漕运、灌溉等水文化内涵，突出洪河、汝河水文化和“75·8”抗洪救灾精神，充分发挥驻马店市防洪博物馆、南湾水库、出山店水库等水文化载体作用，宣传人水和谐理念，普及防洪、生态水利等知识，达到存史、资政、警示、教育目的，进一步提高水患意识。海河流域以安阳等重点水文化节点城市为依托，挖掘漳水、洹水、红旗渠等水文化内涵和时代价值，结合殷墟、甲骨文、周易等文化资源，对接三晋文化、燕赵文化，结合隋唐大运河永济渠、南水北调中心文化带建设，建设卫共治理等水文化工程载体。长江流域以南阳为重要依托，结合楚风汉韵、三国、冶铁等特色文化，深入挖掘淮源文化内涵，保护和传承丹水、召父、杜母、伯意掘井等特色水文化，建设襄汉漕运纪念馆、南水北调科学教育基地及移民文化园等科教文化工程。谋划一批文旅项目，如开展黄河文化公园、人民胜利渠渠首暨嘉应观、桐柏淮源等水文化提升项目，实施兰考黄河东坝头、开封宋都水系、南水北调移民文化园、滑县和浚县大运河等工程，加大开发力度，强化区域间资源整合和协作，打造流域文化旅游融合发展体系，推动文旅文创融合发展。

第五节　提高流域灾害防治能力

一、提高水灾害防治水平

根据四大流域洪水特点，统筹考虑城镇布局、产业特质、河道特征、汛情

等，区分不同流域，加强科学防洪论证，做实做好产业、城镇、人口等安全防洪预案，完善应急调度指挥机制。统筹流域防洪减灾工程设施布局，通过实施新建水库、扩建加固堤防、河道整治等一系列工程，畅通水系连接，做好水库坝体加固除险，补建调蓄工程，建设海绵城市，加快河道疏浚，论证建设大中型水库，合理设置蓄滞洪区，把水灾害损失降到最低。加强防洪设施建设，加快水毁水利工程修复进度，实施河道清障工程，开展城市防洪达标建设，消除薄弱环节和风险隐患，统筹推进流域水沙综合治理工程。加强源头水土保持治理，优化水沙调控体系，降低河道泥沙淤积；加强流域洪水淹没风险综合防控，分级分区防控洪水淹没风险，有序开展中高风险区滩区村庄的搬迁工作，夯实流域安全防洪减灾体系，提高防洪应急能力。黄河流域要加高加固黄河干流堤防，持续开展控导工程等河道综合治理，进行桃花峪水库等重大工程建设前期论证工作，加快滩区居民迁建、“二级悬河”治理、封丘倒灌区等安全建设，不断提高河道排洪输沙能力，保障防洪安全；淮河流域要推进重要支流和低洼易涝地区治理，实施袁湾水库、昭平台水库扩容等控制性工程，加强大逍遥等蓄滞洪区建设，加强城市防洪排涝能力建设，保障大中城市防洪安全；海河流域要加强卫河、共产主义渠等主要河道的治理，加快蓄滞洪区工程与安全建设，进一步提高骨干河道和重点城市防洪标准；长江流域要加快重要支流河道整治，规划建设青山水库、汉山水库等大型水利枢纽工程，完善唐白河流域防洪体系，不断提高城市防洪能力。

二、提升干旱灾害防治能力

建设“多源互补、区域协调、城乡统筹、科学调配、智能高效”的抗旱体系。对县级及以上城市，实施双水源或多水源供水，并实现供水管网联网，实现供水管网的联合调度，及时缓解城市供水压力。对农村供水，尽快实现城乡供水一体化，提高供水保障能力，加强农村和乡镇抗旱应急水源工程建设，提升抗旱应急能力。

三、提升地质灾害防治能力

充分运用遥感等技术手段，对山地丘陵区崩塌、滑坡、泥石流等地质灾害隐患进行调查评价，建立地质灾害防治综合体系，并与城乡建设、基础设施建设的规划布局相衔接，最大程度地避让地质灾害高发区，强化对工程建设活动、农村切坡建房引发地质灾害的管控。

四、加强流域重点地区空间管控

对流域的重点地区如饮用水水源保护区、水源涵养区、水土流失重点防治区及蓄滞洪区等加强空间管控。对重要集中式饮用水水源地的一级保护区划定生态保护红线，对于生态保护红线内的区域，严禁一切对水源保护有影响的各类开发活动；针对南太行山南麓低山区、豫西伏牛山、熊耳山等主要河流的发源地，丹江口水库汇水区和南水北调中线干渠沿线，桐柏山淮河源和淮河干流沿线等重要的水源涵养区，结合区域自然条件和水源涵养状况，提出封育保护及自然修复、人工林草建设、退耕还林还草、水土保持生态建设等保护修复措施和要求，提升水源涵养能力；对于水土流失重点防治区，提出封山禁牧、轮封轮禁、封育保护等预防保护和自然修复措施，提出坡耕地治理、侵蚀沟治理及小流域综合防治措施；对蓄滞洪区结合管控要求，限制大规模采矿及城镇开发建设等活动。

第六节 完善流域治理制度机制

一、健全流域治理体制机制

纵观国际流域开发管理的发展历程，流域治理呈现水资源管理、水土保持、工业布局、农业发展、城镇建设、区域综合开发等一体化趋势。流域治理以强化流域统一规划、统一治理、统一调度、统一管理为发展方向，进一步健全流域治理的体制机制。一是深入推进河长制改革，健全河南省流域管理机构，依托沙颍河流域管理局、豫北水利工程管理局等现有机构，探索建立河南省黄河流域、淮河流域、长江流域、海河流域管理机构，对二级以上河流实行流域管理。二是赋予流域管理机构综合职能，赋予流域管理机构防洪、水生态水环境保护、水资源开发利用、重大工程规划等综合管理职能，重视流域的综合开发利用。三是完善流域管理体系，推进重点领域改革创新，统筹推进水源、水权、水利、水工、水务综合改革。坚持集约节约用水，优化用水格局，推进水源改革；坚持市场化方向，培育水权交易市场，推进水权改革；坚持协同发力，创新水利投融资机制，加快水利改革；坚持资源整合优化，做大做强省级水务集团，推进水工改革；坚持一体化推进，发展壮大水务市场和产业链，推进水务改革。

二、加快形成流域联动协同发展机制

立足流域整体视野，打破单个行政区壁垒，注重支撑流域省内跨区域协同治理，深入研究探索跨区域协同治理体制机制创新，探索流域跨行政区域联合治水与生态补偿机制、跨区域公共安全防灾协同机制、跨区域公共服务和基础设施共建共享机制、跨区域文化保护传承机制、跨行政区产业协作机制等，提高流域区域整体协同治理水平，建设省内流域之间的高效协作机制，推动流域上下游、左右岸联动发展。同时，从跨区域综合平衡和整体效益最优化视角，加强跨省域的统筹协调，完善分工协作和联动发展机制，以生态环境保护、水资源配置、防洪减灾体系构建、基础设施互联、文旅品牌共建、重点产业协作等为重点，强化战略统筹、规划对接、政策协调，推动四大流域省域间的区域协同发展。

第七节　完善流域治理的动态监测评估制度

一、加快推进形成流域治理的动态监测体系

流域系统是多种环境要素构成的有机复杂巨系统，由于反馈机制和富集效应的存在，流域系统十分敏感，单一要素的变化就可能引发全流域的系统性风险。因此，流域具有动态性，流域系统管理和治理要强调预防与修复等管理过程的适应性和动态性，强调根据不同对象制定对策、实施预防或修复等具体措施，进行效果评估并调整相应策略。河南省四大流域要以数字化、网络化、智能化为主线，以数字化场景、智慧化模拟、精准化决策为路径，加快形成流域治理的动态监测评估体系和体制机制。在水灾害防治方面，要围绕防洪除涝、山洪灾害、防旱应急等重点工作，结合监测感知数据和洪水预报、区域干旱预测等模型，提升洪水预报能力、流域防洪调度能力、抗旱应急能力；在水资源应用配置方面，要进一步提升水资源分析评价水平，优化配置能力，构建水资源智能应用体系；在水环境水生态方面，要围绕河湖长制、水域岸线管理、河道采砂监管、水土保持管理等重点需求，运用遥感数据解译分析、图像智能分析、大数据挖掘等技术，构建水环境水生态智能动态监测体系。

二、循序推进数字孪生等智慧流域建设

流域是以水为纽带的复杂开放性系统，水系统演化具有很强的不确定性，对流域治理管理要求决策也需要具有全息性、时效性、科学性和协同性等。近

年来，随着物联网、人工智能、大数据、数字孪生等新信息技术的发展，服务流域全生命周期管理的智慧流域建设为流域动态化监测与管理带来良好契机。其中，数字孪生技术以实时同步、虚实映射、高保真度等特性为拓展流域科学研究和管理提供了一种新的工具，它与流域科学研究和治理管理相结合推动了数字孪生流域的诞生，其核心通过构建仿真模型以实现信息空间和物理空间的无缝集成与实时映射，从而对流域进行全生命周期管控，降低复杂系统预测不确定性和规避应急事件带来的风险。因此，提出以数字孪生技术为代表的河南省四大流域智慧数字化建设，通过进行数字孪生流域建设，为流域治理管理所需的感知、数据、知识、模型、服务等核心提供载体，管理者通过数字孪生流域感知、汇聚、融合物理流域对象全生命周期的数据，获得流域地理地貌、土地利用、工程、降水、土壤水分及生态环境、社会经济等全方面的时效信息，通过对物理流域对象进行多层次实时渲染及可视化呈现，支撑对空间分析、大数据分析、仿真过程的多终端一体化展示，不仅能够真实展现流域地形地貌、自然环境、工程背景等各种场景，更重要的是能够将运行机制复杂、结构复杂，且内部状态和过程不可见的流域系统变得透明，帮助决策者全面深入地了解物理流域对象的性能、运行状态及趋势、历史信息、运行环境和任务需求等，有效支持流域资源配置、生态环境保护和工程安全运行。因此，管理者通过动态掌握水资源利用、河湖“四乱”、河湖水系连通、复苏河湖生态环境、生产建设项目水土流失、水利设施毁坏等情况，实现权威存证、精准定位、影响分析，加强信息共享和业务协同，支撑上下游、左右岸、干支流的跨层级、跨行业、跨部门之间对涉水日常事务和应急事件的联合防御、联合管控、联合治理，实现对流域的精准监测和动态管理。

参考文献

[1] 姜付仁，刘树坤，陆吉康．流域可持续发展的基本内涵 [J]. 中国水利，2002(4):20-21.
[2] 杨海乐，陈家宽．“流域”及其相关术语的梳理与厘定 [J]. 中国科技术语，2014，16(2):38-42.
[3] 汪芳，方勤，袁广阔，等．流域文明与宜居城乡高质量发展 [J]. 地理研究，2023，42(4):895-916.
[4] 王震洪，蔡庆华，赵斌，等．流域生态系统空间结构量化及其指标体系 [J]. 地球科学与环境学报，2021，43(1):135-149.
[5] 杨桂山，于秀波，李恒鹏，等．流域综合管理导论 [M]. 北京：科学出版社，2004.
[6] 江恩慧，王远见，田世民，等．流域系统科学初探 [J]. 水利学报，2020，51(9):1026-1037.
[7] 张侃侃，郭文炯．流域经济：空间特征、过程与机制 [J]. 黄河文明与可持续发展，2013(3):59-69.
[8] 余东勤，茹继田．流域经济基本特征的探讨 [J]. 陕西水力发电，1995(3):62-64.
[9] 胡碧玉，段立波，宋小军．流域经济的作用初探 [J]. 西华师范大学学报（哲学社会科学版），2005(3):101-103.
[10] 胡碧玉．流域经济论 [D]. 成都：四川大学，2004.
[11] 张彤．论流域经济发展 [D]. 成都：四川大学，2006.
[12] 张晓虎．增长极理论对区域经济发展的启示 [J]. 内蒙古民族大学学报（社会科学版），41(3):86-88.
[13] 周茂权．点轴开发理论的渊源与发展 [J]. 经济地理，1992(2):49-52.
[14] 费洪平．地域生产综合体理论研究综述 [J]. 地理学与国土研究，1992(1):40-44.
[15] 李具恒，李国平．区域经济发展理论的整合与创新：基于梯度推移理论内在机理的扩展分析 [J]. 陕西师范大学学报（哲学社会科学版），2004(4):94-98.
[16] 包卿，陈雄．核心－边缘理论的应用和发展新范式 [J]. 经济论坛，2006(8):8-9.
[17] 张国兴，何慧爽，郑书耀．水资源经济与可持续发展研究 [M]. 北京：科学出版社，2016.
[18] 吴志强，甘筱青，黄新建，等．国外大河大湖流域综合治理开发的启示 [J]. 江西科学，2003(3):156-159.
[19] 何学民．我所看到的美国水电（之十一）：美国密西西比水系的综合开发及其借鉴意义 [J]. 四川水力发电，2007，26(3):117-121.
[20] 程邦谊．美国田纳西流域治理的成功经验对湖北汉江流域中下游现代水利建设的启示 [J]. 南水北调与水利科技，2007，5(1):99-102.

[21] 高琪，杨鹤．墨累－达令流域管理模式研究 [J]. 法制与社会，2008(2):272-273.
[22] 张敏纯．澳大利亚墨累－达令流域治理的经验与启示 [J]. 国外社会科学，2022(3):62-72.
[23] 冯彦，何大明．多瑙河国际水争端仲裁案对我国国际河流开发的启示 [J]. 长江流域资源与环境，2002，11(5):471-475.
[24] 张军红，侯新．莱茵河治理模式对中国实施河长制的启示 [J]. 水资源开发与管理，2018(2):7-11.
[25] 刘秋山，赵云芬．莱茵河治理中的公共参与及启示 [C]// 中国环境科学学会 .2015 年中国环境科学学会学术年会论文集（第一卷）. 2015:820-823.
[26] 杨丞娟．府际协同治理视角下长江经济带高质量发展：莱茵河流域治理的经验借鉴 [J]. 湖北社会科学，2021(11):84-89.
[27] 张光斗．20 世纪我国大江大河治理和开发科学技术的发展 [C]// 中国近现代科学技术回顾与展望国际学术研讨会论文集．北京：中国工程院， 2002:692-701.
[28] 罗志高，杨继瑞．流域生态环境协同治理国际经验及其镜鉴 [J]. 重庆理工大学学报（社会科学版），2019，33(10):27-34.
[29] 王锋．国际跨界流域治理经验分析及其启示 [J]. 湖州师范学院学报，2017，39(5):1-8.
[30] 刘晓晨，李顺成．黄河流域环境治理与区域经济发展的实践探索：历史演进与经验启示 [J]. 区域治理，2023(1):41-44.
[31] 姚汉源．中国水利史纲要 [M]. 北京：水利电力出版社，1987 .
[32] 贾绍凤．高质量发展阶段的水治理标志要求 [J]. 中国水利，2021(6):55-57.
[33] 陈茂山．以高质量水利政策研究助推水利高质量发展 [J]. 中国水利，2022(19):33-36.
[34] 谷树忠．系统推进水利高质量发展 [J]. 中国水利，2021(2):1-2.
[35] 李俊，唐芳，胡碧玉．流域经济开发视野中的问题探讨 [J]. 生态经济，2004(12):53-55.
[36] 罗清和，张畅．长江经济带：一种流域经济开发的依据、历程、问题和模式选择 [J]. 深圳大学学报（人文社会科学版），2016，33(6):90-96.
[37] 龚裕凌．论陕西省黄河流域水生态文明建设的重要意义 [J]. 陕西水利，2020(10):92-93，99.
[38] 胡碧玉，宋小军，帅建祥．流域经济微观运行机制创新探讨 [J]. 社会科学，2005(12):12-19.
[39] 贾若祥，张燕，王继源，等．促进我国流域经济绿色发展：新时期践行习近平生态文明思想的重大举措 [J]. 大陆桥视野，2019(6):51-54.
[40] 贾若祥，张燕，王继源，等．促进我国流域经济绿色发展 [J]. 宏观经济管理，2019(4):48-52，59.
[41] 肖东洋，牛海鹏，闫弘轩，等．1990—2018 年黄河流域（河南段）土地利用格局时空演变 [J]. 农业工程学报，2020，36(15):271-281.
[42] 吴礼明．打造“四条廊道”助推河南黄河文化旅游带建设 [J]. 黄河·黄土·黄种人，2022(7):24-25.

[43] 姜国峰 . 大数据时代河南保护传承弘扬黄河文化的四重路径建构 [J]. 郑州轻工业大学学报（社会科学版），2021, 22(3):62-66.

[44] 路晓云 . 河南安阳生物多样性保护与开发利用措施 [J]. 农业工程技术， 2021, 41(8):91, 93.

[45] 高晓光，蒋凤玲 . 河南黄河流域生态保护和高质量发展路径研究 [J]. 南方农机，2021, 52(13):59-61.

[46] 杨丽 . 河南黄河流域生态保护与文化旅游发展策略 [J]. 当代旅游， 2020, 18(34):25-26, 50.

[47] 姚振伟，郑浩，来亮 . 河南黄河流域生态环境综合治理研究 [C] // 河海大学，西安理工大学，中国疏浚协会，等 .2021 第九届中国水生态大会论文集，2021:13.

[48] 王志诚 . 河南黄河文化旅游带发展路径研究 [J]. 旅游与摄影，2022(20):89-91.

[49] 孙婷 . 河南省加强文旅文创融合发展路径探析 [J]. 中共郑州市委党校学报，2022(3):90-95.

[50] 徐海军，魏义长，许澍，等 . 河南省内四大流域边界提取与水系分析 [J]. 灌溉排水学报，2021, 40(6):125-132.

[51] 薛莹，刘文祥 . 河南文旅产业融合发展探析 [J]. 绿色科技，2022，24(1):224-226.

[52] 杨育彬，孙广清 . 淮河流域古文化与中华文明 [J]. 东岳论丛，2006，27(2):49-53.

[53] 郭文慧 . 淮河流域矿产资源开发与生态系统耦合机制研究 [D]. 合肥：合肥工业大学，2012.

[54] 王梦茵 . 黄河流域河南段旅游民宿发展现状研究 [J]. 西部旅游，2021(4):10-11.

[55] 刘娇妹，王刚，付晓娣，等 . 黄河流域河南段生态保护和高质量发展评价研究 [J]. 人民黄河，2023，45(7):1-7.

[56] 闫树人，郝美丽 . 黄河流域河南段体育非物质文化遗产的空间分布特征及影响因素研究 [J]. 南阳师范学院学报，2022，21(4):44-50.

[57] 王琳，李娜，文广超，等 . 黄河流域河南段植被覆盖度变化及其驱动力 [J]. 水土保持通报，2022，42(6):393-399.

[58] 秦艳培，徐少君，田耀武 . 黄河流域河南段植被和土壤及其碳密度空间分异研究 [J]. 生态环境学报，2022，31(9):1745-1753.

[59] 刘凯霞，王伟，程金龙 . 黄河流域文化产业与旅游产业协调发展研究 [J]. 洛阳师范学院学报，2023，42(3):1-7.

[60] 李菲 . 黄河流域文化名城文旅融合高质量发展对策：以八朝古都开封为例 [J]. 开封文化艺术职业学院学报，2021, 41(12):117-119.

[61] 刘佩 . 黄河文化保护传承与文旅融合路径研究：以河南省为例 [J]. 广西质量监督导报，2021(5):75-76.

[62] 刘佩 . 黄河文化保护传承与文旅融合路径研究：以河南省为例 [J]. 广西质量监督导报，2021(5):75-76.

[63] 乔旭宁，王林峰，牛海鹏，等 . 基于 NPP 数据的河南省淮河流域生态经济协调性分析 [J]. 经济地理，2016，36(7):173-181，189.

[64] 张莉，邱士可，闫丽洁，等．基于流域视角的河南省水资源利用与经济社会发展耦合协调分析 [J]. 地域研究与开发，2022，41(6):14-19.

[65] 付标，赵莹，张军，等．商丘市相对资源承载力分析与国土资源可持续发展研究 [J]. 江西农业学报，2008，20(6):109-111.

[66] 苏君丽．数字经济赋能下黄河流域（河南段）文旅融合高质量发展的策略探究 [N]. 中国文化报，2023-04-13.

[67] 马丽霞．文旅融合背景下河南黄河文化的传承与保护路径研究 [J]. 西部旅游，2023(2):49-51.

[68] 杨朝兴．系统论视角下的淮河流域生态保育探析：以河南省辖淮河流域为例 [J]. 农业环境与发展，2012，29(3):80-82.

[69] 熊林春，黄斌，张云，等．信阳市野生动植物资源概述 [J]. 河南林业科技，2014，34(1):46-48.

[70] 张平．中国三大区域产业结构的差异及其协调 [J]. 发展经济学研究，2012(1):217-229.

[71] 赵传普，张乃夫，张洪达，等．淮河流域水土流失分布特征及防治对策研究 [J]. 中国水土保持，2022(12):15-17.

[72] 马方媛．黄河流域经济高质量发展水平的测度及空间演化研究 [D]. 新乡：河南师范大学，2021.

[73] 习近平．在黄河流域生态保护和高质量发展座谈会上的讲话 [J]. 求是，2019(20):4-11.

[74] 樊杰，王亚飞，王怡轩．基于地理单元的区域高质量发展研究：兼论黄河流域同长江流域发展的条件差异及重点 [J]. 经济地理，2020，40(1):1-11.

[75] 崔盼盼，赵媛，夏四友，等．黄河流域生态环境与高质量发展测度及时空耦合特征 [J]. 经济地理，2020，40(5):49-57.

[76] 左其亭．黄河流域生态保护和高质量发展研究框架 [J]. 人民黄河，2019，41(11):1-7.

[77] 任保平，豆渊博．黄河流域生态保护和高质量发展研究综述 [J]. 人民黄河，2021，43(10):30-34.

[78] 赵志强．黄河流域生态保护和高质量发展协同机制及对策思考 [J]. 理论研究，2021(5):73-80.

[79] 刘家旗，茹少峰．基于生态足迹理论的黄河流域可持续发展研究 [J]. 改革，2020(9):139-148.

[80] 杨慧芳，张合林．黄河流域生态保护与经济高质量发展耦合协调关系评价 [J]. 统计与决策，2022，38(11):114-119.

[81] 苗长虹，张佰发．黄河流域高质量发展分区分级分类调控策略研究 [J]. 经济地理，2021，41(10):143-153.

[82] 陆大道，孙东琪．黄河流域的综合治理与可持续发展 [J]. 地理学报，2019，74(12):2431-2436.

[83] 张仲伍，畅田颖，高鑫．黄河流域生态经济协调发展研究 [J]. 地域研究与开发，2021，40(3):25-30.

[84] 贾晶，白跚跚，汪雪峰，等．河南省国家高新技术产业开发区产城融合测度评价 [J]. 地域研

究与开发，2019，38(5):30-34.

[85] 安树伟，李瑞鹏．黄河流域高质量发展的内涵与推进方略 [J]. 改革，2020(1):76-86.

[86] 石碧华．黄河流域高质量发展的时代内涵和实现路径 [J]. 理论视野，2020(9):61-66.

[87] 张贡生．黄河流域生态保护和高质量发展：内涵与路径 [J]. 哈尔滨工业大学学报（社会科学版），2020，22(5):119-128.

[88] 杨永春，穆焱杰，张薇．黄河流域高质量发展的基本条件与核心策略［J］. 资源科学，2020(3):409-423.

[89] 徐辉，师诺，武玲玲，等．黄河流域高质量发展水平测度及其时空演变 [J]. 资源科学，2020，42(1):115-126.

[90] 刘昌明．对黄河流域生态保护和高质量发展的几点认识 [J]. 人民黄河，2019，41(10):158.

[91] 张力隽，王余枫，夏永波，等．黄河流域资源 – 环境 – 经济耦合协调发展研究 [J]. 人民黄河，2022，44(3):11-15.

[92] 韩君，杜文豪，吴俊珺，等．黄河流域高质量发展水平测度研究 [J]. 西安财经大学学报，2021(2):28-36.

[93] 金波宏．黄河流域经济高质量发展水平评价及时空分异研究 [J]. 西部金融，2020(8): 8-14.

[94] 刘建华，黄亮朝，左其亭．黄河流域生态保护和高质量发展协同推进准则及量化研究 [J]. 人民黄河，2020，42(9):26-33.

[95] 张合林，王亚辉，王颜颜．黄河流域高质量发展水平测度及提升对策 [J]. 区域经济评论，2020(4):45-51.

[96] 马海涛，徐楦钫．黄河流域城市群高质量发展评估与空间格局分异 [J]. 经济地理，2020(4):11-18.

[97] 孙继琼．黄河流域生态保护与高质量发展的耦合协调：评价与趋势 [J]. 财经科学，2021(3):106-118.

[98] 王冰．黄河流域高质量发展水平测度及其耦合协调性研究 [J]. 财经理论研究，2022(3):14-26.

[99] 宋冬凌，马悦．黄河流域绿色水资源利用率与经济高质量发展耦合研究：以河南省为例 [J]. 生态经济，2021，37(5):14-19.

[100] 张扬，师海猛．黄河流域城镇化高质量发展与生态环境耦合协调度评价 [J]. 统计与决策，2022，38(10):71-75.

[101] 张占仓．洛阳在郑洛西高质量发展合作带建设中的优劣势与发展策略 [J]. 地域研究与开发，2022，41(2):40-45.

[102] 任保平，李禹墨. 新时代我国高质量发展评判体系的构建及其转型路径 [J]. 陕西师范大学学报（哲学社会科学版），2018，47(3): 105-113.

[103] 马茹，罗晖，王宏伟，等. 中国区域经济高质量发展评价指标体系及测度研究 [J]. 中国软科学，2019(7): 60-67.

[104] 李金昌, 史龙梅, 徐蔼婷. 高质量发展评价指标体系探讨 [J]. 统计研究, 2019, 36(1):4-14.
[105] 赵昌文 . 推动我国经济实现高质量发展 [N]. 学习时报, 2017-12- 25(1).
[106] 田秋生 . 高质量发展的理论内涵和实践要求 [J]. 山东大学学报（哲学社会科学版）, 2018 (6): 1-8.
[107] 汪同三 . 深入理解我国经济转向高质量发展 [N]. 人民日报, 2018-06-07(7).
[108] 赵剑波, 史丹, 邓洲 . 高质量发展的内涵研究 [J]. 经济与管理研究, 2019, 40(11): 15-31.
[109] 韩军辉, Shokirov S, 柳洋 . 基于熵值法的高质量发展综合评价研究 [J]. 科技和产业, 2019, 19(6): 79-83.
[110] 中国宏观经济研究院经济研究所课题组 . 科学把握经济高质量发展的内涵、特点和路径 [N]. 经济日报, 2019-09-17(14).
[111] 刘海霞 . 我国经济高质量发展的内涵与本质 [J]. 现代管理科学, 2019(11): 3-5.
[112] 安树伟, 李瑞鹏 . 黄河流域高质量发展的内涵与推进方略 [J]. 改革, 2020(1): 76-86.
[113] 陈晓东, 金碚 . 黄河流域高质量发展的着力点 [J]. 改革, 2019 (11): 25-32.
[114] 于磊, 杨井泉, 徐丽梅, 等 . 气候变化背景下海河流域干旱特征及趋势 [J]. 吉林大学学报（地球科学版）, 2014, 44（5）: 1615-1624.
[115] 王永财, 孙艳玲, 王中良 . 1998—2011 年海河流域植被覆盖变化及气候因子驱动分析 [J]. 资源科学, 2014, 36（3）: 594-602.
[116] 胡实, 莫兴国, 林忠辉 . 未来气候情景下我国北方地区干旱时空变化趋势 [J]. 干旱区地理, 2015, 38（2）: 239-248.
[117] 严登华, 袁喆, 杨志勇, 等 .1961 年以来海河流域干旱时空变化特征分析 [J]. 水科学进展, 2013（1）: 34-41.
[118] 丁相毅, 贾仰文, 王浩, 等 . 气候变化对海河流域水资源的影响及其对策 [J]. 自然资源学报, 2010（4）: 604-613.
[119] 孙艳玲, 王中良, 王永财 . 近 51 年海河流域作物生长季干旱时空分布特征研究 [J]. 天津师范大学学报（自然科学版）, 2013, 33（1）: 59-63.
[120] 刘浏, 王素芬, 刘丽丽 . 海河流域干旱特征时空演变规律研究 [J]. 灌溉排水学报, 2014, 33（增 1）: 157-159.
[121] 刘晓林, 洪磊, 冯棣 .1998—2017 年淮河流域水资源变化趋势分析 [J]. 安徽农业科学, 2020, 48(13):207-210.
[122] 苗建中 . 建设节水型社会保障淮河流域经济社会可持续发展 [J]. 治淮, 2015(11):6-7.
[123] 杨国珍, 李新刚 . 京津冀区域经济高质量发展水平测度研究 [J]. 中国市场, 2023, 1149(14):1-4.
[124] 孙晓, 刘力钢, 陈金 . 中国旅游经济高质量发展的测度 [J]. 统计与决策, 2021, 37(17): 126-130.

[125] 杨慧芳, 张合林 . 黄河流域生态保护与经济高质量发展耦合协调关系评价 [J]. 统计与决策, 2022, 38(11):114-119.
[126] 吕薇 . 探索体现高质量发展的评价指标体系 [J]. 中国人大, 2018(11):23-24.
[127] 朱卫东, 周菲, 魏泊宁 . 新时代中国高质量发展指标体系构建与测度 [J]. 武汉金融, 2019(12): 18-26.
[128] 许永兵, 罗鹏, 张月 . 高质量发展指标体系构建及测度: 以河北省为例 [J]. 河北大学学报(哲学社会科学版), 2019(3): 86-97.
[129] 赵剑波, 史丹, 邓洲 . 高质量发展的内涵研究 [J]. 经济与管理研究, 2019(11):15-31.
[130] 方世南 . 坚持以人民为中心的整体高质量发展思想 [J]. 中共云南省委党校学报, 2018(3):5-9.
[131] 田秋生 . 高质量发展的理论内涵和实践要求 [J]. 山东大学学报(哲学社会科学版), 2018(6):1-8.
[132] 陈昌兵 . 新时代我国经济高质量发展动力转换研究 [J]. 上海经济研究, 2018(5): 16-24, 41.
[133] 林毅夫, 付才辉, 任晓猛 . 金融创新如何推动高质量发展: 新结构经济学的视角 [J]. 金融论坛, 2019, 24(11): 3-13.
[134] 蓝乐琴, 黄让 . 创新驱动经济高质量发展的机理与实现路径 [J]. 科学管理研究, 2019, 37(6): 10-17.
[135] 陈再齐, 李震, 杨志云 . 国际视角下经济高质量发展的实现路径及制度选择 [J]. 学术研究, 2019(2): 79-86.
[136] 茹少峰, 魏博阳, 刘家旗 . 以效率变革为核心的我国经济高质量发展的实现路径 [J]. 陕西师范大学学报(哲学社会科学版), 2018, 47(3): 114-125.
[137] 王竹君, 任保平 . 中国高质量发展中效率变革的制约因素与路径分析 [J]. 财经问题研究, 2019(6): 25-32.
[138] 刘家旗, 茹少峰 . 西部地区经济增长影响因素分析及其高质量发展的路径选择 [J]. 经济问题探索, 2019(9): 82-90.
[139] 任保平 ."十四五" 时期转向高质量发展加快落实阶段的重大理论问题 [J]. 学术月刊, 2021, 53(2): 75-84.
[140] 师博 . 论现代化经济体系的构建对我国经济高质量发展的助推作用 [J]. 陕西师范大学学报(哲学社会科学版), 2018, 47(3): 126-132.
[141] 秦放鸣, 唐娟 . 经济高质量发展: 理论阐释及实现路径 [J]. 西北大学学报(哲学社会科学版), 2020, 50(3): 138-143.
[142] 李迎生 . 时代变迁、制度创新与民生保障高质量发展 [J]. 中共中央党校(国家行政学院)学报, 2021, 25(4): 107-113.
[143] 杨嘉懿 . 高质量发展阶段深化供给侧结构性改革的挑战与突破 [J]. 长白学刊, 2020(4):

97-103.

[144] 丁浩，王任重 . 经济高质量发展与供给侧结构性改革耦合分析 [J]. 华东经济管理，2020，34(12)：74-81.

[145] 袁小慧，孟芊汝，范金 . 中国高技术产业高质量发展：动力机制与实证检验 [J]. 江海学刊，2020(4)：88-94，254.

[146] 金成，董红燕，李瑞鹏 . 我国国土经济高质量发展的内涵、任务与对策 [J]. 河北经贸大学学报，2021(4):84-90.

[147] 任保平，文丰安 . 新时代中国高质量发展的判断标准、决定因素与实现途径 [J]. 改革，2018(4):5-16.

[148] 金碚 . 关于"高质量发展"的经济学研究 [J]. 中国工业经济，2018(4):5-18.

[149] 沈坤荣 . 以供给侧结构性改革为主线，提升经济发展质量 [J]. 政治经济学评论，2018(1):51-55.

[150] 王婉，范志鹏，秦艺根 . 经济高质量发展指标体系构建及实证测度 [J]. 统计与决策，2022，38(3):124-128.

[151] 张震，刘雪梦 . 新时代我国 15 个副省级城市经济高质量发展评价体系构建与测度 [J]. 经济问题探索，2019(6):20-31.

[152] 韩冬 . 城镇化高质量发展水平测度：基于京津冀城市群的实证 [J]. 统计与决策，2022，38(4):93-97.

[153] 魏敏，李书昊 . 新时代中国经济高质量发展水平的测度研究 [J]. 数量经济技术经济研究，2018，35(11):3-20.

[154] 孟祥兰，邢茂源 . 供给侧改革背景下湖北高质量发展综合评价研究：基于加权因子分析法的实证研究 [J]. 数理统计与管理，2019，38(4):675-687.

[155] 李梦欣，任保平 . 新时代中国高质量发展指数的构建、测度及综合评价 [J]. 中国经济报告，2019(5):49-57.

[156] 韩永辉，韦东明 . 中国省域高质量发展评价研究 [J]. 财贸研究，2021，32(1):26-37.

[157] 张治河，郭星，易兰 . 经济高质量发展的创新驱动机制 [J]. 西安交通大学学报（社会科学版），2019，39(6):39-46.

[158] 杨仁发，杨超 . 长江经济带高质量发展测度及时空演变 [J]. 华中师范大学学报（自然科学版），2019，53(5):631-642.

[159] 高艳美，刘永彪 . 新时代郑州县域经济高质量发展路径分析 [J]. 现代农业研究，2021，27(8):17-18.

[160] 冯俏彬 . 加快形成经济发展新格局 [J]. 红旗文稿，2020(18):28-30.

[161] 张军扩 . 贯彻新发展理念 推动高质量发展 [J]. 理论导报，2020(2):45-48.

[162] 习近平 . 在深入推动长江经济带发展座谈会上的讲话 [N]. 人民日报，2018-06-14(2).

[163] 易淼，陈雨森．国家治理视域下长江经济带高质量发展：治理逻辑与发展路向 [J]. 改革与战略，2021，37(2):90-99.

[164] 张彤．水资源节约利用与流域经济发展 [J]. 经济学家，2006(2):118-120.

[165] 高煜，许钊．超越流域经济：黄河流域实体经济高质量发展的模式与路径 [J]. 经济问题，2020(10):1-9，52.

[166] 吕拉昌．中国大流域生态恶性传递与对策研究 [J]. 广州师院学报（自然科学版），1997(1):102-107.

[167] 郑伯红，邹昀芝，张中旺．世界名河及其流域开放开发的国际经验 [J]. 云南地理环境研究，2000(2):59-65.

[168] 刘航，耿煜周，董琦．国外流域开发保护经验及对我国的启示 [J]. 中国水利，2021(10):57-59，61.

[169] 王锋．国际跨界流域治理经验分析及其启示 [J]. 湖州师范学院学报，2017，39(5):1-8.

[170] 岳健，穆桂金，杨发相，等．关于流域问题的讨论 [J]. 干旱区地理，2005(6):775-780.

[171] 王启轩，任婕．我国流域国土空间规划制度构建的若干探讨：基于国际经验的启示 [J]. 城市规划，2021，45(2):65-72.

[172] 丁相毅，石小林，凌敏华，等．基于“量－质－域－流”的太原市水资源承载力评价 [J]. 南水北调与水利科技（中英文），2022，20(1):9-20.

[173] 刘建厅，刘芮妍，续衍雪．河南省各地级市水资源承载力评价研究 [J]. 人民黄河，2022，44(3):53-58.

[174] 朱晓梅，魏加华，杨海娇，等．黄河流域城市群水资源利用效率评估及驱动因子分析 [J]. 水资源保护，2022，38(1):153-159.

[175] 赵良仕，冷明祥，孙才志．中国省际全要素水资源绿色效率及节水减排潜力分析 [J]. 地域研究与开发，2021，40(4):123-128.

[176] 冀宁远，杨侃，陈静，等．基于 IABC–PSO 算法的区域水资源优化配置模型研究 [J]. 人民长江，2021，52(6):49-57，87.

[177] 黄锋华，黄本胜，邱静．基于均衡系数的广东省水资源空间均衡研究 [J]. 中山大学学报（自然科学版）（中英文），2021，60(5):86-93.

[178] 李敏，刘春学，李春雪，等．云南省水资源政策效应模拟及预测研究 [J]. 地域研究与开发，2020，39(1):133-138.

[179] 黄显峰，赵梦婷，方国华，等．基于组合权重云模型的水资源安全评价模型 [J]. 水利经济，2021，39(5):60-65.

[180] 王雅晴，冼超凡，欧阳志云．基于灰水足迹的中国城市水资源可持续利用综合评价 [J]. 生态学报，2021，41(8):2983-2995.

[181] 李从欣，向春雨．北京市水资源的可持续利用评价及其预测 [J]. 人民珠江，2022，

43(4):23-30.
[182] 王洁方, 周云, 田晨萌 . 多维视角下黄河流域水环境与社会经济协调性研究 [J]. 人民黄河, 2021, 43(7):94-99, 113.
[183] 章恒全, 陈卓然, 张陈俊 . 长江经济带工业水环境压力与经济增长脱钩努力研究 [J]. 地域研究与开发, 2019, 38(2):13-18, 30.
[184] 于鲁冀, 王小青, 梁亦欣, 等 . 流域复合系统协调度预警研究: 以河南省淮河流域为例 [J]. 环境科学与技术, 2014, 37(9):168-173.
[185] 吴青松, 马军霞, 左其亭, 等 . 塔里木河流域水资源 – 经济社会 – 生态环境耦合系统和谐程度量化分析 [J]. 水资源保护, 2021, 37(2):55-62.
[186] 常烃, 贾玉成 . 京津冀水资源与经济社会协调度分析 [J]. 人民长江, 2020, 51(2):91-96.
[187] 杨胜苏, 张利国, 喻玲, 等 . 湖南省社会经济与水资源利用协调发展演化 [J]. 经济地理, 2020, 40(11):86-94.
[188] 曹睿喆 . 新乡市水资源与社会经济发展的协调度分析 [J]. 水利规划与设计, 2018(7): 27-29, 95.
[189] 邓路, 白萍, 李会芳, 等 . 水资源利用与经济增长的动态关联研究: 基于 VAR 模型的实证分析 [J]. 农业与技术, 2022, 42(3):149-155.
[190] 热孜娅·阿曼, 方创琳, 赵瑞东 . 干旱区城镇化发展与水资源利用耦合协调研究 [J]. 人民黄河, 2022, 44(4):67-73.
[191] 刁艺璇, 左其亭, 马军霞 . 黄河流域城镇化与水资源利用水平及其耦合协调分析 [J]. 北京师范大学学报(自然科学版), 2020, 56(3):326-333.
[192] 庞庆华, 朱泽原, 张丽娜 . 黄河流域水资源利用效率与产业结构升级的空间协调发展研究 [J]. 水利经济, 2022, 40(1):13-20, 39.
[193] 苏喜军, 纪德红 . 基于成分数据回归的河南省产业结构与用水结构协调关系研究 [J]. 华北水利水电大学学报(社会科学版), 2020, 36(2):14-20.
[194] 马靖靖, 张军, 周冬梅, 等 . 青海省水资源 – 能源 – 粮食系统耦合协调演化特征研究 [J]. 国土与自然资源研究, 2022(2):37-43.
[195] 罗海平, 罗逸伦 . 中国粮食主产区水资源安全与粮食安全耦合关系的实证研究及预警 [J]. 农业经济, 2021(2):3-5.
[196] 张振, 陈思锦 . 聚焦重点领域 全面推进水资源节约集约利用: 国家发展改革委有关负责同志就《黄河流域水资源节约集约利用实施方案》答记者问 [J]. 中国经贸导刊, 2021(36):9-10.
[197] 焦士兴, 王安周, 张馨歆, 等 . 黄河流域河南段经济高质量发展与水资源利用效率耦合协调研究 [J]. 创新科技, 2020, 20(4):68-77.
[198] 周成, 冯学钢, 唐睿 . 区域经济 – 生态环境 – 旅游产业耦合协调发展分析与预测: 以长江

经济带沿线各省市为例 [J]. 经济地理，2016， 36(3)：186-193.

[199] 彭建，汪安，刘焱序，等 . 城市生态用地需求测算研究进展与展望 [J]. 地理学报，2015(2)：333-346.

[200] 傅伯杰，张立伟 . 土地利用变化与生态系统服务：概念、方法与进展 [J]. 地理科学进展 . 2014(4)：441-446.

[201] 蔡运龙 . 土地利用 / 土地覆被变化研究：寻求新的综合途径 [J]. 地理研究，2001，20(6)：645-652.

[202] 徐新良，刘纪远，张树文，等 . 中国多时期土地利用土地覆被遥感监测数据集 (CNLUCC) [Z]. 中国科学院资源环境科学数据中心数据注册与出版系统，2018.

[203] 李二玲，崔之珍 . 中国区域创新能力与经济发展水平的耦合协调分析 [J]. 地理科学，2018(9):1412-1421.

[204] 张引，杨庆媛，闵婕 . 重庆市新型城镇化质量与生态环境承载力耦合分析 [J]. 地理学报，2016，71(5):817-828.

[205] 崔学刚，方创琳，张蔷 . 山东半岛城市群高速交通优势度与土地利用效率的空间关系 [J]. 地理学报，2018，73(6):1149-1161.

[206] 曲艺，龙花楼 . 城市土地利用隐性形态空间分异及其影响因素：以中国 289 个地级以上城市为例 [J]. 经济地理，2016 (10):1-8.

[207] 曲艺，龙花楼 . 基于开发利用与产出视角的区域地利用隐性形态综合研究：以黄淮海地区为例 [J]. 地理研究，2017，36(1):61-73.

[208] 韦千桃 . 广西边境地区土地利用转型与经济发展耦合时空演变特征研究 [D]. 南宁：南宁师范大学，2021.

[209] Mi Changli，Zhang Zaisheng. Problems in land-use and ways to promote conservation-intensive approach [J].2013 International Conferenceon Services Science and Services Information Technology，2014:169-175.

[210] Grimaud，Rouge. Non-renewable Resource and Growth with Vertical Innovations:Optimum，Equilibrium and Economic Policies [J].Environmental Economics and Management，2003(45):433-453.

[211] 王筱明,吴泉源 . 城市化建设与土地集约利用 [J]. 中国人口资源与环境,2001,11(增刊 1):5-6.

[212] 密长林 . 土地节约集约利用与经济发展的协调性研究 [D]. 天津：天津大学，2015.

[213] 曹磊 . 浅谈生态环境保护与经济发展之间的关系 [J]. 中国集体经济，2020(23)：83-84.

[214] 郭杰忠 . 生态保护与经济发展互动关系探析 [J]. 江西社会科学， 2008(6)：13-17.

[215] 姜欢 . 黄河流域沿线城市经济发展和生态环境保护耦合协调性研究 [D]. 郑州：郑州轻工业大学， 2022.

[216] 岳海珺 . 淮河流域生态保护与经济高质量发展的耦合协调性测度与分析 [D]. 济南：山东

财经大学, 2022.

[217] Shen Neng, Peng Hui. Can industrial agglomeration achieve the emission-reduction effect?[J]. Socio-Economic Planning Sciences, 2020, 75(2):100867.

[218] 唐哲, 魏修建 . 西南地区产业结构升级与生态环境耦合协调发展研究 [J]. 西藏大学学报（社会科学版）, 2022, 37(2): 204-213.

[219] 冯子君 . 西部地区产业结构与生态环境的耦合协调发展研究 [D]. 拉萨: 西藏大学, 2022.

[220] Arnaut J, Lidman J. Environmental Sustainability and Economic Growth in Greenland: Testing the Environmental Kuznets Curve[J]. Sustainability, 2021, 13(3):1228.

[221] 崔木花 . 安徽省产业结构演变的生态环境效应 [J]. 经济地理, 2020, 40(8): 131-137.

[222] 顾典, 徐小晶 . 中国产业结构优化升级对生态效率的影响 [J]. 生态经济, 2020, 36(6):58-67.

[223] 刘君, 刘尚俊, 田宝龙 . 环境污染水平与经济发展水平对就业的影响研究: 基于就业规模和就业结构视角 [J]. 生态经济, 2018, 34(6): 79-83.

[224] 潘宇 . 经济发展水平、环境质量与结构错配: 基于就业结构和产业结构的考察 [J]. 生态经济, 2019, 35(5):165-169.